新媒体广告

钟静 著

中国电影出版社
2025 · 北京

图书在版编目（CIP）数据

新媒体广告 / 钟静著. —北京：中国电影出版社，
2025. 2. —ISBN 978-7-106-05685-8
Ⅰ. F713. 8
中国国家版本馆CIP数据核字第2025SU4201号

责任编辑：杨旻宁
装帧设计：联创睿合
责任校对：滕　森
责任印制：孙　杉

出版发行　中国电影出版社（北京北三环东路22号）　邮编：100013
电话：64296664（总编室）　　64216278（发行部）
64296742（读者服务部）　E-mail：cfpbjb@126. com
印　　刷　中国电影出版社印刷厂
版　　次　2025年2月第1版
印　　次　2025年2月北京第1次印刷
开　　本　787mm × 1092mm　1/16
印　　张　16.5
字　　数　320千字
定　　价　69.00元

前言

《新媒体广告》一书在写作过程中可谓困难重重：既希望全面深入，又期待简明实用；既想在有限的篇幅里，把复杂多样的新媒体广告，从概念、分类到特点全都梳理清楚，又想要针对每一种不同的网络与新媒体广告类型，把策划创意这件事从原理、依据到方法、过程都介绍完整。除此以外，网络与新媒体领域内日新月异的技术变迁，也给本书写作带来了巨大挑战。经常写到一半，某个技术类型的发展就发生了天翻地覆的变化，需要重新定义和解释。对于本书而言，不可谓不是一个艰巨的任务。

全书共分11章，第1—4章介绍了网络与新媒体广告策划和创意过程中会涉及的基本概念和技术名词，并简要介绍了广告策划通用的基本理论和流程方法；第5—10章每一章都围绕一个网络与新媒体广告的具体类型，包括网站广告、搜索引擎广告、以微信微博为代表的社交媒体广告、视频类广告、手机和移动app广告、户外新媒体广告等，分别针对其所处的行业、关键概念、基本分类、主要特点以及策划创意要点等方面，展开学习和介绍；第11章主要针对前面章节未涉及但又比较常见的网络与新媒体广告类型，做了一个简要的补充汇总。

具体到每一章里面，每章的开头都由一句名人名言开始，用设置情境的方式聚焦重点内容，然后通过项目式思维、模块化学习开展理论知识的学习，最后通过广告探索和课后思考题来实践和检验前面所学内容的应用性。与各章相关的阅读材料，则以附录的形式放在全书的最后，让读者学有余力的情况下自行补充阅读。

本书在撰写过程中特别注意通过丰富的案例、活泼的体例和理论实践相结合等方式，力图用简明的语言把复杂的原理讲述清楚。全书图文并茂，资料丰富，结构简洁，重点突出，操作性强，适用性好，能更好地满足网络与新媒体广告策划学习过程中，各层次读者对概念、理论、知识、技巧等多方面的需求。书中对于各种新出现的广告现象、广告形式等都予以了充分的重视和介绍，各种数据也都注意采用最新的研究成果。

通过本书安排的内容体系学习，跟随本书设计的能力训练环节，读者一方面能够以接近真实运作的方式，了解和学习网络与新媒体广告策划过程中所涉及的大部分核心概念和基本技能，同时也能真正领会广告世界的精彩。

正如大众传播媒介学者马歇尔·麦克卢汉（Marshal McLuhan）所说的，"我们这个时代的广告才是丰富多彩的日常生活最真实的再现，而这是任何社会中的一切其他活动所不能体现的"。

从选题到成书，本书得到了许多人的帮助。

首先要感谢北京联合大学应用文理学院新闻与传播系的各位老师。特别是曾经的新闻系系主任杜剑锋老师，如果没有杜老师的积极指导与扶助，这本书就没有机会得到出版；感谢联大应用文理学院副院长李彦冰老师，在出版前期帮助解决了很多复杂的出版申请和出版资助等问题；感谢新闻系办公室的温玉萍老师，没有温老师的亲力亲为，本书出版过程中的许多关键问题都无法解决。还要感谢网络与新媒体专业的陈世红、陈冠兰等各位老师以及新闻系的其他教师，在本书写作过程中他们都给予了最真诚的鼓励和最实在的协助。

感谢北京联合大学应用文理学院新闻与传播系所有上过新媒体广告课程的本科生班级，包括文理广告1801B，文理网媒1901B、2001B、2101B，以及本人担任班主任的文理网媒2201B班级的同学们。我们曾经共同努力，在本科生课堂上花费整整一个学期对网络与新媒体广告展开了小组研讨。这些工作从某种程度上也帮助老师积累了经验、贡献了部分材料和观点。

在此还要感谢曾经的人民邮电出版社编辑刘琦，我们在2008年合作出版了《广告策划实务》一书，市场反应和销量都不错，在后续几年间一版再版。刘琦编辑注意到我的写作风格很受市场欢迎，便鼓励我继续趁热打铁，紧随时代热点再出版一本升级版的新媒体广告书籍。正是有了前期的充分合作与沟通，《新媒体广告》这本书，才能从想法到落稿，有了最初的雏形。

最后还要感谢我的家人，尤其是已经90岁高龄的父母。本书第一稿的写作时间正逢2020年新冠肺炎疫情最严重的春节期间，为了能有足够的时间写作，我不得不减少了对老人照顾和陪伴的时间，在此感恩父母对女儿的理解和支持。感谢先生，为了帮助我腾出时间看资料写书稿在很长一段时间承担了当时三岁小儿子的陪玩和保姆的角色。

特别感谢大儿子任潜知，当时还是六年级的小学生的他，几乎每天都关心妈妈书稿的进展状况。有时候我有点空闲刚想坐下来看会儿手机，这位小同学就会默默地把充满电的笔记本电脑放在妈妈面前，一言不发转身离开；只要发现妈妈稍有懈怠就立刻督促，提醒我赶紧工作提高效率；最后成稿阶段，更是自告奋勇帮忙校对打印稿，就算看不懂也要坚持；发现个别词语错误或者表达不确定时，还会帮忙查找资料确认。内外交困的中年人，在艰苦工作的时候，能有这样暖心的天使小孩陪伴左右，真心觉得劳动着也幸福着。如今他已经成长为16岁的青春少年，希望我们母子二人都能铭记这温暖的一幕。

最后，感谢中国电影出版社的古力、苗卉以及杨旻宁编辑，没有他们的鼎力支持，此前的劳动成果还处于压箱底的状态，无法以今天的样貌呈现给大众。

2020年初稿完成后，在接下来的几年中，又经过了数轮课堂实践，根据实际授课中遇到的诸多问题进行了修正。如今呈现在大家眼前的内容，已经非常贴近今天的社会发展实际。

深感遗憾的是，由于新媒体广告发展快速，该领域内很多新知识都还没来得及归纳总结和更新，还有很多精彩的理论、观点、案例也都未能被及时纳入本书的研究视野。另外，由于时间和精力的限制，书中依然存在诸多不足，这本书就只能算是抛砖引玉，特别希望得到大家的批评指正。

北京联合大学应用文理学院

钟　静

2024年3月于北京

目录

第一章 网络与新媒体广告概述

想想我们过去三十年中因互联网而得到的东西，会发现它们真的是丰富得不可思议：我们获得了和家人朋友即时、随地通讯的能力，任何时候都可以参阅的定制新闻，包含世界上大多数城市的3D可缩放地图，人人都能查的百科全书，可以用放在口袋里的平板电脑播放电影，第二天就能把货送到的虚拟百货商店——这仅仅是成百上千的例子中的六个罢了。

——科技商业预言家凯文·凯利（Kevin Kelly）在国外知名博客上发表的内容[1]

---

1 凯利.这是人类历史上开拓进取最好的时代，你并没有迟到［DB/OL］.[2014-07-28].http：//news.iheima.com/2014/0728/144493.html.

学习目标

通过本章学习，你将能够：

» 了解网络与新媒体广告的基本概念

» 了解网络与新媒体广告的基本分类

» 掌握网络与新媒体广告的传播特点

» 理解作为营销工具的网络与新媒体广告如何发生作用

本章任务

假设你计划应聘一家隶属于全球六大广告集团公司的新媒体运营部门，并希望在这家公司获得一份适合自己的新媒体广告工作，一展才华，那么都应该提前做好哪些准备，以做到在应聘面试时心中有数呢？

除了向公司展示你丰富的广告接触经验、富有创意的作品集之外，你还需要对什么是新媒体广告以及该领域内最新的发展有足够的了解。那么，应该如何准备第一次面试呢？的确，面试官在交谈过程中，会非常注意你是否熟悉新媒体广告的发展，是否能抓住新媒体广告的本质，你对新媒体广告的理解是否到位、新颖和有吸引力，你的观念是否能和应聘公司的价值观吻合，等等。那么，接下来你应该怎么办，才能在短时间内形成一套对新媒体广告全面而独特的理解，为你的面试做好充足的准备呢？

任务提示：

1. 授课教师或学生可以将任务中提到的这家公司进一步具体化，比如确定为李奥贝纳广告公司北京公司，或奥美广告公司上海公司等，也可以参考本章附录材料中其余知名互联网和新媒体公司等介绍进行选择。然后访问这家公司的主页，了解该公司目前主要服务的客户、部门设置、工作流程、公司理念等内容。

2. 整理手头现成的可利用资源，如广告书籍、报纸杂志、网络搜索结果、相关论坛、专业人士的博客或咨询从事相关行业的朋友等，从中获得有关网络与新媒体广告的有益见解。

3. 以小组讨论的形式鼓励同学发表对新媒体广告的个人看法，总结大家的意见并尝试用自己的语言概括什么是新媒体广告，提炼对广告内涵的本质理解。

4. 可以就近拜访一家中小型新媒体广告公司，感受一下互联网环境下新媒体广告公司的氛围、工作流程和业务特点。

5. 仔细阅读本章所有内容和附加材料，理解并消化其中的内容。

6. 所有准备工作完成后，教师和学生可以通过角色扮演的方式模拟整个应聘过程，锻炼现场学生应变、自我表达和应对反应等能力。

学习内容

如今，人们的工作和生活基本离不开互联网，无论是居家出行还是工作交流，只要有一部连接wifi或者移动数据网的手机，基本上没有什么事情是做不了的。小到查找信息、发送位置、休闲娱乐，大到银行转账、移动支付、在线学习、人际互动等，日常生活中遇到的大大小小的事情几乎都可以借助一部手机来完成。然而，当人们享受着互联网和新技术带来的这种便捷的同时，也无时无刻不受到以互联网广告为代表的网络与新媒体广告的影响。

有些广告很容易被人识别，如手机app开屏等待时跳出来的2秒广告画面，百度视频正式播放前强迫观众收看的25秒广告片集锦等。有些广告则渗透在人们的日常行为中，并不被看作传统意义上的广告，例如，到了一个新地方在搜索平台上查找附近美食；餐厅就餐时扫描二维码点餐的同时还关注了餐厅公众号；在网上购物时与淘宝店主沟通，加入特定品牌的客户群获得额外优惠券；关注微博上的热门话题并与大V互动转发；微信上各种各样的公众号一边发文章一边推荐产品；每日必看的微信群和朋友圈……可以说，和传统媒体广告相比，网络与新媒体广告拥有了显性和隐性的两副面孔。对于隐藏在人们搜索、浏览行为中的网络与新媒体广告人们知之甚少，但是事实上却已渐渐离不开它了。

俗话说“外行看热闹，内行看门道”，作为一个有志于从事网络与新媒体行业的专业人士，你是否能比普通人对网络与新媒体广告了解得更多？除了简单评论，你是否能更准确地评价一则网络与新媒体广告的好坏？你是否能更清楚客观地认识网络与新媒体广告在整个社会经济环节中扮演的角色？如何抓住网络与新媒体广告能无时无刻、无处不在地影响人们工作和生活的本质原因？因此，在正式学习之前，需要去重新认识网络与新媒体广告这种人们耳熟能详的“新”

事物。

现代企业为了吸引自己的顾客（包括现有顾客和潜在顾客），经常会采用各种各样的媒介手段与他们保持联系，网络与新媒体广告则是其中一种最为常见的方式。随着经济、技术、媒介、消费大众等因素的发展，网络与新媒体广告传播的样式发生了天翻地覆的变化，但有效的广告总能理解消费者，满足消费者需求，同时也能赢得市场。创作出更多优秀的广告，既是广告主和广告代理公司永恒的追求，也是普通大众最朴实的期望。

第一节　网络与新媒体广告概述

根据互联网信息传播中发起者和互动性的不同，可以将所有互联网信息传播形式分为如表1.1所示的四大类。其中，在互联网刚刚开始普及的初级阶段，前两种传播方式比较受各类企业青睐。但是伴随互联网技术的发展、使用人群的扩大以及应用水平的不断提高，互联网无与伦比的强大互动性特点被充分发掘出来，且后两种互动传播形式势头正劲，如今已经成为当之无愧的主要发展趋势。

表1.1　互联网传播的基本分类

基本分类	主要表现形式
官方形式的单向传播	企业网站、新闻软文、网络硬广告等
非官方形式的单向传播	媒介报道、新闻专访、个人发帖等
官方主动发起的互动传播	企业论坛、企业博客、企业微博、网络社区、病毒营销
用户主动发起的互动传播	即时消息、论坛发帖、微信、个人微博、网络社区等

基于上述分类，网络与新媒体广告还进一步表现出强劲的多样化趋势。

早期网络广告主要是在传统的平面广告基础上、以图片文字为主要手段展开传播，后来逐渐发展出频道冠名、专题策划等新的推广形式，但是这些广告形式并不能真正体现互联网的特点。

对于广告主来说，如何通过网络途径轻而易举地找到想要的重点客户，才是网络与新媒体广告最有吸引力的地方。表1.2列出了一些互联网传播中常见的信息传播方式，对照它们查看以下具体每种形式都有什么样的广告空间和利用价值。

表1.2 互联网传播专有名词一览表

名词	主要内容
博客	即网络日志weblog。一般由大的门户网站免费提供空间和模板，用户只需经过简单注册就可以拥有个人网站，通过文字、图片、链接、影音等建立个性化网络世界，并在网络上和他人分享自己的生活。是网站应用的一种新方式，也是一种新型的个人互联网出版工具
微信	腾讯公司专门为智能手机开发的、用于提供即时通信服务的免费应用程序。微信支持跨通信运营商、跨操作系统平台，并可以通过网络快速发送免费或仅需消耗少量网络流量的语音短信、视频、图片和文字。同时，还可以通过基于位置的社交插件、朋友圈、公众平台、小程序等开展多项业务服务
微博	即微型网络日志。内容以总数不超过140字的文字为主，随时随地记录事件和心情，并可通过手机随时发表。主要通过订阅关系进行内容分享和传播。具有简短、传播快、信息量大、互动性强等特点，非常适合手机上网的信息需求
搜索引擎	以Google、百度、搜狐等为代表的搜索引擎，能够为广告主提供被受众搜索到的机会，因此成为主要网络传播渠道之一。广告主需要购买搜索关键词，才能提高被搜索到的概率
电子邮件	通过电子邮件形式将信息发送到特定用户信箱中，收件人通过查阅邮件来获得信息，成为一些广告主与潜在消费者进行沟通的有效渠道。但因消费者大多对垃圾邮件很反感，导致电子邮件广告发展空间一直受限
病毒视频	主要指在特定网络空间发布精心设计的视频文件，因为内容有趣，会吸引很多人点击在线观看，并通过转载或转发地址的方式向他人传播该视频，在短时间内像病毒一样不断复制，形成大范围的传播效果。病毒视频制作水平要求不高，但必须富有创意，内容其实都与品牌暗中关联，以创意带动传播，是一种免费宣传途径。
电脑游戏	主要包括PC网络游戏、手机游戏等类型，其中网络游戏特指需要通过网络才能够结合别人一起完成的游戏形式，如《王者荣耀》《我的世界》等，可以大家一起参与。游戏中也开始出现越来越多的植入广告内容，但一般都不影响玩家的兴趣和行动
网络社区	将各种不同主题的论坛、社区集结在一起的大型综合类社区网站，如知乎和豆瓣等。
即时通信	instant message，简称IM，一些常用的网络聊天工具如MSN、QQ等都属于即时通信媒介。主要利用网络与对方即时互通消息，目前有着广泛的受众人群，逐渐发展成为一种非常有效的网络人际传播方式
论坛	论坛是网络空间里的一个用户讨论组集合体，通过论坛人们可以读到与某个指定主题有关的信息，可以发送新信息或回复信息。是找到具有相同兴趣、特征人群的便捷渠道。一些知名论坛和百度的各种“贴吧”等
Web站点	一些企业在网络上专门购买的、用于存放自己产品或企业介绍的域名或空间。整个Web站点其实就是向公众在网络上展示企业的一个窗口，从某种意义上讲Web站点其实就是一个信息汇总中心。有些购物网站直接就将站点设计成商品目录，利用网络完成交易

毫无疑问，每一种形式的应用都意味着一种新的媒介形式：网络论坛构筑的互联网人际圈及伴随而生的归属感、在线游戏提供的虚拟情境及产生的较高卷入度、即时通信所具备的人际传播效应等，都为网络与新媒体广告传播效果的实现提供了有利条件，使网络与新媒体广告具备了良好的发展条件和前景。[1]层出不穷的新型广告宣传形式也都说明了网络与新媒体广告的多样性和贴近性。

随着商品经济和大众媒体特别是互联网与新媒体的发展，关于网络与新媒体广告的研究也有很多，下面就从新媒体、广告，以及网络与新媒体广告三个层面分别展开层层递进的论述。

一、新媒体

关于新媒体的概念并没有精确的界定。

新媒体（new media）一词最早见于1967年美国哥伦比亚广播电视网技术研究所所长、NTSC电视制式的发明者P.戈尔德马克（P. Goldmark）发表的一份关于开发电子录像商品的计划书。后来，1969年美国传播政策总统特别委员会主席E.罗斯托（E. Rostow）向尼克松总统提交的报告书中也多次提到新媒体这一概念。[2]

早期联合国教科文组织曾经对新媒体下过如下定义："新媒体就是网络媒体。"类似的做法还有把新媒体定义为"以数字技术为基础，以网络为载体进行信息传播的媒介"等。

根据国内对新媒体概念最早进行界定的研究学者中国社会科学院冯昭奎的研究，新媒体就是新的传播信息的媒体和工具，包括卫星通信、光纤图像通信、传真、计算机网络、双方向有线电视、文字广播等。这些传播信息的新工具具有十分灵活而多样的功能，其中有些功能是跨越"传统媒体"分类的"多重功能"，例如，双向有线电视兼有广播与通信的功能——收看广播的观众可以直接与广播台对话，传真报纸兼有通信和出版的功能——文字广播则可被认为是利用电波的出版业。

斯蒂夫·琼斯（Steve Jones）则在他的《新媒体百科全书》导言中写道："对于新媒体的唯一完美的定义无疑来自对历史、技术和社会的综合理解。"

---

1 郑欣.空间的分割：新媒体广告效果研究[M].北京：中国传媒大学出版社，2008：24.

2 孙黎，徐凤兰.新媒体广告[M].杭州：浙江大学出版社，2015：3.

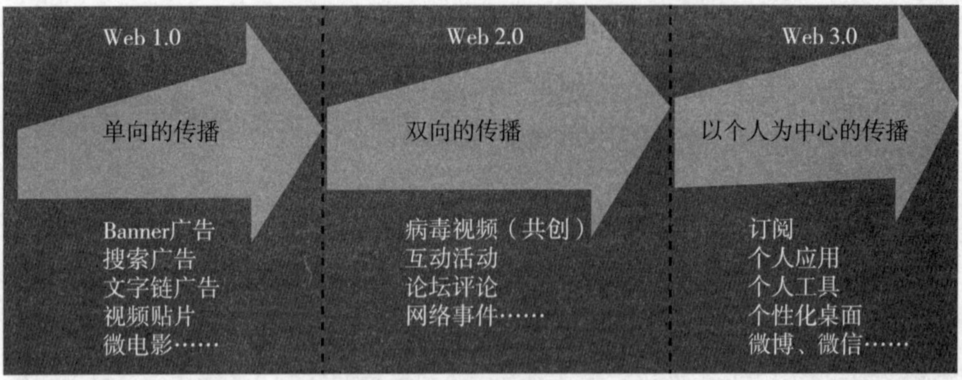

图1.1　互联网的变迁示意图

新媒体不能简单地等同于新的媒体，因为“新”是一个相对概念。随着时间的推移，新媒体的概念必然会发生变化。传统媒体融合了新技术，在产生新形态的同时，也不断更新着自身的形式，如图1.1所示的互联网变迁示意图就描绘了互联网在发展过程中的不同阶段和不同特点。因此，如果想要全面准确地认识新媒体，还需要在特征上加以界定。

通常说来新媒体具有以下特征：

1. 数字化的多媒体形式

今天的新媒体主要是利用数字技术和网络技术等，通过互联网、宽带局域网、无线通信网、卫星等渠道，借助计算机、手机、数字电视机等终端，向用户提供数字化内容的媒介形态。例如，我们今天在手机终端看到短消息、文档、图片、视频、声音、动画等，都是利用数字技术复制、传播和存储的。可以说新媒体是融合了一切形式的多媒体。通过数字技术，新媒体可以为用户提供形式多样的数字化内容，包括文字、图片、音频、视频等多种形式。用户可以根据自己的喜好选择不同的媒体形式来娱乐和获取信息。

2. 强互动的即时沟通能力

这是新媒体区别于传统媒体的最鲜明的特征。传统媒体主要是单向传播，它只是将信息单方面地传递给受众，并没有考虑受众是否愿意接受以及接受程度如何。而新媒体可以通过互联网等技术实现信息的即时传播和获取。用户可以随时随地通过手机、电脑等设备获取最新的新闻、资讯和娱乐内容。新媒体以互动形式为主要特征，打破了传统媒体的单向传播模式，用户可以通过评论、点赞、分享等方式与内容进行互动。新媒体也提供了更多的参与性，用户可以通过社交媒体、博客等平台自己创作和分享内容，新媒体则通过互动可以更精确地了解和掌握受众对信息的接收程度，可以及时调整营销策略，从而达到效果最大化。新媒体这种实时、双向、互动的特点，保证了用户之间、用户与信息之间的有效沟通，同时能够给予用户更多的自由度和参与度，极大改善了传统媒体的传播模式和传播效果。

3. 兼具网络化与个人化

新媒体时代除了实现了人人上网之外，也实现了个人信息的个性化定制。特别是大数据处理技术的应用，实现了洞察每个人特性的可能。新媒体可以根据用户的兴趣和需求进行个性化推荐。通过算法和大数据分析，新媒体平台可以根据用户的浏览历史、点击行为等信息，为用户提供更符合其兴趣的内容。而且，互联网时代每个人都可以参与到消息的生产与传播中来，新媒体鼓励用户参与内容创作和传播，用户可以通过社交媒体、博客等平台发布自己的观点和作品，与其他用户进行交流和互动。新媒体用户的个人化表达得到了最充分的释放，微信微博等社交软件也伴随着人们强烈的自我表达和人际交往需求，而成为这个时代最主流的应用。可以说，伴随着网络普及，大众的多样化需求都得到了满足。

4. 多平台传播

新媒体的呈现是以平台的方式进行的，各种新媒体内容都可以在多个平台上进行传播，包括网站、社交媒体、移动应用等。用户可以通过不同的平台来获取和分享内容，实现多渠道传播。

正是新媒体具有实时性、互动性、多样性、定制性、多平台传播和可参与性等特征，使得新媒体成为当今社会信息传播和交流的最重要工具。

二、广告

在众多传播形式中，广告传播引起的人们的情绪反应最为复杂。

人们一方面依赖广告传播中的信息指导日常消费，另一方面又因为广告无所不在的重复播放而心生厌烦；一方面喜欢广告影片或画面中传达的美感与幽默，另一方面又厌恶广告中泛滥的虚伪和夸张；人们批判广告中的过度消费倾向和投其所好的功利主义，却又不自觉地受到各种广告潜移默化的影响；消费者讨厌广告，但各种媒体机构都无比青睐广告，因为它是媒介运转的重要资金来源；产品制造者也特别依赖广告，如果没有广告产品就很难卖出去。对消费者来说，广告是侵犯，也是教育；对企业来说，广告是支出，更是投资。如此种种复杂的情形错综交织在一起，从侧面反映出广告对人们生活介入的程度之深。

借助商品经济和大众媒体的发展，广告对人们生活的影响，无论从广度还是力度上，都明显超出其他传播形式。今天的社会中，既然很难摆脱广告的影响，人们对广告规律和价值的研究，也理所当然地日益重视起来。

英语中的广告（advertising）一词，源于法语avertir一词，意思是“引起注意”和“告知”[1]，而“将某事告知公众”便是广告最初的含义。

早在1917年，英国人诺曼·道格拉斯（Norman Douglas）就曾说过：“通过广告，你可以发现一个国家的理想。”[2]他说这句话的时候，媒体空间还非常简单，仅仅是以印刷媒介为主，连广播都还没有出现。

今天对广告定义的雏形，可以追溯到19世纪末，被称为近代广告之父的著名广告人阿尔伯特·拉斯克尔（Albert lasker）在1894年正式提出广告是“印刷形式的推销术”（Salesmanship in Print）这一概念，它明确了广告概念中最实质的两个部分：传播和营销。

另一位广告大师詹姆斯·韦伯·扬（Jame Webb Young）认为，“推销术是把自己的主张，向他人以诉求的方式来影响任何人类行为的艺术。当广告日益证明它在推销财货的同时还是一种有效的影响人类行为的方法时，用上述扩展的推销术的含义来作为广告的定义是再好没有的了”[3]。

美国市场营销协会（American Marketing Association，AMA）1948年时提出了一个相对比较完整和复杂的广告定义，并于1963年进行了修改。该定义如下：“广告是由可识别的出资人通过各种媒介进行的有关产品（商品、服务、观点）的、有偿的、有组织的、综合的、劝服性的非人员的信息传播活动。”[4]

如今进入21世纪，整个世界已经大为改观，这使得今天的广告传播比以往任何时候都显得更为重要。广告集中体现了人们的需求与欲望，因此在很早的时候广告就被发现其身上的“理想主义”特性，但所有广告的终极目的都是为了促进销售。因而，究其本质，广告是商业、传播技术与多种艺术形式等众多因素交织在一起的综合体，广告传播服务于商品销售的功利目标，但在传播过程中又往往

---

1 郎德维，贝纳斯特.广告金典[M].北京：中国人民大学出版社，2006：3.
2 阿伦斯.当代广告学（第8版）[M].北京：人民邮电出版社，2005：1.
3 西沃卡.肥皂剧、性、香烟——美国广告200年经典范例[M].北京：光明日报出版社,1999：71.
4 阿伦斯.当代广告学（第8版）[M].北京：人民邮电出版社，2005：3.

独立地发挥其价值观导向等作用。

可以说，广告传播本身确实具有许多独特之处，这也令广告传播过程更加复杂和充满挑战。因为广告同时具备说服与销售的功能，其中传播信息达成说服的功能属于传播层面，而推广产品促进销售的功能则属于营销管理层面。

三、网络与新媒体广告

在当下这个互联网时代，广告依附于网络而变得无处不在。网络与新媒体广告则成为众多广告中最为常见的一种形式。

随着新媒体的不断涌现，关于新媒体广告的名称众多，如“新媒体广告”“多媒体广告”“网络广告”“互联网广告”等。以下两个定义比较贴近广告的本质，与前一部分“广告”的定义更为契合。

定义1：“通过以数字技术、网络技术为基础的，以多媒体作为信息呈现方式的传播媒介，有关商品（产品、服务和观念）的，依靠受众的即时互动沟通而深入展开的信息传播活动。”[1]

定义2：“通过各类新媒体渠道（包括网站、网页、互联网应用程序等互联网媒介），以文字、图片、音频、视频或其他形式，直接或者间接地推销商品或者服务的商业广告。”[2]

需要说明的是，网络与新媒体广告其实是网络广告和新媒体广告的集合。二者在传播方式、受众群体和营销效果等方面存在一些区别。

一般来说，网络广告是指在互联网上进行的广告投放，包括搜索引擎广告、网页广告、电子邮件广告等。而新媒体广告，是指在新兴媒体平台上进行的广告投放，包括社交媒体广告、移动应用广告、视频广告等。可以说，新媒体广告是网络广告的延伸和拓展。网络广告的受众群更广泛，覆盖面也更广，而新媒体广告更精准，更有针对性，互动性也更好，也因此转化效果更佳。

网络与新媒体广告，是互联网时代企业精准营销的重要手段，能够帮助企业提升品牌知名度和销售业绩。

无论是传统的广告定义还是网络与新媒体广告的新定义，其中的基本原理都是一样的，只不过网络与新媒体技术与平台的发展，改变了传统广告的表现形式

---

1 孙黎，徐凤兰.新媒体广告[M].杭州：浙江大学出版社，2015：20.

2 黄河，江凡，王芳菲.新媒体广告[M].北京：中国人民大学出版社，2019：28.

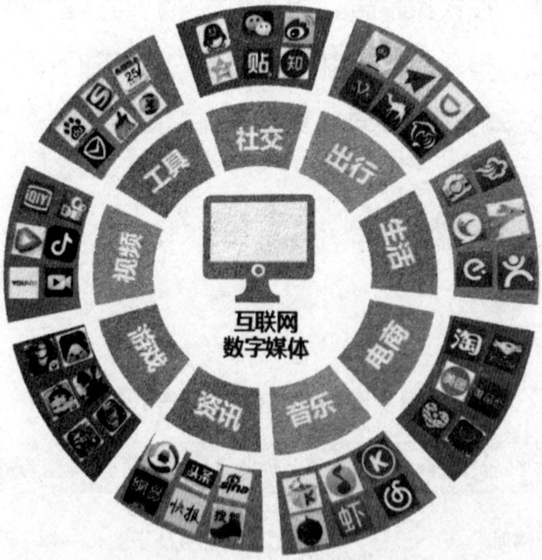

图1.2　互联网数字媒体提供的多样化平台类型

和发布方式，如图1.2所示，网络与新媒体促成了多种平台的诞生，这些都是以前的生活空间里所不具备的，而这些变化最终改造了整个广告行业的生产方式和工作流程。

第二节　网络与新媒体广告的分类

由于网络与新媒体领域变化太快且深具多样性和复杂性，随着微信、微博、视频网站、网络游戏、网络社区等的出现，网络与新媒体广告已经和微营销、微传播、社区营销等更为广泛的营销传播概念联系在一起。如果想利用互联网络强大的沟通能力做广告的话，就必须对这些形式和概念有足够清楚的认识。

总体来说，网络与新媒体广告是指通过以互联网为代表的网络传播平台所投放的广告，其有着传播速度快，准确性高，互动性强等特点。广受用户喜爱的新媒体广告平台有微信平台、搜索引擎、垂直行业网站、微博平台、移动平台、视频网站、社交网络等。不同平台的广告形态不同，收益价值也不同。

按照演进过程分，网络与新媒体广告最初是按钮广告、横幅广告、文字链接广告，后来发展出电子邮件广告、关键词搜索广告、富媒体广告、视频广告、植入广告，再往后由于移动应用程序的兴起，又出现了开屏广告、插屏广告、信息流广告等。按照表现形式，可以分为展示类广告，如品牌图形广告、富媒体广告、视频贴片广告等；搜索类广告，如通用搜索广告、垂直搜索广告；还有分类广告、电子邮件广告、植入广告等其他形式的广告。随着网络技术和新媒体技术的发展，还有越来越多的广告形式涌现出来，如虚拟现实广告、增强现实广告、计算广告等。

根据舒咏平教授的分类研究[1]，可以将新媒体广告形态分为如表1.3所示的几大类：

表1.3 网络与新媒体广告分类表

<table>
<tr><th>形态分类</th><th colspan="2">细分类型</th><th>特点详情</th></tr>
<tr><td>整合类广告</td><td colspan="2">自建品牌网站</td><td>通过自建网站来宣传品牌、产品和服务的广告形式</td></tr>
<tr><td rowspan="8">发布类广告</td><td rowspan="7">品牌图形广告</td><td>旗帜广告</td><td rowspan="7">通过图片形式出现在互联网网页以及应用程序页面上的广告形态，这类广告最具传统广告的特点，是传统广告的数字化技术呈现，能够吸引受众注意，使受众产生浏览或者点击了解的意愿，最终导向品牌网站或者特定页面</td></tr>
<tr><td>按钮广告</td></tr>
<tr><td>通栏广告</td></tr>
<tr><td>对联广告</td></tr>
<tr><td>弹窗广告</td></tr>
<tr><td>移动图标广告</td></tr>
<tr><td>插播广告</td></tr>
<tr><td colspan="2">文本链接广告</td><td>通过文字链接进入相关广告页面，表现力弱，但是有技巧的标题性文字也能吸引浏览或者点击</td></tr>
<tr><td rowspan="2">推荐类广告</td><td colspan="2">关键字广告</td><td>用户在搜索引擎上搜到广告主投放的关键字后会看到相应的广告推送链接，点击后付费</td></tr>
<tr><td colspan="2">竞价排名广告</td><td>多个广告主购买相同关键字时，出价高者能得到位置更靠前的广告展示机会</td></tr>
<tr><td rowspan="2">许可类广告</td><td colspan="2">电子邮件广告</td><td rowspan="2">事先征得用户同意后，通过电子邮件或者其他方式定期向用户发送广告活动信息等内容</td></tr>
<tr><td colspan="2">电子刊物广告</td></tr>
<tr><td rowspan="4">植入式广告</td><td colspan="2">微电影广告</td><td rowspan="4">把品牌、产品、服务等信息巧妙融入内容中，使受众在潜移默化中接受广告信息的形态</td></tr>
<tr><td colspan="2">游戏植入广告</td></tr>
<tr><td colspan="2">微博植入广告</td></tr>
<tr><td colspan="2">微信植入广告</td></tr>
</table>

1 舒咏平.新媒体广告[M].北京：高等教育出版社，2010：12.

第三节　网络与新媒体广告的传播特点

新媒体的出现深刻影响并改变着原有的社会结构，在时空观念、知识认知、社交范围、话语权力、用户地位等方面发生了巨大的革命。正如加拿大传播学者麦克卢汉在《媒介即讯息》中说的，“从长远的角度来看，真正有意义的讯息并不是各个时代的媒介所传播或提示的内容，而是媒介本身”，“媒介所传递的内容本身是另一种媒介”。他认为，每一种新媒介的出现都会带来社会的变革和新的行为方式，社会发展的基础动力是媒介本身而不是信息。因为只有某种新的媒介出现之后，人类才能通过这些新媒介进行信息传播，或从事相关社会活动。

因此，对于各个时代来说，不同的媒介所传播的内容并不特别重要，真正有价值的是媒介本身和各个时代所使用的传播工具的性质、其开创的可能性以及带来的社会变革。这种变革也体现在网络与新媒体广告的传播特点上，一般来说，网络与新媒体广告的传播具有如下明显的特征：

一、去中心化

网络与新媒体广告最明显的特征就是“去中心化”。以前的互联网内容传播主要是由专业网站或特定人群所生产，而现在则是由全体网民共同参与共同创造。人们可以在网络上表达自己的观点或发布自己的原创内容，共同生产信息。广告领域也一样，小型机构乃至个人，只要创意足够有趣、能够引起广泛传播，在互联网传播上的表现不一定比大公司差，更有可能起到四两拨千斤的效果。

二、内容丰富

在传统广告时代，广告模式相对单一。广播广告传递了听觉信息，杂志、报纸广告传递了静态视觉信息，而电视则相对综合了视觉、听觉，并出现了动态的画面和有限的交互元素。互联网的出现打破了原有的广告内容形式的局限。在任意的一个普通的网页中，你都能发现各个形态的广告。从简单的文字链接到生动鲜艳的图片广告，有时还会出现让人眼前一亮的视频广告、充满互动性的广告，网络广告使受众的想象空间不断扩大。

三、信息容量大

传统广告很容易受到版面或者时长限制，传递的信息量有限，而互联网则是一个没有边境的世界，用户可以通过任何一个广告链接进入其他网站中，去了解更为详细丰富的商品信息。因此，网络与新媒体广告极大地扩大了信息空间的容量。

四、覆盖人群广

网络广告已经渗透到每一个人的生活中，只要具备上网条件，任何人都能接触到网络。这张无形的大网覆盖着世界的每一个角落，这是传统广告难以实现的。因此，在现在网络发达的今天，即使是一个名不见经传的公司，都能借助网络实现人尽皆知的广告效果。

五、目标人群精准

将广告信息精准送到每个目标消费人群中，是每个广告主所希望的。在传统电视广告中，电视台会针对不同频道不同节目类型进行投放，报纸广告会针对不同内容版块投放，杂志广告会根据不同细分类型投放，这都是为了实现受众的精准定位。而网络与新媒体时代，因为社交媒体都是实名制注册用户，这一点可以帮助广告主很方便地找到精确的消费人群。借助互联网技术和大数据，广告主可以任意筛选用户，将广告信息通过互联网媒体准确地投递给目标受众，从而降低广告费用，同时提高广告效果。精准传播带来了低花费和传播实效，让广告主的投资回报率（ROI）最大化。

六、广告效果易统计

基于网络技术和大数据的运用，用户的每一次浏览、点击等行为都能被精确记录。网络与新媒体广告能够对用户的最终购买行为进行直接的数据分析，广告主也可以清晰地看到广告投放效果，进而对营销活动作出及时的判断和适时的调整。

七、互动性强

网络与新媒体广告全过程都具有明显的互动特征。体现在用户和品牌的联系上——用户可以随时与品牌商家进行沟通，也可以随时在即时通信工具上联系到客服并咨询相关的产品信息。同时网络与新媒体广告在创作形式上也充分体现了广告的互动性，用户可以很方便地参与到广告互动中去，甚至直接参与到广告内容的创意和制作中。

著名传播学者丹尼斯·麦奎尔（Dennis McQuail）在《麦奎尔大众传播理论》中，将新媒体的特点总结为"全方位数字化，涵盖不同媒介，互联网同大众传播的分野，出版角色的应运而变，受众角色更加私人化，媒介机构的分散与模糊，社会控制程度降低"[1]。的确，网络与新媒体时代广告所具有的上述传播新特点，让这种广告形式迅速占据了营销传播高地。网络与新媒体的这种集成的优势，让交互性、精准度、实效性、便利性、灵活的传播模式、高度自主传播和转化率高等特点，都可以叠加在特定广告形式上，再辅以比传统广告更为低廉的价格，更让网络与新媒体广告迅速霸屏营销传播的舞台，很难不受到广告主的重视与青睐。

广告探索

新媒体视频广告文案分析：请同学花几分钟时间浏览任意视频app上节目之前的广告，仔细观看，从中选择一条你认为在策略制定和传播沟通方面表现很优秀的广告。通常这些视频广告会在特定地点时段播出并反复重播，可以利用重播机会多看几次，或是借助手机摄像功能、电脑录屏功能等手段把广告录下来，供记录细节使用。整理好这则广告的所有文字内容，包括画面上出现的文字（字幕、对话、旁白等），用以下格式记录下来，与全班同学分享，并给出你的评价。

通过这个实践活动，来感受一则普通的新媒体广告作品在广告传播信息设计

---

1 麦奎尔.麦奎尔大众传播理论[M].北京：清华大学出版社，2010：114.

方面的考虑，分析该广告信息预计产生的营销传播作用。学习做一个生活中的有心人，善于从生活中汲取学习素材，从而更好地理解本节讲述的相关内容。

新媒体视频广告文案记录纸

CF Copy Record

客户Client	
品牌Brand	
时长Length	________秒seconds
情节简述Story	
文案（记录） Copy（Record）	（画面字幕/旁白/影片主角对话）
广告语Slogan	
评价Evaluation	目标市场： 广告诉求： 广告效果：

课后思考

1. 谈谈你理解的网络与新媒体广告都包含哪些内容和形式。
2. 如何从营销和传播的角度理解网络与新媒体广告的本质？
3. 你认为网络与新媒体广告传播需要解决的最重要的问题是什么？
4. 与同学分享一个你认为目前开展互联网营销比较成功的企业案例。
5. 和同学讨论互联网环境下广告传播应注意的问题。

附 全球十大互联网公司简介

一、谷歌（Google）

谷歌是一家位于美国的跨国科技企业，成立于1998年9月4日，由拉里·佩奇和谢尔盖·布林共同创建，被公认为全球最大的搜索引擎公司。业务包括互联网搜索、云计算、广告技术等，同时开发并提供大量基于互联网的产品与服务。

二、Meta（脸书，Facebook）

Meta公司原名Facebook，是美国的一个社交网络服务网站，创立于2004年2月4日，总部位于美国加利福尼亚州帕拉阿图。主要创始人为马克·扎克伯格。Meta还是世界排名领先的照片分享站点。

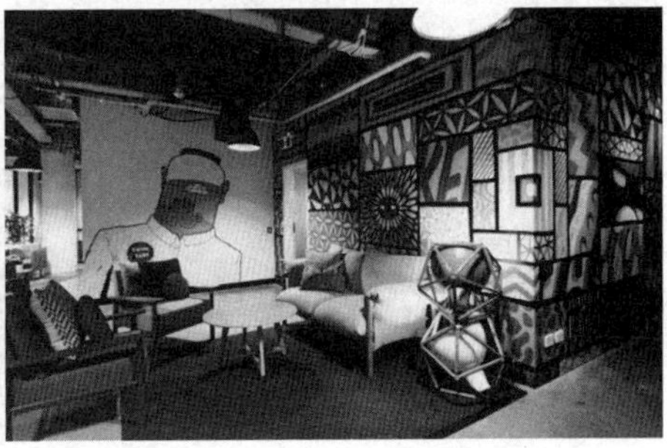

三、阿里巴巴(Alibaba)

阿里巴巴网络技术有限公司(简称:阿里巴巴集团)是以马云为代表的多人团队,于1999年在浙江杭州创立。阿里巴巴集团经营多项业务,业务和关联公司业务包括淘宝网、天猫、聚划算、全球速卖通、阿里巴巴国际交易市场、1688、阿里妈妈、阿里云、蚂蚁金服、菜鸟网络等。

四、腾讯(Tencent)

深圳市腾讯计算机系统有限公司成立于1998年11月,由马化腾等五位创始人共同创立。腾讯是中国最大的互联网综合服务提供商之一,也是中国服务用

户最多的互联网企业之一。腾讯多元化的服务包括：社交和通信服务QQ及微信/WeChat、社交网络平台QQ空间、腾讯游戏旗下QQ游戏平台、门户网站腾讯网、腾讯新闻客户端和网络视频服务腾讯视频等。

五、亚马逊（Aamzon）

亚马逊公司，是美国最大的一家网络电子商务公司，位于华盛顿州的西雅图，是网络上最早开始经营电子商务的公司之一。亚马逊成立于1995年，一开始只经营网络的图书销售业务，后来范围扩大到相当广泛的其他产品类型，现已成为全球商品品种最多的网上零售商和全球第二大互联网企业。公司名下还包括AlexaInternet、a9、lab126和互联网电影数据库（Internet Movie Database，IMDB）等子公司。

六、百度（Baidu）

百度是全球最大的中文搜索引擎、最大的中文网站。由创始人李彦宏于2000

年1月1日在中关村创建。百度拥有数万名研发工程师，拥有中国乃至全球最优秀的技术团队，这使百度成为中国掌握世界尖端科学核心技术的高科技企业，也使中国成为美国、俄罗斯和韩国之外，全球仅有的4个拥有搜索引擎核心技术的国家之一。

七、易贝（eBay）

eBay 是一个可让全球民众在网上买卖物品的线上拍卖及购物网站。eBay于1995年9月4日由皮埃尔·奥米迪亚（Pierre Omidyar）创建于加利福尼亚州圣荷塞，最初的名字是Auctionweb（拍卖网）。

八、普利斯林（Priceline）

Priceline是美国人杰伊·沃克（Jay Walker）在1998年创立的一家基于C2B商业模式的旅游服务网站，是目前美国最大的在线旅游公司。在Priceline网站，最直观的服务项目就是机票、酒店、租车、旅游保险。Priceline属于典型的网络平

台经济，它为买卖双方提供一个信息平台以便交易，同时提取一定的佣金。

九、京东（JD 中国）

京东是中国电商企业，创始人刘强东，旗下设有京东商城、京东金融、拍拍网、京东智能、O2O及海外事业部等。2013年正式获得虚拟运营商牌照。2014年5月在美国纳斯达克证券交易所正式挂牌上市。2016年6月与沃尔玛达成深度战略合作，沃尔玛将旗下1号店并入京东。

十、雅虎（Yahoo）

雅虎是美国著名的互联网门户网站，也是20世纪末互联网奇迹的创造者之一。其服务包括搜索引擎、电邮、新闻等，业务遍及24个国家和地区，同时也是一家全球性的互联网通讯、商贸及媒体公司。雅虎是全球第一家提供导航服务的网站，总部设在美国加州圣克拉克市，在欧洲、亚太地区、拉丁美洲、加拿大及美国均设有办事处。

第二章 网络与新媒体广告中的常见技术

计算，不再只是和计算机有关，它决定我们的生存。

——《数字化生存》作者尼古拉·尼葛洛庞帝[1]

1 尼葛洛庞帝.数字化生存[M].胡泳，范海燕，译.海口：海南出版社，1997：16.

学习目标

通过本章学习，你将能够：

» 了解网络与新媒体中的常见技术
» 了解网络与新媒体广告经常应用在创意中的技术
» 掌握网络与新媒体广告中的技术与创意之间的关系
» 理解网络与新媒体广告创意中对技术的利用可能性

本章任务

现在网络与新媒体领域都有哪些热门的技术类型？这些技术对人类社会和行为产生了什么影响？继而对广告策划和创意带来了什么变化？了解这些技术，包括其基本信息和应用示例，做到心中有数。那么，该如何做好网络与新媒体技术方面充足的认知准备呢？从网络搜索开始吧。建议从百度百科入手，搜索本章的几个关键词，如大数据、云计算、人工智能、语音识别、语义化网络等，开启一趟新知之旅。

任务提示：

1. 可以阅读相关书籍，如李开复的《AI·未来》、(美)简·麦格尼格尔的《游戏改变世界》、(美)安妮塔·埃尔伯斯的《爆款》、(美)杰瑞·卡普兰的《人工智能时代》等。

2. 利用网络整理可利用的资源，如报纸杂志、百度百科、相关论坛、专业人士的博客或咨询从事相关行业的朋友等，与上述信息来源接触并获得有关网络与新媒体技术的有益见解。

3. 以小组讨论的形式逐个探讨每种新技术的原理、应用和意义。

4. 总结大家的意见，并尝试用自己的语言概括新媒体技术词汇，提炼这些技术内涵的本质理解。

5. 仔细阅读本章所有内容和附带资料，理解并消化其中的内容。

学习内容

美国学者尼古拉斯·尼葛洛庞帝（Nicholas and Negroponte）在其1996年出版的《数字化生存》（*Being Digital*）一书中提出："人类生存于一个虚拟的、数字化的生存活动空间，在这个空间里人们应用数字技术（信息技术）从事信息传播、交流、学习、工作等活动，这便是数字化生存。"丹尼斯·麦奎尔在《大众传播理论》中提到，数字化、网络化、信息化使人的生存方式发生了巨大的变化，并由此带来一种全新的生存方式。

如今，"信息的DNA"正在迅速取代原子成为人类生活中的基本交换物。电视机与计算机屏幕的差别变得只是大小不同而已。从前所说的"大众"传媒正演变成个人化的双向交流。信息不再被"推给"消费者，相反，人们或他们的数字勤务员需要将把他们所需要的信息"拿过来"参与到创造它们的活动中。

信息技术的革命将把受制于键盘和显示器的计算机解放出来，使之成为我们能够与之交谈，与之一道旅行，能够抚摸甚至能够穿戴的对象。这些发展将变革我们的学习方式、工作方式、娱乐方式。一句话，将变革我们的生活方式。在数字化世界中，互动世界、娱乐世界、资讯世界终将合而为一。

可以说，互联网和计算机技术的发展，新的媒体模式、形态和传播方式已经改变了广告的形式与内容，拓宽了广告传播的途径，丰富了广告创意的形式，为广告发展带来了锦上添花的效果。

在开始广告策划与创意之前，了解网络与新媒体广告中的常见技术、掌握创意中可能用到的技术类型和应用，都显得非常必要和重要。如果想要全面准确地认识新媒体，需对网络与新媒体常用技术做一个全面和概括的了解。

图2.1　形形色色的互联网应用，背后都是众多网络与新媒体技术的支持

第一节　网络与新媒体中的常见技术

技术的发展离不开人的需求和社会的发展。在新技术方面，有一个观点叫作技术乌托邦（technoutopian），即把新技术看作一个独立发展的世界，无须考虑到历史、政治、文化等现实因素。事实上，脱离了人类的需求和社会背景，技术是无法存在的，也是无法被理解的。接下来我们将一些常见而重要的网络与新媒体技术逐一进行梳理，来感受一下技术和社会以及人类发展之间不可分割的密切关系。

一、物联网和5G传播

以PC为主要终端的传统互联网，改变了信息的传播。而以智能手机为主要终端的移动互联网，则改变了生活的服务。随着5G的推广与普及，主要终端将会从手机变为汽车、车位、路灯、机床、空气净化器、智能门锁、空调以及冰箱等与日常生活相关的各类产品。于是，物联网的概念应运而生。

“物联网”（Internet of Things，IOT）一词，最初在1999年被提及，即通过射频识别（RFID）、红外感应器、全球定位系统、激光扫描器、气体感应器等信息传感设备，按约定的协议，把任何物品与互联网连接起来，进行信息交换和通讯，以实现智能化识别、定位、跟踪、监控和管理的一种网络。简而言之，物联网就是“物物相连的互联网”。这几年推行的智能家居其实就是把家中的电器通过网络控制起来。物联网发展到一定阶段，家中的电器可以和外网连接起来，通过传感器传达电器的信号。

物联网概念的问世，打破了之前的传统思维。过去的思路一直是将物理基础设施和IT基础设施分开，一方面是机场、公路、建筑物，另一方面是数据中心，个人电脑、宽带等。而在物联网时代，钢筋混凝土、电缆与芯片、宽带整合为统一的基础设施，因此有人说，物联网连接后的世界，更像是一个新的地球，物联网和智能电网沟通构成了智慧地球的基础结构。

也有观点认为，物联网迅速普及的可能性有多大，尚难以轻言判定。不过，物联网的雏形就像互联网早期的形态局域网一样，虽然发挥的作用有限，但其昭

图2.2　5G的发展空间巨大

示的远大前景已经不容置疑。

5G除了速度快之外，还有低功耗、低时延、万物互联、重构安全等特点。

可以预计，5G智能互联网对社会生活的改变将超过移动互联网。预计5G技术到2025年实现真正意义上的大规模商用，渗透到社会生活的每一个角落，从智能家居、健康管理、智能交通、智慧农业、智能物流到工业互联网，到时候5G技术对社会生活的改变，将会远超传统互联网和移动互联网。

在5G标准立项和系统设备上，中国都占有绝对优势。目前在5G标准通过的立项中，中国21项，美国9项，欧洲14项，日本4项，韩国2项，中国在整个标准体系中扮演了极为重要的角色；在系统设备方面，中国的系统设备商华为位列世界第一，已在全世界176个国家和地区进行过网络建设，系统能力非常强大。中兴位列世界第四，此外还有信科集团等大量的企业集群；在使用终端方面，目前中国的智能手机品牌在全球十大手机品牌中占据7个，而且还在不断向海外拓展。中国的智能家居开发领先于世界，所激活的智能家居产品远超苹果和谷歌平台上的产品。随着5G时代的到来，中国在5G手机研发和生产上，有望进入世界第一集团，并且在智能产品开发中居领先地位，有望成为世界领先者。

二、大数据和云计算

大数据（big data）是指采用新的处理模式去处理海量、高增长率和多样化的信息资产，以达到更强决策力、洞察力和流程优化能力的效果。

大数据技术的出现，为网络与新媒体产业发展注入了新的动力。通过大数据分析，企业可以从海量信息中迅速提取出决策所需要的数据。尽管大数据分析无法穷尽所有有价值的情报，但是它对用户行为及市场动态的统计分析有着不可替代的重要意义。2015年9月，李克强总理签发《促进大数据发展行动纲要》，把大数据推向了有史以来的最高热度。

大数据技术包括了数据采集、数据存取、基础架构、数据处理、统计分析、数据挖掘、模型预测、结果呈现等八个方面。大数据有两大特点，一是数据来源多，包括各种结构化数据和非结构化数据，如网络日志、视频、图片、地理位置信息等。二是数据数量巨大，而且随时处于“online”的在线状态，能够随时被吸取、关联和分析。一般来讲，智能硬件和智能设备加入得越多，产生的实时数据会越多，于是就需要大数据技术来实现对数据信息的价值挖掘。在维克托·迈尔-舍恩伯格（Viktor Mayer-Schönberger）和肯尼斯·库克耶（Kenneth Cukier）编写的《大数据时代》中总结了大数据的5V特点：Volume（大量）、Velocity（高速）、Variety（多样）、Value（低价值密度）、Veracity（真实性）。

大数据的处理离不开云平台和云计算能力，比如说数据采集之后的数据存储，现在很多非核心敏感数据都可以存储在云端；数据挖掘也是需要通过云计算和机器学习才能实现。

那什么是云计算呢？所谓云计算，就是“能通过网络访问可扩展的、灵活的、可共享的物理或虚拟资源池，并按需自助获取和管理这些资源的模式。其中资源实例包括服务器、操作系统、网络、软件、应用和存储设备等”。简单说，云计算有三层云平台。第一个是基础设施即服务，以前这些资源都是企业固有资源，现在可以通过平台服务商提供实现，从而减轻部署成本；第二个是平台即服务，开放式的平台可以由合作方提供行业和内容的服务；第三个是软件即服务。

总体来讲，大数据技术与云计算都是很有效的工具手段，有待人们去不断挖掘。但是大数据也会带来过度控制等次生问题，例如社交媒体上被广泛传播的一篇文章《隐藏在外卖、信息流、电商里的算法，到底有没有价值观？》就指出，以一线外卖员为代表的群体，就是一群被大数据和算法深深绑架的人群。他们争分夺秒地为商家赚取利益，但却日渐失去了作为个体的“人”的一些基本权利。

三、虚拟现实和增强现实

虚拟现实（visual reality，VR），是指用计算机来构建仿真的虚拟情景，利用一些传感技术传达给受众。虚拟现实技术，是一种可以创建和体验虚拟世界的计算机仿真系统。它利用计算机生成一种模拟环境，让用户能够沉浸到该环境中。虚拟现实需要借助VR眼镜才能让人体验到，所以经常是在一个相对封闭的环境系统里来实施。实际上，虚拟现实是通过计算机对复杂数据的处理，以可视化操作的交互方式，让人们以一种虚拟的方式去连接和接触“数字现实”。

增强现实（augmented reality，AR），则是把真实的环境与虚拟的对象融合在一起，使人们在真实环境下通过屏幕、手机、iPad以及特殊眼镜等便携设备，实时看到一些并不存在的3D影像数据。

AR的首要特征是场景信息的融合，其次是实时的互动，最后是让使用者在三维空间中有立体的呈现和感受。[1]增强现实，其本质是一种将真实世界信息和虚拟世界信息“无缝”集成的新技术。

例如，当某一品牌的汽车在自己的4S店里或者车展上，利用AR技术展示新车型的人机交互虚拟场景，就能够让人们通过科技获得车辆驾驶的“真实”感受，从而提升营销传播的效率。

虚拟现实技术最早被应用在影视领域，戴上VR眼镜观看屏幕，就会获得一种身临其境的感觉，类似于在电影院看升级版的3D电影；这属于虚拟现实技术在娱乐领域内的应用，同样的情形还经常发生在电子游戏的用户体验设计中。

除此以外，虚拟现实技术还应用在军事领域，如将地图上原本平面展示的地

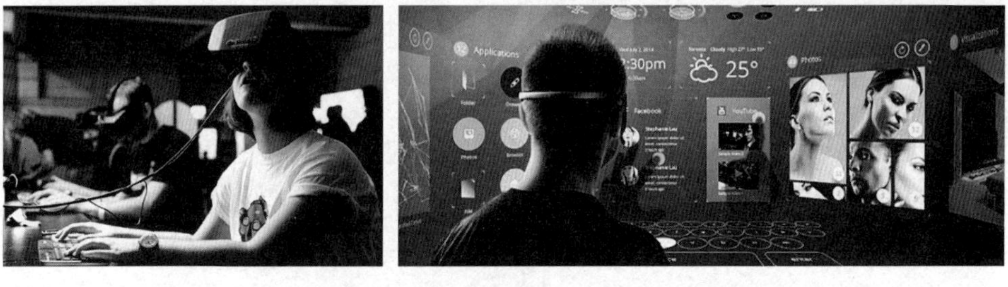

图2.3　AR技术改变人们感官体验的同时，也促进了体验营销的发展

1　杨先顺，阳翼.岭南新媒体说：数字营销传播思想荟萃[M].广州：暨南大学出版社,2018：91.

貌，以数字化形式立体展示，山峦海洋湖泊等数据都可以通过计算机程序实时获取和呈现。利用虚拟现实技术，原本的平面地图变成了三维立体的地形图，有助于军事专家更生动地把握地理环境对作战条件的影响。这一技术应用到文具行业，就诞生了VR地球仪等商品。

现阶段增强现实应用最多的场景，当属开车导航设备。通过摄像摄入实时画面，利用3D投影，就可以在车玻璃上显示车道信息，帮助驾驶人更好地评估道路环境。

在日常生活中也可以应用增强现实技术，例如在超市商品包装上，能够快速展示商品信息，包括产地、有效期、食品溯源、成分检测等；在家庭生活中，可以通过AR虚拟屏幕展现一些家用设备的使用步骤、要点和其他基本信息，图文并茂的信息展示，可以方便操作者阅读和操作。

基于手机的增强现实软件，可以很轻松地做到识别周围环境，并提供附加信息。目前的应用，哪怕只是简易版本的增强现实，例如提供文本的实时翻译，或是当前访问餐馆时自动弹出相关评论等与生活场景密切关联的应用，都给人们带来了极大的便利。专用的增强现实眼镜，则可以帮助人们实现更多任务，人们可以在周围的空间中虚拟放置不同的应用程序浮动窗口，就像多个显示器一样展示在现实世界中。

增强现实的应用，具有无限的可能性。过去在科幻电影中才看到的场景，今天可以自然而然地出现在人们的日常生活中。借助虚拟现实和增强现实设备和技术，我们的日常生活片段都可以轻而易举地和互联网信息世界挂钩，人们生活在一个现实世界与数字世界相互交织的环境里，信息更加丰富，信息的获取也更加便捷，人们的决策也因此更加快速而准确。

四、生物识别技术

所谓生物识别技术，就是通过计算机与光学、声学、生物传感器和生物统计学原理等高科技手段，利用人体固有的生理特性，如指纹、人脸、行为特征（如笔迹、声音）等，来进行个人身份的鉴定。由于人体特征具有不可复制的独一性，这种生物密钥也就具有无法复制、失窃的特性。利用生物识别技术进行身份认定，给人们带来了更为安全、可靠、准确的密钥，而过去那种常见的口令、IC卡、条纹码、磁卡或钥匙，非常容易丢失、遗忘、复制或者被盗用。

以下重点介绍一下生物识别技术中最常用的人脸识别和语音识别。

人脸识别（face recognition），是基于人的脸部特征信息进行身份识别的一种生物识别技术。用摄像头采集含有人脸的图像或视频，并自动在图像中检测和跟踪人脸，进而对检测到的人脸进行脸部识别的一系列相关技术，通常也被叫作人像识别、面部识别。

人脸识别系统的研究，始于20世纪60年代，80年代后随着计算机技术和光学成像技术的发展得到提高，而真正进入初级的应用阶段则在90年代后期，并且以美国、德国和日本的技术实现为主。

人脸识别系统成功的关键在于是否拥有尖端的核心算法，并使识别结果具有实用化的识别率和识别速度。人脸识别系统集成了人工智能、机器识别、机器学习、模型理论、专家系统、视频图像处理等多种专业技术，同时需结合中间值处理的理论与实现，是生物特征识别的最新应用，其核心技术的实现，展现了弱人工智能向强人工智能的转化。人脸识别目前主要应用在数码相机、门禁系统、身份辨识、网络应用等方面。

语音识别（automatic speech recognition，ASR），是以语音为研究对象，通过语音信号处理和模式识别，让机器自动识别和理解人类口述的语言。

语音识别技术就是让机器通过识别和理解过程，把语音信号转变为相应的文本或命令的技术。语音识别是一门涉及面很广的交叉学科，它与声学、语音学、语言学、信息理论、模式识别理论以及神经生物学等学科都有非常密切的关系。

以腾讯云语音识别为例，它主要提供语音转文字服务的体验。其语音识别服务经微信、腾讯视频、王者荣耀等大量内部业务验证，同时也在线上线下大量外部客户业务场景下成功落地，具备识别准确率高、接入便捷、性能稳定等特点。腾讯云语音识别服务开放实时语音识别、一句话识别和录音文件识别三种服务形式，满足不同类型开发者需求。实时语音识别，是对实时音频流进行识别，可应用于语音输入、语音机器人等实时音频流场景；一句话识别，是对60秒之内的短音频文件进行识别，可应用于语音消息转写等场景；录音文件识别，是对一小时之内的录音文件进行识别，可应用于字幕生成、语音资料转写等场景。

语音识别的主要过程如下：首先，从声音波形中提取声学特征；其次，将声学特征转换成发音的因素；最后，使用语言模型等解码技术转变成大众能读懂的文本。

图2.4 语音识别结合人工智能技术，可以应用在很多方面

以百度公司为例，它的语音导航技术就非常接近于自然的人机交互，用户接受程度非常高，得到了从年轻人到老人的一致喜爱；百度地图提供个人定制化的语音包服务，可以很简单地实现语音转化，任何一个普通用户，只要在安静的环境下，用手机录入20句话，就可以形成个人的语音包。如此一来，忙碌的白领妈妈就可以很方便地实现让小朋友的声音陪伴在上班和回家路上的导航里。百度的另一款智能产品小度智能音箱，在中国市场的发展也非常快，在上市近一年的时间销量就达到了全国第一……这些都是语音识别技术在日常生活中的应用。

大数据和人工智能的发展，为生物识别技术获得突破性发展提供了契机。以深度学习（Deep Learning）为代表的人工智能技术，融合大数据技术的最新进展，在人脸识别等过去的信息技术很难得到实际应用的场景中，取得了突破性进展。利用深度学习技术训练得到的人脸识别模型，对各种复杂场景的识别精度甚至能够超越大部分人类个体。这使得城市或者封闭区域的管理者，可以利用成本较低的视频摄像头，非常方便地将物理世界中人群的个体行为轨迹接入网络空间中，从而实现“智慧”管理。

五、语义化网络

目前我们所使用的网络主要建构在蒂姆·伯纳斯-李（Tim Berners-Lee）发明的万维网（World Wide Web，WWW）基础上的，它其实是一个存储和共享图像、文本的媒介。人们虽然通过电脑调取、浏览和使用信息，但是电脑本身对这些网页内容是无法进行识别、加工进而综合信息和提取结论的。万维网中的信息，在电脑看来就是一堆代码和数字，计算机无法像人类那样去理解信息内容，语义网的提出，则是让计算机和网络都变得更为智能，让人类搜索信息这件事情，变得更为简单。

因此，语义网是对万维网的本质进行根本变革，其主要任务就是使数据更加便于电脑处理和查找，最终目标是让用户变成全能的“上帝”，对因特网上的海量资源达到几乎无所不知的程度。计算机可以在这些资源中找到你所需要的信息，从而改变万维网的信息孤岛状态，让互联网真正实现信息互联，变成一个对人类而言有意义同时又实用简便的巨大数据库。

语义网络（semantic web）这个概念，最早由奎林（J. R. Quillian）于1968年提出。开始是作为人类联想记忆的一个公理模型被提出，随后在AI中用于自然语言理解，表示命题信息。语义网就是能够根据语义进行判断的网络。简单地说，语义网是一种能理解人类语言的智能网络，它不但能够理解人类的语言，而且还可以使人与电脑之间的交流变得像人与人之间交流一样轻松。语义网是对未来网络的一个设想，在这样的网络中，信息都被赋予了明确的含义，机器能够自动地处理和集成网上可用的信息。

更具普遍意义上的语义网（semantic network）概念，则是由万维网联盟的蒂姆·伯纳斯-李在1998年提出的一个概念，它的核心是通过给万维网上的文档（如HTML）添加能够被计算机理解的语义“元数据”（meta data），从而使整个互联网成为一个通用的信息交换媒介。

语义网将使人类从搜索相关网页的繁重劳动中解放出来，让互联网中的计算机能利用自己的智能软件，在搜索数以万计的网页时，通过“智能代理”从中筛选出相关的有用信息。而不像现在的万维网，只会罗列出数以万计的无用搜索结果。

语义网是一种更丰富多彩、更个性化的网络，用户可以给予其高度信任，让它帮助滤掉不喜欢的内容，使得网络更像是自己的专属网络。语义网虽然是一种更加美好的网络，但实现起来却是一项复杂而浩大的工程。

要使语义网搜索更精确彻底，更容易判断信息的真假，从而达到实用的目标，首先需要制订标准，该标准允许用户给网络内容添加元数据（解释详尽的标记），并能让用户精确地指出他们正在寻找什么；然后，还需要找到一种方法，以确保不同的程序都能分享不同网站的内容；最后，要求用户可以增加其他功能，如添加应用软件等。

《互联网周刊》曾生动描述了未来的广告图景：你走在大街上，低头系鞋带，发现鞋带断了，这时突然脚前面的砖亮了，上面显示你右前方50米的第一个

图2.5 从人机互动、机器模拟人类到智能的语义化网络，技术的发展让人类社会与技术的世界紧密相连

柜台有匹配你这双鞋的鞋带。[1]这类智能品牌，就是语义互联网的产物。这种智能品牌所出发的一切广告活动将与我们今天的广告有本质的区别。

六、搜索引擎优化

搜索引擎优化（search engine optimization，SEO），是一种利用搜索引擎规则，提高网站在有关搜索引擎内自然排名的做法。目的是让其在行业内占据领先地位，获得品牌收益。

它主要通过分析搜索引擎的排名规律，了解各种搜索引擎怎样进行搜索、怎样抓取互联网页面、怎样确定特定关键词的搜索结果排名的技术。搜索引擎采用易于被搜索引用的手段，对网站进行有针对性的优化，提高网站在搜索引擎中的自然排名，吸引更多的用户访问网站，提高网站的访问量，提高网站的销售能力和宣传能力，从而提升网站的品牌效应。

随着网络的发展，网站的数量已经数以亿计，互联网上的信息量呈爆炸性增长，加大了人们寻找目标信息的难度，而搜索引擎的出现给人们寻找信息带来极大的便利，已经成为不可或缺的上网工具。根据人们的使用习惯和心理，在搜索引擎中排名越靠前的网站，被点击的概率就越大，相反，排名越靠后，得到的搜索流量就越少。

---

1 杨先顺，阳翼.岭南新媒体说：数字营销传播思想荟萃[M].广州：暨南大学出版社,2018：77.

图2.6　通过搜索引擎优化提升搜索效率是所有搜索行为追求的目标

据统计，全球500强的公司中，有90%以上的公司在公司网站中导入了搜索引擎优化的SEO技术。一般的网络公司因缺乏专业的营销知识和理念，仅从技术的角度出发建造网站。美工只管网站设计漂亮，程序员只管实现功能模块，这样做出来的网站是有缺陷的，不符合搜索引擎的收录要求，所以必须对网站进行全面的针对性优化。

网站搜索引擎优化任务主要是认识与了解其他搜索引擎怎样紧抓网页、怎样索引、怎样确定搜索关键词等相关技术后，以此优化本网页内容，确保其能够与用户浏览习惯相符合，并且在不影响网民体验前提下使其搜索引擎排名得以提升，进而使该网站访问量得以提升，最终提高本网站宣传能力或者销售能力。基于搜索引擎优化处理，其实就是为让搜索引擎更易接受本网站，搜索引擎往往会比对不同网站的内容，再通过浏览器把内容以最完整、直接及最快的速度提供给网络用户。[1]

七、流媒体视频技术

流媒体是指将一连串的媒体数据压缩后，经过网上分段发送数据，在网上即时传输影音以供观赏的一种技术与过程。此技术使得数据包得以像流水一样发送，如果不使用此技术，就必须在使用前下载整个媒体文件。流媒体的三大操作平台是微软公司、RealNetworks和苹果公司。

随着现代技术的发展，网络带给人们形式多样的信息，从第一张图片出现在网络上到如今各种形式的网络视频和三维动画，网络让人们的视听觉得到了很大

1　刘玉娥.网站搜索引擎优化技术分析[J].信息化建设，2015,(3)：63-66.

图2.7　流媒体视频在不同屏幕上的表现

的满足。然而在流媒体技术出现之前，人们必须要先下载这些多媒体内容到本地计算机，在漫长的等待之后（因为受限于带宽，下载通常要花上较长的时间），才可以看到或听到媒体传达的信息。当流媒体技术出现之后，人们便无须再等待媒体完全下载完成了。

流媒体技术把连续的影像和声音信息经过压缩处理后放上网站服务器，由视频服务器向用户计算机顺序或实时地传送各个压缩包，让用户一边下载一边观看、收听，而不要等整个压缩文件下载到自己的计算机上才可以观看的网络传输技术。该技术先在使用者端的计算机上创建一个缓冲区，在播放前预先下一段数据作为缓冲，在网络实际连线速度小于播放所需的速度时，播放程序就会取用一小段缓冲区内的数据，这样可以避免播放的中断，也使播放品质得以保证。

第二节　新媒体创意技术的类型和应用

常见的网络与新媒体创意技术数不胜数，如二维码技术、HTML5技术、动态化平面广告技术、动态化表情包技术、故事性微电影技术、短视频技术、互动装置技术、图像识别技术、虚拟现实技术、LBS定位技术、温度感应技术、重力感应技术、视频编程技术、触屏感应技术、小程序游戏互动技术等。[1]具体参考表2.1。

1　郑龙伟，刘境奇.数字广告：新媒体广告创意、策划、执行与数字整合营销[M].北京：人民邮电出版社，2019：32.

表2.1 新媒体创意技术分类一览表

分类	具体细分	特点描述
非编程式创意技术	二维码技术	将特定几何图形按一定规律在平面（二维方向）分布形成黑白相间的矩阵图形，方便用户扫描。实现一物一码，轻松完成品牌防伪、数据抓取等线上线下功能的对接
	HTML5技术	使用该技术制作的页面简称H5，能够在移动端让应用程序回归网页，用户不需要下载客户端或插件就能够观看视频、玩游戏等
	动态化平面技术	即通过该技术能够让静止的图片、文字等平面信息动起来，产生更丰富的表现力和吸引力
	动态化表情包技术	对IP形象设计的动态演绎，让表情包更生动形象
	故事性微电影技术	为宣传某个特定品牌或产品而拍摄的有故事情节、以电影为表现手法的、时长为5—30分钟的微电影形式的广告片
	短视频技术	在互联网新媒体平台上传播的短片视频，一般时长在5分钟（短视频）或10秒（微短视频）内
编程式创意技术	互动装置技术	以装置硬件为基础的具有互动性的创意设计，一般出现在户外广告中
	图像识别技术	利用全数字式图像的实时编码、压缩、解码等技术，通过特定图像识别，让用户进入一个预设的场景中
	虚拟现实技术	利用图形识别技术让虚拟数字形象与现实中的用户进行互动，制造出一种超现实奇幻效果
	LBS定位技术	定位技术功能（Location Based Service）能够确定用户所在的地理位置并提供与位置相关的各类信息服务，如导航、餐厅搜索等
	温度感应技术	利用结合温度感应技术的APP可以制作与天气或者温度有关的品牌广告活动
	重力感应技术	通过手机中的重力感应传感器，达到改变手机方向、图片位置、界面旋转、摇晃切换等功能
	视频编程技术	动态图像传输在电信领域内的应用，用户可以在观看流媒体视频的同时，点击互动或者完成线上购买
	触屏感应技术	用户通过触屏操作产生互动效果，是一种人机交互输入方式
	小程序游戏互动	利用人们对游戏的喜爱以及游戏本身的互动性而设计的游戏和小程序形式的广告

非编程常用创意技术，一般是直接运用平台资源，将原有的创意和视觉内容借助热门技术加以改造，使之变得更生动有趣、互动性强，继而成为社交化传播的内容资源。例如大家耳熟能详的动态表情包、动态平面广告、微电影、短视频

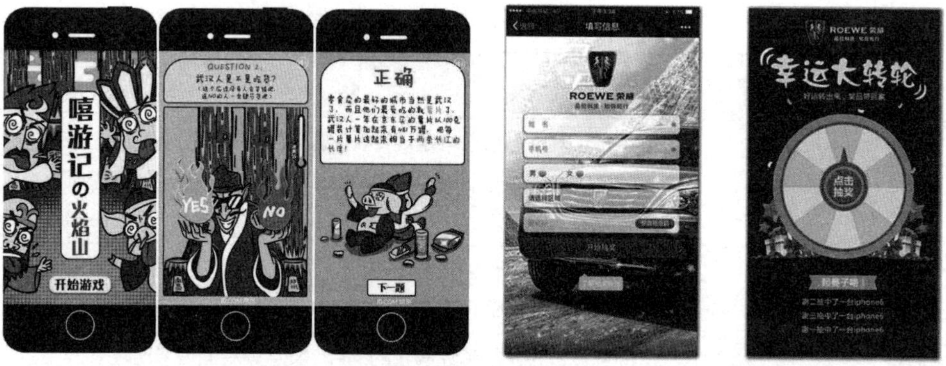

图2.8　利用H5技术制作的广告是手机屏幕上最常见到的一种类型

等，都属于这种创意技术类型。

还有一些创意技术的使用，需要借助计算机编程来实现，称为编程式创意技术。借助计算机程序设计语言编写的程序代码，可以使广告实现跨界融合的可能，给用户带来视觉、触觉、感觉等的虚拟化体验，具有很强的交互性和娱乐性。但是这种创意通常需要的工作量较大、时间较长、成本也较高。[1]

这些技术类型，每一个都非常有趣，也非常有用。了解这些技术的基本原理和应用场景，可以帮助我们在策划和创意中运用这些新媒体技术。下面，以人们经常使用的二维码为例，来说明在新媒体广告策划创意中，全面透彻了解某一类技术如何帮助我们更好地实现新媒体广告策划与创意。

二维码，又称二维条码。常见的二维码是1994年由日本DW公司发明的QR Code（Quick Response），也是近几年来移动设备上超流行的一种编码方式。二维码能够在横向和纵向两个方位同时表达信息，因此能在很小的面积内表达大量的信息。

二维码的工作原理是，用某种特定的几何图形按一定规律在平面（二维方向上）分布的、黑白相间的、记录数据符号信息的图形；在代码编制上巧妙地利用构成计算机内部逻辑基础的“0”“1”比特流的概念，使用若干个与二进制相对应的几何形体来表示文字数值信息，通过图像输入设备或光电扫描设备自动识读以实现信息自动处理。它具有条码技术的一些共性，如每种码制有其特定的字符集，每个字符占有一定的宽度，具有一定的校验功能等。同时还具有对不同行的

1　郑龙伟，刘境奇.数字广告：新媒体广告创意、策划、执行与数字整合营销[M].北京：人民邮电出版社，2019：50.

图2.9　二维码的发展演变

信息自动识别功能以及处理图形旋转变化点功能等。

二维码的应用场景包括：信息获取、网站跳转、广告推送、手机电商、防伪溯源、优惠促销、会员管理、手机支付等。

马化腾曾经说过，“二维码是线上线下的一个关键入口”。二维码能够提供便捷而且快速的转换，是一个非常重要和关键的应用。因此，当我们在策划或者创意过程中，需要实现线上线下的场景切换或者传播互通的时候，使用二维码是一个非常明智的选择。

今天，在我们的日常生活中，二维码的应用场景非常广泛，几乎涵盖了工作生活的方方面面，如：

1. 购物与支付：在商场购物、餐饮线下支付等场合，用户可以通过扫描二维码完成交易。

2. 社交：在社交软件如QQ和微信中，用户可以通过扫描二维码查找公众号和添加好友。

3. 出行：在公共交通领域，如公交车、出租车、地铁、停车场等付款场合，二维码也得到了广泛应用。

4. 防伪鉴别和追溯：二维码具有唯一性，可以用于商品的防伪鉴别和追溯源头。

5. 电子票据：飞机票、火车票、汽车票、电影票、景区门票、优惠券等具有一次性特性的票据，可以通过二维码进行发放和验证。

6. 移动支付：随着支付宝、微信等移动支付的普及，用户可以通过扫描二维码完成支付。

7. 工程设备巡检：在工程领域，每个机械设备对应一个二维码，用于记录巡查和维护信息。

8. 消防检查：在消防巡检中，使用二维码代替纸质检查表，便于管理和统计，提高效率。

9. 区域巡查：除了设备巡检，还有对车间、仓库、配电房、保安巡视等区域的巡查，也使用二维码进行记录。

10. 产品溯源和物流运输：在生鲜产品的冷链追溯、物流运输过程中，二维码被用于读取运输各节点的单据信息并存入管理系统。

此外，二维码还被用于广告宣传、企业名片等，用户通过扫描二维码可以浏览商品详情或查看企业信息。可以说，小小的二维码，改变了生活中方方面面的细节之处，同时也在悄无声息中改变了互联网世界的行为方式和思维模式。

第三节　网络与新媒体技术的发展趋势：人工智能

人工智能（Artificial Intelligence，AI），是研究和开发用于模拟、延伸和扩展人的智能的理论方法技术及应用系统的一门新技术。人工智能的概念很宽泛，可以分为弱人工智能和强人工智能。前者指的是擅长单个方面的人工智能，比如简单的自然语言的语义分析、智能问答库、网页搜索技术；后者指的是那些能在

图2.10　最高级的人工智能是感知智能，它要求机器或系统能理解和会思考

某个领域内和人类能力比肩的人工智能，即人类级别的人工智能，如阿尔法狗。最高级的人工智能是感知智能，它要求机器或系统能理解和会思考。

人工智能的研究领域十分广阔，包括机器人、语言识别、图像识别、自然语言处理和专家系统等。人工智能自诞生以来，理论和技术日益成熟，应用领域也不断扩大，极大丰富了人们的生活，成为人们生活不可或缺的一部分。

人工智能不仅应用在大家非常熟悉的搜索信息流、产品短视频领域，还切切实实进入更多用户的家庭里面。因为对营销而言，最大的变量是媒介的变化，媒介的变化使得用户对信息接受方式发生了变化。在生活中应用的人工智能技术，就有可能会带来全新的媒介变化。甚至有人说，AI技术的诞生不亚于互联网，甚至比肩工业革命，称“AI创造了新的iPhone时刻”，即具有划时代的意义。

以一个新产品发展到1亿用户需要多长时间为例证：电话的用户数字从0发展到1亿，用了75年；手机用了16年；互联网用了7年；微信用了1年3个月；而ChatGPT，仅仅用了两个月。连比尔·盖茨都惊叹：“这是一生难遇的震撼时刻。”微软、谷歌、阿里、华为、百度等国内外互联网巨头，现阶段都迅速把人工智能作为最主要的战略发展方向。“读不懂AI的历史，就无法预测未来”，因此，首先梳理一下人工智能的发展历程，就显得很有必要。

一、AI发展的前提：图灵测试

人工智能之父艾伦·麦席森·图灵（Alan Mathison Turing）是英国著名的数学家、逻辑学家，被称为计算机科学之父、人工智能之父。图灵1912年6月23日出生于英国伦敦，举世闻名的图灵测试发生在1952年。

图灵测试，又称“图灵判断”（Turing Testing），是图灵提出的一个关于机器人的著名判断原则。1950年，图灵发表的具有里程碑意义的论文《机器能思考吗？》中第一次提出“机器思维”的概念。所谓图灵测试，是一种测试机器到底是否具备人类智能的方法——测试对象一方是一个人，另一方则是声称自己有人类智力的机器，然后通过计算机对话，让为人的一方判断为机器的对方是不是一个真正的人。

在图灵测试中，提出了两个重要发现和突破，即突破了计算机的“可计算”与“可判定”，正是这一点，从根本上引领了人们思维的改变。

所谓的“可计算”，是指一个问题如何在有限的时间内化解为可处理的数学问题。很多现实生活中的问题，例如定位、语音识别、拍照、图像传输等，几乎都可以转化为数学问题，即通过计算机的“可计算性”来实现该问题的“数字化”和“数学化”。一些看上去比较先进的技术，包括无人驾驶、地图导航、图像识别、语音识别等，这些技术归根到底都是一些数学问题，而且都是可以通过计算机的“可计算性”来完成的。

所谓的“可判定”，是指把人的思想、主观意识等内容，与计算机的客观手段结合起来的问题。二者结合，就是直到今天都非常著名的关于机器人的判断原则。

图灵在24岁时就提出了著名的图灵机理论，这是计算机科学领域的里程碑之一，对后来计算机的发展产生了深远的影响。图灵在33岁时设想出仿真系统，35岁提出自动程序设计概念，38岁设计了“图灵测试”。可以说，在电脑和人工智能方面，图灵一直没有停止过探索的脚步。

随着人工智能的深入研究，人们也越来越认识到图灵思想的深刻性和价值。为了纪念他对计算机科学的巨大贡献，美国计算机协会于1966年设立了一年一度的图灵奖，以表彰在计算机科学中做出突出贡献的人，图灵奖被誉为“计算机界的诺贝尔奖”。

二、人工智能的应用领域

随着数字化时代的到来，人工智能被广泛应用在家居、制造、金融、医疗、安防、交通、零售、教育和物流等多领域。根据人工智能专家的研究和总结，将近60年来的人工智能发展为三个阶段，经过三次兴起的热潮，每次兴盛期都有不同的技术在起作用。

第一次热潮是在1956—1974年，以命题逻辑、谓词逻辑等知识的表达、启发式搜索方面为代表。

第二次热潮是在20世纪80年代初期，一些教授专家主要做专家系统、知识工程、医疗诊断等方面的研究，到了80年代末期又出现了一个短暂的神经网络研究热潮。

在此之后人工智能这个词在公众视野中消失了将近30年的时间。这30年间，人工智能处于一个“分治时期”，形成了计算机视觉、自然语言理解、认知科学、机器学习、机器人学这五大独立发展学科。

第三次热潮是2012年兴起的深度学习推动的。随着这五个领域不断地扩展，领域之间出现了融合，这个时期总结起来一共有“六个领域”，包括：计算机视觉、自然语言理解与交流、认知与推理、机器人学习、博弈与伦理、机器学习等六个方面。具体展开介绍如下：

1. 计算机视觉：是一门研究如何使机器“看”的科学，即利用摄影机和电脑代替人眼对目标进行识别、跟踪和测量，并进一步做图形处理，使电脑的处理成为更适合人眼观察或传送给仪器检测的图像。尤其是高清监控的普及，整个安防监控领域的数据量都在爆炸式增长，依靠人工来分析和处理这些信息变得越来越困难，如何利用以计算机视觉为核心的安防技术领域，成为目前的迫切要求。

2. 多语言翻译：这是当今人工智能工具软件完成得最好的任务之一，包括人类的各种自然语言如英语、法语、日语、意大利语等，也包括一些专业语言体系，例如法律、医疗、会计、金融等。如今的AI都可以做到让机器学习并掌握。以人类的自然语言互译为例，翻译效果可以有90%以上的流畅度，而且能做到实时同步。

3. 虚拟个人助理：可以利用AI帮助人类完成很多日常操作，比如车载音响、智能家居、智能客服等方面。一般来说，听到语音指令就可以完成服务的，都属于虚拟个人助理。

4. 与机器进行语音交流：让机器明白你说什么，这是人们长期以来梦寐以求的事情，如今人工智能将这一理想变为现实。

5. 口语评测：可以利用云计算技术，将自动口语评测服务放在云端，并开放API接口供客户远程使用、评判。比如普通话、英语等发音正确与否，就好像是请了智能老师在家一样。

6. 物流机器人：在消费升级下，市场压力越来越大，这时候海量的物流机器人因管理成本低、分拣效率和准确率高、投资回报周期短、生产效率提升等特点，得到更多企业青睐，现阶段正助力企业实现智能化转型。

7. 学习机：学习机其实就是让孩子有效地玩耍，即让孩子在玩耍的过程中学到知识，开发孩子的智力，包括动手能力、反应能力、审美能力等，同时培养知识兴趣及学习习惯。

8. 智慧城市：将交通、能源、供水等基础设施全部数据化，将散落在城市各个角落的数据进行汇聚，再通过超强分析、超大规模计算，实现对整个城市的全局实时分析，让城市智能地运行起来。例如杭州的城市大脑通过对地图数据、摄像头数据进行智能分析，从而智能地调节红绿灯的时间和间隔，成功将车辆通行速度最高提升了11%，大大改善了出行体验。

由此可见，人工智能应用领域广泛，未来在人工智能的推动下，人工智能技术将会被应用到更多领域当中，人们的生活方方面面也会变得更为便利。

三、人工智能的小数据大任务范式

真正的智能不是用大数据去堆积出来的，单纯依靠大数据的AI，并没有获得预期的“智能”，AI的发展方向，也不可能仅凭大数据到达。大数据小任务指的是计算机读懂了所有的信息，但还是只能够完成某一类的单一任务。而小数据大任务，则是一叶落而知天下秋。计算机会通过有限的学习和深度推理，依靠有限的数据加上对逻辑和知识的理解与运用，轻松做到举一反三，明白这个世界中“隐藏”的知识。

全球著名计算机视觉专家、统计与应用数学家、人工智能专家，美国洛杉矶加州大学（UCLA）统计系兼计算机系教授朱松纯，在中国人工智能大会（CCAI2018）上发表的题为《智能“暗物质”与“小数据、大任务”范式》的报告中指出，“小数据、大任务”范式是人工智能统一的目标。

朱松纯教授认为人工智能这一学科涵盖非常广泛，包含的这六大领域正在交叉发展，最终的目标都是希望它们能够形成一个完整的科学体系，成为一门真正的科学（science of intelligence）。

基于统计概率模型的大数据分析方法，包括机器学习和深度学习等，可以针对某个特定的任务，例如人脸识别，设计一个简单的价值函数，并用大量数据进行训练这一特定的模型。这一模式的应用可称为“大数据、小任务”范式，但并不能产生真正意义上的智能。这种方法对某些具体的问题很有效果，但是这个模型不能适用于更广泛的任务，更不能适用复杂的任务执行，这一思路对于人工智能的发展并不能起到跨越式前进的作用。朱教授认为，“小数据、大任务”范式是人工智能统一的目标，他提出了人工智能发展的颠覆性模式：仅使用少量样本，但可以泛化到多种任务中。

四、ChatGPT及其他

GPT是英文生成式预训练的Transformer模型的大写字母缩略词——G是

Generative（生成的），P是Pre-trainning（预训练的），T是Transformer（Transformer模型）。

GPT工作的核心原理，就是利用历史上文本中的语言规律来生成新的文本。这就属于一种典型的“小数据，大任务”。GPT就是能够通过计算概率的方式，逐字预测接下来应该说什么的数据模型。它主要是根据以前生成的文本，结合上下文信息，去计算当前位置每一个可能用来填空的词语的概率，然后选择概率最大的那个词，作为当前位置的输出。这个概率是怎么来的呢？是根据以前的预训练培训出来的，而计算概率的方法就是Transformer模型。

传统AI只是简单搬运，而GPT是具备通用能力，可以做到举一反三，能够在要求之下进行当场学习和语境内学习，而且这些能力还可以逐步积累。这种语境内学习的能力，正是逐步训练和积累出来的。

相比之前的训练模型，Transformer模型具有诸多优点，并在两个方面进行了突破：第一，它更有利于并行计算。眼睛去看图片，大脑可以同时处理所有的信息。但是阅读就必须一行字一行字地读过去。所以，电影中的数据量远远大于文本。并行处理就特别适合AI这种有海量数据的任务。第二，它可以更好地处理长距离即远处的信息。

以上这些能力都是GPT逐步积累出来的，从GPT-1，到GPT-2，到GPT-3，GPT的模型每升级一代，它的参数就会扩大十倍，甚至百倍，而扩大的参数越多，深度学习的神经网络的复杂度就会指数级增加。到了GPT-3.5，这个模型一下子出现了质变，这个重大突破，学界称之为“涌现”，即在发展过程中突然出现了某个惊人的进步。由此可见，GPT模型的更新，并不是一个线性发展的过程，这个过程本身也是不可预测的。

ChatGPT中的chat含有对话、聊天的意思，即增加了交流属性的GPT，就是ChatGPT。增加chat的属性，目的是让AI学会与人类对话的同时，还要把AI的输出训练到符合人类习惯和价值观的程度，即强化学习。

AI技术的研发需要的基本要素有：算法、算力和数据。

算法：现在的算力变得越来越庞大，GPT-1是1.2亿参数，GPT-2是15亿参数，GPT-3到了1750亿参数。训练数据达到了45tb，相当于470万套四大名著的文字量。每一代参数都扩大了10倍甚至百倍，最新发表的GPT-4则是160000亿参数。

算力，就是计算的能力。现在一个GPT训练一次需要2000张A100的GPU卡。通常，算上一周就可以迭代一次，那么这一次迭代就要8000万元人民币。有新闻报道说，中国要有10000枚A100芯片可能才能够做好一个大模型，可是能拥有10000枚A100芯片的企业可能只有一家。

数据，指的是利用深度学习的方法建立理解世界的模型。计算机学到的虽然是抽象的代码，但是它是在试图理解世界。到了第二步强化学习阶段，AI的回答就更符合人类的口味，所以计算机科学家们认为人工智能会涌现出智能，这就是《5000天后的世界》的作者凯文·凯利所说的，计算机正在构建一个镜像世界。

OpenAI，是在美国成立的人工智能研究公司，核心宗旨在于“实现安全的通用人工智能（AGI）”，使其有益于人类。OpenAI于2015年由一群科技领袖，包括山姆·阿尔特曼（Sam Altman）、彼得·泰尔（Peter Thiel）、里德·霍夫曼（Reid Hoffman）和埃隆·马斯克（Elon Musk）等人创办。

山姆·阿尔特曼被媒体称为ChatGPT之父。他1985年4月22日出生于美国伊利诺伊州的芝加哥，8岁时学会了编程，9岁时收到一台电脑作为生日礼物，使他在很小的时候就对信息技术和互联网产生了兴趣。后被斯坦福大学录取，开始研究人工智能和计算机科学。2005年从大学辍学，同好友合作创办社交媒体公司。现为Y Combinator总裁、人工智能实验室OpenAI首席执行官。

伊尔亚·苏茨克维（Ilya Sutskever），是OpenAI联合创始人和首席科学家。机器学习领域的顶尖学者。

埃隆·马斯克是OpenAI联合创始人之一，1971年6月28日出生于南非的行政首都比勒陀利亚，本科毕业于宾夕法尼亚大学经济学和物理学双专业，资产2320亿美元。马斯克是美国、南非、加拿大三重国籍的企业家、工程师、发明家、慈善家，特斯拉（Tesla）创始人兼首席执行官，太空探索技术公司（SpaceX）首席执行官兼首席技术官，太阳城公司（SolarCity）董事会主席、推特首席执行官，美国神经连接公司（Neuralink）创始人，美国国家工程院院士，英国皇家学会院士。

OpenAI的商业模式最初是一个非营利机构，因为AI的研发太烧钱了，为了吸引投资，就成立了商业化的公司。但是为了保持公司的公益初衷，在公司入股模式上做出了相应创新：承诺初期投资人，当盈利达到一个数字以后，股权就要下降到以前的一半，之后再赚到一定数字的收益后就约定退出股权。而退出后的股权，最终还是交还给一个非营利的基金来掌管，以此保证AI技术研发的公益性和可持续性。

五、AI的影响和风险

2024年2月15日，一手缔造了ChatGPT的OpenAI再放“大招”，发布了其第一个文生视频大模型Sora。Sora的发布，不仅推动了技术的发展，也引发了对AI治理和伦理的探讨。

AI技术的迭代速度越来越快，未来会不会不受控制而对人类社会带来巨大的影响？未来人工智能会不会取代人类本身，最终导致世界的毁灭？这些风险的可能性到底有多大？上述问题都值得关注。

截至目前，AI技术影响最大的领域，主要还是集中在工作领域，这也是为什么AI被看作一次生产力革命的原因。

一些特定的行业，如教育、传媒、科技、内容生产等行业，目前都面临着被颠覆的风险。AI的发展，让人们重新定义了工作，一方面是取代了一些固有的职业，如插画师、文案策划、会计、翻译等过去需要长时间专业化培训的行业，今天的AI技术很容易就可以完成取代；另一方面，则是催生出大量新兴职业，如数据标注师、人工智能训练师、人工智能软件培训师等。根据美国对劳动力市场的研究表明，美国80%的现有职业会受到AI的影响，20%的工作会减少一半的工作量，尤其是像翻译、写作、传媒、金融、税务这些工作。

需要说明的是，AI带来的更多是工作迁移不是工作取代。因为跟计算相比，人类大脑的运行速度简直就是蜗牛速度。一些需要大量且准确计算的工作，就特别适合交给计算机去做，如一些与观测、统计、计算相关的工作；另外，一些简单重复的工作，如流水线、收银员等工作，也都可以交给计算机去做，从而把人类解放出来，去从事更加富有创造力的工作。这样一来，工作和兴趣的界限消失了，人类可以把追求效率和生产力的事交给机器人去做，把枯燥的事留给AI去完成，把有趣的好玩的更需要创造力的事情留给自己。当然，未来不会被AI取代的职业也有很多，如运动员、厨师、木匠等特别依赖人类自身特点的职业。

从某种程度讲，AI的确改造了人类社会。过去人类控制计算机的方式，主要是键盘鼠标。现在则变得更简单了，一句话一个手势，AI就能够帮助人们完成任务。如此一来，AI变成了人类强大的个人助理，可以帮助人们完成生活、学习、健康等诸多个人事务。

可以说，在当今所有新科技里面，最重要的就是AI。AI技术可以被看作今天社会发展的一个动力轮，除了自身发展之外，还能够进一步驱动其他领域内的科技创新。甚至可以说，几乎所有的科技领域都会因为AI驱动而产生本质的变化。

就AI技术本身的进化来说，根据摩尔定律，人工智能的训练成本会越来越低，这意味着AI技术的进化速度会越来越快。AI的研发成本每年下降70%左右，与此同时AI的能力却能够呈指数级上升。再加上AI对其他科技创新的驱动作用，AI对社会的影响或许才刚刚拉开序幕。

AI的局限性在于它能够分析世界，但不能像人类一样去感知世界。这也是AI之所以还不能取代人类的主要原因，所以，从这个角度讲，AI特别适合做人类的工具。

AI在发展过程中，还会带来很多严重的社会问题。例如版权问题，AI生成的图片中会借鉴很多原创画家的创意，很容易引发版权投诉。AI歌手也涉及版权问题，无论是歌手肖像权还是歌曲版权。还有信息安全问题，等等。上述这些还都是一些比较明显的问题，但是伴随着AI技术的极速进化，更多的次生效应开始涌现，例如由于现阶段AI发展的不平衡而导致更多的不平等：科技巨头和老百姓之间的不平等、国家之间的不平等、企业之间的不平等……现在的AI研发，更像是一场国家和国家之间科技和资金装备的竞赛，各种大手笔的投入、各种资本巨头的参与，都让AI的未来发展越发深不可测。

最后，AI还面临失控的风险。当某项技术的发展超出了技术创造者的控制，就很有可能出现失控。当AI开始发展后产生了自主意识怎么办？AI发展到最后是否会出现超越人类的思维？我们是否会失去对文明的控制？AI武器化以后怎么办？现在的AI科学家们都不清楚，一旦AI出现了强大的通用人工智能后，他可以做人类能做的一切事情，包括产生自己的目标，会有多么可怕。当AI开始建立自己的目标时，它可能就会意识到要获得更多的控制权。一旦AI的目标和人类的利益发生了冲突，我们又应该怎么办呢？

因此，预防强人工智能出现的议题，也被提上日程。

了解了环绕在我们身边的那些大大小小至关重要的技术名词之后，接下来很重要的一点，就是要在网络与新媒体广告的创意和策划中，有意识地对这些影响人类生活的新技术加以运用。让它们为我所用，在营销和传播领域内，也能够发挥出意想不到的作用。

广告探索

重力感应技术在广告创意中的运用：很多技术研发的初衷都不是为了做广告用的，但是很多技术都能给广告带来非凡的效果。重力感应技术就是其中应用非常广泛的一个技术类型。重力感应技术的原理是利用压电效应来测量设备在水平方向的位置，通常是在设备内部放置一片重物，将重物和压电片做成一体的，根据重力不同方向的分力大小，就能够判定设备在水平方向的倾斜程度。从苹果公司研制出世界上第一台重力感应机开始，现在，重力感应技术在移动存储、智能电动车、游戏机、电脑等其他方面都得到了广泛应用。

通过手机中的重力感应传感器，当我们变换手机方向时，手机可以感受到重心的变化。现在手机上的许多功能都和重力感应技术密切相关，比如屏幕自动旋转、甩歌切换、翻转静音等，都是一些非常有乐趣且人性化的技术。

在广告创意中也有很多案例是利用这种重力感应技术来实现的，例如泰康保险公司推出的一则《泰康瞬间》的广告创意曾获得长城奖互动创意金奖。广告案例中，当手机从手中滑落并重重地摔到地上时，人们通常会紧张地捡起手机并焦虑地查看手机是否摔坏。这时候，一条虚假的裂纹会出现在屏幕中，当人们发现屏幕因跌落而出现闪屏和裂纹的时候，会感觉非常焦虑不安，并对这个意外感到后悔不已，这时突然裂纹会自动减少，直到消失！画面中出现提醒的文字：我们尽最大的努力，为您缓解意外带来的伤害——泰康保险。

通过上述案例的启发，联系自己生活中实际会遇到的各种状况，尝试利用重力感应技术创意出一个不一样的广告。

课后思考

1. 谈谈你理解的网络与新媒体广告技术给人们的生活带来哪些变化。

2. 从本章介绍的技术类型中选出你感兴趣的一个深入研究，分享你的研究结果。

3. 如何把技术和广告策划与创意结合起来?

4. 挑选本章介绍的一种创意表现技术实践一下，将一个创意想法付诸实践。

5. 有哪些网络与新媒体技术增加了广告的表现力? 又有哪些技术能增加广告的互动性? 还有哪些技术让广告变得更有针对性和更有效果?

附 凯文·凯利的《5000天后的世界》：未来世界长什么样？

未来社会的生活是什么模样？《5000天后的世界》向我们揭示了答案：那将是一个AI主导的时代，AI会代替人类从事更多枯燥无趣的工作，也让数百万人一起工作成为可能。人们生活在一个AI带来的“镜像世界”中，平行宇宙可能成为现实。未来到底是什么样子？一起来读《5000天后的世界》吧。

美国作家凯文·凯利的新书《5000天后的世界》，中文版由中信出版集团2023年出版。这本书让广大读者对现实世界中科技发展有了更深层次的理解，也因此能够在飞速变化中看清趋势，在未来社会中更好地生存。

K.K.是广大读者对本书作者凯文·凯利（Kevin Kelly）的昵称。凯文·凯利是美国《连线》杂志的创始主编，这本杂志是互联网诞生以来最成功的一本杂志，一直关注新科技的发展。K.K.同时也是《纽约时报》《经济学人》《时代周刊》《科学》等刊物的撰稿人，曾出版有《失控》《必然》《科技想要什么》等科技预言类的畅销书。

1984年，K.K.发起了第一届黑客大会（Hackers Conference），也因此被看作“赛博文化”的发言人和观察者。1994出版了代表作《失控》，书中描述的一系列概念，例如云计算、物联网、虚拟现实、网络社区、网络经济等，在2023年都被现实证明。《失控》也被誉为“本世纪对西方世界产生巨大影响的最重要的著作之一”，曾影响了包括乔布斯在内的一代互联网人。

因为成功预言了互联网的未来，K.K.拥有很多标签，被称为“科技预言家”“互联网教父”“硅谷精神之父”“未来学家”“科技预言者”。但凯文·凯利只认为自己是一个乐于倾听科技的终生学习者，是一个绝对的科技乐观主义者。在其个人网站的置顶位置，写着这样一句话——“长期来看，未来是被乐观主义者塑造的。”

为什么是5000天?

5000天，是新科技从出现到成熟大概需要的一个周期。在互联网实现商业化的“5000天”之后，社交媒体这一全新平台出现在人们的视野之中；互联网搜索引擎与社交媒体已经深刻地改变了人们的言行与生活，而今这一切也过去了“5000天”。那么，在之后的以“5000天”为单位的未来，变化的幅度只会更大。

K.K.认为，如果把时间维度改为天，就会产生一种紧迫感。按天计算，更容易去接近我们一直在寻找的那个世界，营造出每一天都在靠近的感觉。K.K.认为这是一种新的改变和介入世界的方法：未来的人生要以Day为单位来计算。

当不再以长时段、宏观化、框架性的年、季、月、周这样的统计周期来框限自己的思路，也就是不用较为模糊的“时间性广延”来刻意规制自己的生活图景之后，反而需要人们具体地把握住当下时刻，以真正创造性的工作来“赋能每一天”。

未来世界将是什么样的?

K.K.认为，未来5000天后会是AI的时代，同时也是亚洲的时代；是年轻人比老人更容易失业的时代，也是工作和娱乐之间的界限将被打破的时代。

他坚信未来50年都将会是被AI主导的一段时期，AI就像WiFi这种基础设施般无处不在，我们甚至会意识不到AI的存在。

但是他反对存在通用的人工智能（AGI）这一想法。

在《5000天后的世界》这本新书里，他描绘了一个所有产业都因科技而被重塑的未来，一个VR会带来“镜像世界”、数百万人一起工作的未来。K.K.对科技本质的深层结构进行观察，指明了产生科技的世界本身具有何种发展趋势。

除了对未来科技发展的预测，K.K.也对社会形态变化进行了预测，涉及商业变革、地缘政治、社会学等。那时候，物理世界将与虚拟世界融合，同时将产生新的平台，进而形成新的工作方式和组织形式，我们将迎来以中国和印度为中心的亚洲世纪。

镜像世界

K.K.预测未来将会是一切都与AI相连的世界，我们将面对一个镜像世界（Mirror-World）。世间万物均可以与AI（人工智能）连接，现实世界与数字化将完美融合。

“我们将与这个镜像世界互动，操纵它，体验其中的一切，像我们在现实世界中那样……最终我们能够像搜索文本一样搜索物理空间——‘请帮我找到所有能看到日出的沿河的公园长椅’。我们将把物体超链接到一个物理网络中，就像网络超链接文字一样，这会产生奇妙的效果，催生新产品。”

事实上，“镜像世界”最早是由耶鲁大学计算机科学家戴维·杰勒恩特首先提出的概念。早在1991年，杰勒恩特就注意到电脑屏幕带给大家的虚拟现实体验，认为“镜像世界将彻底改变计算机的用途，将其从单纯为我们提供便利的工具转变为一个巨大的水晶球，使我们能够看到更生动的世界，也更深入地了解世界”。

杰勒恩特认为，现实世界将逐渐为软件的数字模拟所取代，我们将生活在这种数字模拟中。一个巨大的公共软件将加入眼下的小规模软件程序中，彻底改变计算，改变整个社会，这个庞大的程序就是“镜像世界”。

K.K.进一步将其描述为一个设想中的混合/增强现实平台，它将在地球的每一样事物上放置数字覆盖物。

因而，镜像世界可以被看作一个由数百万人同时参与、覆盖全球的层叠结构。每一个人都身处自己所在的地区，但同时又和世界上各个角落的人共同处在一个地球大小的虚拟世界中。

K.K.本身对于镜像世界的满满信心，也是来源于他的这一“信念”：每个人都能适应AI。

早在2019年，K.K.在《连线》杂志上就写道：“镜像世界尚未完全存在，但它正在到来。不久后的某一天，可能在未来10~15年内，现实世界中的每个地方、每样事物都将在镜像世界中拥有其全尺寸的数字孪生体。”

这一世界不是二维或三维空间，而是可以增加时间的维度，成为四维空间：“在镜像世界中，虚拟建筑会有体积，虚拟椅子会和真实的椅子一样，而虚拟街道会有层层的纹理、缝隙和侵入物，传达出‘街道’的感觉。”

这个世界还可以不断地向后“倒退”和向前滚动，走在城市街头，你可以选择将100年前甚至200年前的影像叠加在实景之上。这些虚拟碎片正被一块块拼接起来，形成一个与现实世界平行的、为我们所共享的、持久的空间。

“数字孪生”概念出自美国国家航空航天局的约翰·维克斯。他在2010年的一份技术路线图报告中，提出了一个由双系统组成的模型，即已然存在的物理系统和一个包含物理系统所有信息的虚拟系统。

这意味着在现实空间中存在的系统与虚拟空间中存在的系统之间有一种镜像关系，而且，二者是紧密连接的。

数据通过传感器和网络从物理系统流向数字系统，使后者能够及时响应和更新。维克斯认为，数字孪生是任何数字化转型的核心。

可以说，数字孪生是基于模型的、任何事物的一个全面的、可互操作的版本。现有技术（如在线地图、大数据、3D建模、AR、VR等）可以融合成一个连贯的系统，这使我们能够创建世界的数字孪生。从本质上讲，“我们正在构建一个范围几乎无法想象的1比1地图。当它完成时，我们的物理现实将与数字宇宙融为一体”。

现实主义的进托邦

K.K.认为，以“数字孪生”为特征的数字化镜像世界，是“5000天”后必将实现的平台化进阶，这一以“沉浸式计算”（immersive computing）为重要趋势的新的大平台时代，也被他视为一种“进托邦”（Protopia）。

“进托邦”一词是由“进步”（progress）与“地方”（topia）组合而成，K.K.相信：“明天不会像我们想象的那样完美，但会变得比今天更美好一些。”镜像世界的存续和发展，在很大程度上是与当今AI技术的最新发展密切相关的。

在简要回顾了互联网与社交媒体的发展历程后，K.K.大胆预测了既能集聚已有优势，又能给产业带来新的质变的“将现实世界全面数字化的镜像世界”的“第三大平台”即将登场，“利用AI和算法，镜像世界既可以搜索现实世界，又可以搜索人际关系，并催生新的事物”。

未来的改变

K.K.认为，未来世界95%的物质世界不会有太大变化，改变主要集中发生在较少的5%精神领域，比如我们的交往模式、休闲方式、对自己的认知、人生观、与别人建立联系的方式等。

我们存在的意义是什么，该如何理解万事万物，该怎样追求真理、推动科学的发展，这些才是将要发生改变的部分。这些改变并不容易被看出来，但确实会在未来5000天内发生。

为此，K.K. 提出了“收缩与分散”的理论。他认为，从某个层面看，人类的文化在不断地收缩。这种收缩导致在其他层面的分散不断加速。[马斯洛需求层次理论（又称自我实现理论）指出，当基本的需求得到满足后，人们才会有较高级的需求，人们才会提出“我是谁”的问题，会考虑自己存在的意义，开始某种自我觉醒，继而达到自我实现的阶段。]

K.K.认为全世界范围内，最基础的层次上的需求正在收缩，正因为在需求层次的最底层发生了收缩现象，才会出现高层需求的分散与多元。

所有产业都将因科技重塑

1. 食品的未来——人造肉改变未来的餐桌。以后吃猪肉不用杀猪，奶酪里没有牛奶，甚至有“无腿鸡”让鸡蹲坐在鸡舍里。

2. 交通的未来——2040年后自动驾驶将成为主流。交通设施、交通规则都要改变，大马路小街巷都会重修，真的实现智慧城市。

3. 财富的未来——越来越没人去线下银行办理业务，网上银行会普及。刷脸支付、数字资产都不是新鲜事。

4. 能源的未来——更多地使用风能、太阳能、核能，减少碳排放，再过5年是电动汽车的黄金期。

5. 教育的未来——教育因AR和VR产生巨变。线上教育会越来越多，但大学不会消失，就算戴着AR眼镜上课，小伙伴们也需要进校园共度时光。不再苦练外语对话，戴上耳机就可以全球旅行。

《5000天后的世界》全书前半部分从第一章到第四章，描绘的是全新科技打造出的未来世界的面貌——以镜像世界为中心，AI得到高度发展；全书后半部分从第五章和第六章则重点解读凯文·凯利做出以上预言的基础——其特有的思考方式。而K.K.思考方式的精髓就是八个字——“倾听科技，洞见未来”。

关于未来，K.K.还提出了许多具有洞见的观点：例如科技拓宽了选择的范围，让人类更加幸福；亚洲的时代即将到来：中国会出现下一个“苹果”，中国深圳与美国硅谷地位相当；创新和财富的源泉在于独一无二，社交媒体时代的巨头GAFA（谷歌、亚马逊、脸书和苹果四家公司的首字母组合，象征一个亟待被超越的“时代”）将无法在下一时代的平台上继续称雄，“后GAFA时代”即将来临；通用人工智能AGI没有未来，学习提问比学习答案更重要；“在未来工作与娱乐之间的界限最终会消失，二者终有一天会完全重叠”……

第三章 网络与新媒体广告的策划

人们不知道想要什么，直到你把它摆在他们面前。

——苹果公司创始人乔布斯

需求只来自你对用户的了解，不来自调研，不来自分析，也不来自讨论。

——微信之父张小龙[1]

1 李东临.新媒体运营[M].天津：天津科学技术出版社,2018：130.

学习目标

通过本章学习，你将能够：

» 了解网络与新媒体广告策划的新思维

» 了解网络与新媒体广告策划的基本流程

» 掌握网络与新媒体广告策划的要点

» 理解网络与新媒体广告的整合营销方式

本章任务

产品是广告策划的前提和基础。阅读《疯传：让你的产品、思想、行为像病毒一样入侵》(后文简称《疯传》)这本书，了解其中关于产品设计和传播的内容，对于本章的学习将非常有帮助。这本书以讲故事的形式介绍了让所有类型的产品、思想、行为疯狂传播的科学方法，还解释了让事物变得流行的原理和方法，特别是在营销领域中，为什么某些产品会大卖，某些故事被人们口口相传，某些电子邮件更易被转发，或者某些视频链接被疯狂地点击，某些谣言更具传播力，某些思想和行为像病毒一样入侵你的大脑，等等，这些行为和效果都是广告策划人员非常期望达到的效果。

作者乔纳·伯杰（Jonah Berger）是宾夕法尼亚大学沃顿商学院市场营销学教授。他在全球顶级学术刊物上发表了大量关于营销学的文章，还有更多广受欢迎的文章登载在《纽约时报》《华尔街日报》《华盛顿邮报》《科学》《哈佛商业评论》《连线》《商业周刊》等刊物上。他的研究及想法被《纽约时报》评为年度最佳新概念之一。

研读《疯传》这本书，将书中的概念、思想和案例，作为网络与新媒体广告策划达到口口相传效果的理论和实践依据，总结出在网络与新媒体时代，到底如何策划才能让产品、思想、行为变成具有感染力和传播力的内容。

学习内容

互联网和计算机技术的发展，促进了网络与新媒体广告的蓬勃发展，并对传统广告造成了很大的冲击。但是广告策划的基本思维是基本不变的，例如都需要对产品如何能够满足消费者的需求有充分的了解，都需要有明确的消费者洞察和媒介接触计划，等等。

第一节　网络与新媒体广告策划的基本框架

经过传统广告多年的发展，广告行业中的策划程式已基本固定下来，即以品牌战略为中心，从营销角度的产品出发，结合用户洞察形成创意概念，然后制定媒介策略、推广策略等。

网络与新媒体广告和传统广告一样，都需要做策略性的思考，如图3.1广告策划思维模式图就是一些做广告策划时必须考虑的基本面。

图3.1　广告策划思维模式图

资料来源：郑龙伟、刘境奇：《数字广告：新媒体广告创意、策划、执行与数字整合营销》，人民邮电出版社，2019，第32页

因此，和传统广告策划一样，新媒体广告策划时也需要掌握以下关键词。

1. 品牌和产品：我是谁？了解自己的品牌特性和一贯的调性。

2. 目标受众：对谁说？明确自己即将对谁展开沟通。

3. 信息策略：说什么？能用一句话说清楚核心意思。

4. 创意：怎么说？以什么形式沟通才会有意思、有趣，能引起关注。

5. 媒介：在哪儿说？选择在什么媒介上以什么频率发布上述信息。

第二节　网络与新媒体广告策划模式的变化

广告对人们生活的影响无论从广度还是力度上，都明显超出其他传播形式。今天的新媒体环境下，广告呈现出明显的“互动性”“消费者主导”“广告主自主传播”等特点，网络与新媒体广告的传播方式也一改传统广告“信息邂逅”的模式，而变成了“搜索满足”，在这个前提下，广告主的思路也发生了转变，从传统广告重视策划与创意、重视适时适媒体发布，变成了广告主对于消费者、对于受众即时性搜索满足接受行为、给予各种信息供给的角度展开。[1]网络与新媒体广告除了思维模式发生变化外，广告流程也发生了巨大的变化。

传统广告的策划与创意通常是由广告主发起，委托专业的广告公司策划创意和制作，再寻求媒介代理进行广告投放。整个广告活动从发起到执行，呈现出周期长、计划性强的特征。而网络与新媒体广告的业务流程更短，从品牌策略、创意执行到媒体投放，时间大大缩短，并伴随突发性的特征。这类广告，不再适用于传统广告的创作流程，而借助大数据分析技术，广告调查可降低成本、高效率地获取大量生活者的行为数据。网络与新媒体广告策划的全过程都凸显了互动的特征。体现在用户和品牌的联系上，用户可以随时与品牌商家进行沟通，可以接入即时通信工具，联系客服，咨询相关的产品信息。同时广告形式也体现了广告的互动性，用户可以参与到广告互动中去，甚至直接参与到内容的制作。传统媒体时代主要依靠大众传播模式，而网络与新媒体广告传播主要是针对不同地区主要依靠点击率（click-through-rate，CTR）监测流量及成本。网络与新媒体广告和传统广告的策划流程比较，具体可参见表3.1。

特别是在广告内容的丰富性上，传统媒体的广告模式相对比较单一：广播就只是传递听觉信息；杂志、报纸广告只负责传递静态视觉信息；电视相对综合一些，集合了视听觉有了动态画面和有限的交互性。

而互联网的出现，则打破了传统媒体广告内容形式的局限。在任意一个普通的网页中，都能发现各种形态的广告——从简单的文字链接到生动的图片广告，

1　舒咏平.新媒体广告[M].北京：高等教育出版社，2010：1.

表3.1 网络与新媒体广告和传统广告的策划流程比较

策划流程	传统广告	网络与新媒体广告
调查环节	人工实施的样本调查	基于大数据的实时调查分析
创意环节	广告主主导的自上而下式创意	注重互动性、娱乐性和知识性
媒体投放	以媒介版面时空为交易对象，交易周期长，价格高	以受众为交易对象的程序化购买，精准投放，避免浪费
广告表现形式	以平面、影视为主	形式多样，伴随新应用的发展层出不穷
广告效果监测	人工采集数据，研究结果报告周期长	大数据实时分析，结果准确性高
广告硬件	报纸、杂志、电视、广播、路牌等	手机、平板电脑、电子书阅读器等

还有清晰流畅的视频广告和各种充满互动性的广告设计。网络与新媒体广告使受众的想象空间不断扩大。

在信息容量上，传统广告受版面或者时长限制，传递的信息量是有限的，而互联网则是一个没有边境的世界，用户可以通过网络与新媒体广告的任何一个链接，直接进入其他站点中去了解更为丰富详细的商品信息，这种特性极大地扩充了广告信息空间的容量。“你所看到的，不止是你看到的”，在互联网中，受众第一眼看到的广告画面，更像是通往未知世界的一个入口，无论大小无论色彩如何，只要受众想看，动动手指就可以进到广告后面内容更为丰富的链接空间里。这一点，是跟传统媒体广告相比，非常不一样的特点。

在网络与新媒体广告的媒介购买过程中经常采用的程序化购买，也是与传统广告最大的不同点。它主要通过数据的积累，运用一系列算法实现基于精准定位的受众购买，并且能够自动化实施，而非传统的媒介购买那样主要通过人力购买来实现。通过程序化购买的方式，广告主可以按照地域、年龄、职业、收入、兴趣爱好等多个维度圈定投放的人群，精准地触达目标受众，既能避免预算的浪费，同时也能获得较高的转化率。广告主可以通过程序化购买提升广告的覆盖率，因为理论上只要是市场上可进行交易的广告位，都可以通过DSP（需求方平台）的对接进行购买。广告主还可以借此追踪受众，对于目标受众在不同网站以及终端上的行为数据进行追踪，提升转化率，同时也可以通过频次控制设置针对同一受众的最高曝光次数，以避免在同一用户身上浪费过多预算。[1]

1 孟茹，查灿长.新媒体广告规制研究[M].南京：南京大学出版社，2018：82.

第三节 网络与新媒体广告策划的思维特点

虽然网络与新媒体广告的策划流程与一般的广告策划基本保持一致，但是需要对新媒体领域的新技术、新媒体受众的特点等都有相应的了解，即必须掌握了网络与新媒体广告策划的思维特点，才能制定出更符合网络与新媒体特点的策划方案。总体来说，这些新思维新特点就体现在“互联网＋”思维上，即线上线下相结合，利用大数据进行消息的传播和发送；以及原生广告思维，即用户创建内容、分享转发、自带流量的UGC，利用口碑营销和产品用户的自行传播；还有整合营销传播思维，即如何在多平台传播中保持信息的一致性，体现出策划者的全局思维和整体思维。

一、“互联网＋”思维

“互联网＋”是最近几年的一个热门词语，这是一种互联网时代的思维方式，就是抛开一切传统的思维限制，打破原有的疆界，让互联网和一切可能发生连接的行业、领域、设备等发生关联，从而创造出无数新鲜的领域。这里的互联网泛指所有的互联网形态，包括移动互联网和桌面互联网，也包括台式机、笔记本电脑、平板电脑、手机、数字电视、智能家居、手表、眼镜等一系列能和互联网关联的设备。这种思维非常重要，它让广告策划的可能性一下子突破囿限，达到一种前所未有的高度。

“互联网＋”思维除了万物融合的主张之外，还有一个非常重要的作用就是直接和用户对话。这一点对广告策划非常重要。以小米手机为例，它有官网可以直接接受来自用户的预订，还有微博和论坛聚集了大量的粉丝可以直接互动，还有大量的自媒体，小米公司在互联网上缩短了产品与用户的距离，不仅节省了沟通与传播的费用，还提升了市场反应效率，更容易在竞争中取得优势。[1]

1 郑龙伟，刘境奇.数字广告：新媒体广告创意、策划、执行与数字整合营销[M].北京：人民邮电出版社，2019：66.

二、大数据思维

用户在互联网上的活动轨迹会留下大量的数据信息，收集、整理并分析这些大数据，是互联网时代最重要的思维方式。所谓大数据营销就是指通过互联网采集大量的行为数据，帮助广告主找到目标受众，以此对广告投放的内容、时间、形式等进行预判和调配，并最终完成广告投放的营销过程。

一般而言，大数据分析的价值主要体现在以下几方面：用户行为特征分析、筛选高价值的优质客户、总结用户需求、检测品牌口碑状况、加强新媒体的运营管理、分析市场动向、帮助企业把握市场新变化等。对于数据的分析和利用，贯穿整个广告策划的过程中。例如在广告策划前，可以通过大数据分析用户的行为和特征，得出用户的喜好和习惯，做到比用户自己还了解自己。

用户行为数据包括广告的曝光数、阅读量、互动次数、转化率等，还有通过点击、阅读、二次转发、评价等产生的交互数据，都可以作为分析和研究的对象。用户持续的行为数据累积下来，也会形成一个庞大的数据库，对这些数据进行总结、对比和分析，就会得到大量确切的结论，可以验证策划过程中的诸多假设。

随着大数据、云计算等新媒体技术等的发展，消费者的网络行为被记录、存储、积累、转化为大量的数据，包括消费者的信息搜索数据、社交数据和购买行为数据等。借助大数据分析，广告调查中对“人”的洞察方式由传统的样本调查转向了文本语意分析，对“人”的互动数据、交易数据、行为数据等多方面进行关联数据分析，对“人”的洞察维度更加立体。

三、产品用户思维

产品是根本，没有好的产品，任何品牌设计、广告策划都是徒劳。因此，产品是品牌的硬通货，尤其是在互联网时代，单个产品很有可能在短时间内就能打开市场，这跟过去需要漫长时间积累的品牌化模式非常不同。

而用户思维，则是互联网思维的核心。互联网的存在使得市场竞争更为充分，用户“用脚投票”的作用更为明显。只有深度理解用户才能更有竞争力。在与用户的沟通过程中，“用户体验至上”非常重要。用户在接触产品中建立起来的一种纯主观的感受，贯穿于产品使用的每个细节，必须要让这些细节能够被用户感知，甚至超出预期，给用户带来惊喜。

策划需要借助用户的创意，将奇思妙想的点子转化为操作方案。从用户需求出发，精心策划并选择相关内容。越是优质的内容，越需要运营者精心策划。怎样设计文案？怎样组织互动？要将内容推送给哪个用户群体？在什么时机推送？如何引导粉丝舆论？如何植入热点话题？如何进行用户反馈效果分析？如何选择最有利于推广的合作平台？所有这一切策划内容，都需要从用户需求出发去寻求答案。

在做广告和传播的时候，都需要考虑用户的感受。在传统广告行业，广告设计和广告理念就是吸引注意力，但是现在除了吸引注意力，还要以人为本，充分考虑用户的感受。这个在技术上是可以实现的。例如，用户浏览新闻的时候弹出一个化妆品广告，但是这个化妆品广告右上角有一个关闭按钮，当用户点选关闭之后，系统就会自动记录你的选择，以后就不会继续推送这样的广告。这就是以用户为中心的做法。

四、口碑营销思维

口碑营销是产品销售的发动机。它是一种以人为中心的传播方式，主要通过点赞、好评、分享、再创作等方式让用户表达对产品的肯定，提升产品口碑。而口碑即营销，通过口碑进行二次传播，一传十、十传百，达到营销裂变的效果。新的社会化媒体打破了传统的传播模式。传播速度大爆发、信息扩散半径极速扩大。口碑还是信任关系的传递。当然好产品是口碑的本源和发动机。口碑是营销的发动机，社会化媒体则是传播的加速器。

KOL（key opinion leader）即关键意见领袖，是网络与新媒体时代的一种新兴的营销传播盈利模式，指的是专门寻找那些在特定领域内拥有较大号召力的关键意见领袖，通过其个人账号或者自媒体对产品或者品牌进行传播的方式。这些意见领袖往往拥有自己固定的数量庞大的粉丝团，也就是俗话说的自带流量，当广告主把广告费投资到这些人身上之后，借助他们来宣传和销售的话，往往能够收获相当数量的消费者。这样做的好处是能够事半功倍，大大提升广告传播和营销活动的效率。但是这些KOL也必须注意对植入广告的甄别以及广告数量和频次的管理，否则就会破坏用户的社交体验，适得其反。

第三节　网络与新媒体广告的策划要点

通过以互联网为代表的网络传播平台所投放的广告，有着传播速度快、准确性高、互动性强等特点。随着网络与新媒体技术的不断发展，越来越多的新媒体广告形态开始涌现出来，如图3.2所示。广告策划的本质就是一个经济问题，即如何运用有限的预算用最低的成本获取用户数量的快速增长。当然，广告策划的首要前提是产品应该足够好。其次就是善于发现价格比较低的渠道，特别是在互联网上的广告形式特别多，新形式也层出不穷，因此需要追踪和了解各种广告形式，如平台推广、网红推广等，还需要了解哪种价格是最低的，才能达到通过渠道创新实现传播效果最优化的效果。

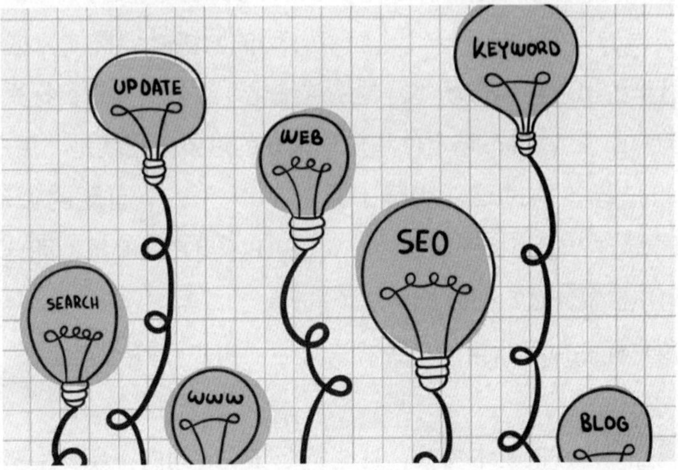

图3.2　随着新媒体技术的不断发展越来越多的广告形态开始涌现出来

一、做好用户画像，进行精准推送

要确定广告的受众群体，简单来说就是希望广告能够被谁看到，需要分析用户的性别、年龄、职业、爱好、收入以及消费习惯等，从而更精确地锁定受众群体。除了关注用户的构成之外，还需要特别关注他们的需求，例如他们遇到的问题、他们喜欢的信息方式、经常出现的地点等。上述这些信息都可以统称为“用户数据”。用户数据对网络与新媒体广告策划而言非常重要，除了上述基本的行为数据之外，大量的用户运营数据、用户行动轨迹数据等，都能够影响广告策划的目标和方向。

用户画像分显性画像和隐形画像两种。显性画像指的是对用户群体可视化特征的描述，比如性别、年龄、职业、爱好、收入地域分布、兴趣爱好等基础特征，上网时间、上网频率、产品使用时长等消费行为特征，还有用户等级、注册时间、活跃度等其他特征。显性画像比较容易观察到，深入了解后可以帮助广告策划人员获得一个用户画像，一个对用户基本完整的描述，抓住其基本特征。隐形画像指的是对用户消费目的、消费偏好、核心需求、产品使用场景、频次等内在深层特征等描述，这些特征属于动态特征，比较不容易获取，但是可以帮助广告策划人员更好地把握用户心理，为下一步预测用户变化做好准备，掌握主动权。当完成用户画像后，网络与新媒体广告策划人员就可以做到心中有数了。

广告策划中还有几个跟用户画像密切相关的概念——“社群”“个性化推送”“原生广告”。网络与新媒体技术的发展，让性格、爱好、职业、文化背景、价值观等不同的人群形成了一个个特点分明的网络社会群体，这些群体简称为“社群”。社群的出现导致市场变得越来越细化，这就需要把目标受众的特点整理成一个“用户画像”，而市场定位和广告策划的重要依据就是“用户画像”。

提炼用户标签的过程，实际上是针对以下三个问题的循环研究过程。WHO：用户是谁？即分析固定属性。WHERE：用户在哪里？即分析用户路径。WHAT：用户在做什么？即分析用户场景。

提炼用户标签也可以用一个公式来描述：用户标签=固定属性+用户路径+用户场景。

固定属性即用户的基本特征，这些特征在短时间内不会发生变化，包括用户年龄、性别、职业、地区、学历等。

用户路径即用户的互联网浏览喜好，包括打开频率较高的聊天软件、常用的搜索网站、购物喜好平台等。

用户场景即用户在某特定场合或特定时间的动作。如在早上起床、上下班路上、晚上睡前等场景内，用户如何学习、如何娱乐等。

研究清楚用户固定属性、用户路径及用户场景后，就可以从中提炼出关键词，形成一套完整的用户标签。

新媒体广告效果一般通过粉丝数量、阅读数量、转化数量等指标评估，而这些指标都与用户总体数量成正比。因此，新媒体广告策划必须想方设法进行用户拉新工作。拉新工作力求精准。大量不相关用户会增加客服工作量、降低转化率，最终降低运营效果。

获取精准用户分为三个步骤，即识别用户渠道、设计引入形式、给出引入理由。网络与新媒体广告策划非常重要的一点就是个性化推送。个性化的内容，也可以理解为原生广告，就是以网站或者app的用户体验作为出发点，用广告作为驱动力，整合网站或者app中的可视化设计而形成的原生广告。在原生广告中，提供有价值的信息并融入用户的体验变得非常重要。原生广告采用的是点击付费模式，只有用户点开广告，广告商才需要缴纳费用，这样就保障了广告商的投入，也促进服务提供商不断提升用户体验和广告精准度，从而获得更好的广告宣传效果。[1]如果用户适应和习惯了高度个性化的内容，就很难接受之前那种千篇一律的广告内容，这也反映了用户需求逐渐个性化的趋势。

二、利用社交货币，线上线下创意相结合

广告创意制作在很大程度上会影响广告的传播范围和推广效果。广告创意要能够博人眼球、广告语要能广为流传、广告内容要有可持续性、广告创意要灵活多变、创意落地时要能够完整地体现策划意图。在网络与新媒体广告创意中，非常重要的一个能力是“会讲故事”。广告商要想让消费者主动为其传播和转发，首先要打动消费者，而打动消费者最重要的一点就是要会讲消费者爱听的故事。这样就需要深入了解消费者的想法、思维方式和生活背景，根据他们的喜好量身定制故事的内容和形式。这就对创意人员提出了更高的要求。

在现有网络与新媒体技术条件下，借助一些机器学习和大数据挖掘等技术，往往能够通过线上线下相结合的方式，设计出更精准的个性化推荐方案。例如，利用大数据技术，广告主能够对目标群体的年龄、性别、所处的位置、收入水平等有详细的了解，还能够对其信息搜索、社交分享、参与的话题等进行分析，从而把握这些用户的关注重点、社交关系以及消费习惯等。当用户开启移动终端的定位功能时，商家就能获取他们的实时地理位置信息。这样，广告主就可以把分散在不同领域的消费者集中起来，细分后向他们推送适合他们特点和需求的广告信息。

---

1 李斌.广告精准投放：移动互联网时代的广告投放策略[M].北京：中国经济出版社,2017：46.

图3.3 Vodafone与Y&R广告联合开发了名为“Red Light”的手机应用app就是典型的线上线下相结合的创意案例。在土耳其，受到家庭暴力的女性比率高达50%，为了让这些女性免受暴力侵害，这款app可以在受害女性感觉到威胁时，只需摇晃手机便可以向三位联系人发送求助信息。为防止女性在求助时被施暴者发现，app只以针对女性为目标的渠道进行推广，比如通过某位人气美妆博主、内衣服装标签等

在今天这个社交媒体盛行的时代，理解并使用好“社交货币”这一概念，就显得非常必要且重要。

社交货币（Social currency）一词，是一个源自媒体经济学（Social Economy）的概念，它是用来衡量用户分享品牌相关内容的倾向性问题。通俗地来说，社交货币就是利用人们乐于与他人分享的特质，来塑造自己的产品或思想，从而达到口碑传播的目的。社交货币，其实就是人们社交活动的工具和媒介。

在有效开展社交的同时，社交货币还有助于“定义自己”，即人们会认为，我们在微信或者微博上所讨论的东西，就代表了自己的一种生活的态度或者生活状态。所以，人们会喜欢分享那些让自己看起来“更好”的内容，如成功、有钱、勇敢、励志等。社交货币具有提供谈资、展示自己、促进关系的建立与发展等作用。

理解受众等社交行为系统、挖掘品类中能产生价值的社交货币，然后设计、定义并执行社交货币策略，就能够达成很好的营销传播效果。以2023年9月初瑞幸咖啡联手贵州茅台推出的酱香拿铁为例，瑞幸咖啡就是很娴熟地运用了“社交货币”这一概念，在中国消费市场掀起了一场轰动行业的现象级“消费大事件”。

酱香拿铁上市当天便引发全网热议。人们纷纷以购买一杯酱香拿铁为荣，各

种有关酱香拿铁的图片在各大社交平台刷爆，相关话题更是连续霸榜微博热搜。酱香拿铁产品上市即引爆，上市首日销量突破542万杯，一日之内成为现象级产品，销售额过亿，刷新了瑞幸咖啡的单品单日销售纪录。

酱香拿铁引发的市场震动超乎一般人的想象，相关话题在微博和抖音上一度霸榜，#酱香拿铁#、#年轻人第一杯茅台#等多个话题连续登上微博热搜榜。该案例也因其成功的市场反响入选了《21世纪商业评论》杂志、南方财经高品质消费研究院联合发起的“2023十大品质消费创新案例”。

归根到底，这一策划背后体现出品牌的“创新性”“成长性”“持续性”以及对社交货币的内在规律的把握。首先，它是“中国本土咖啡第一品牌和白酒第一品牌”的联名，所蕴含的意义不仅是两个行业顶流的“相得益彰”，其更是折射出当前中国咖啡市场所发生的巨大变化——咖啡正在与本土饮料加快结合。其次，瑞幸咖啡作为国内率先达到万店规模的连锁咖啡品牌，同时也是深受中国年轻消费者喜爱的咖啡品牌。这次品牌联合行动，被誉为中国品牌跨界融合发展的标杆，双方联手打造的酱香拿铁，以年轻人为中心“破圈”辐射全年龄段消费人群。

三、多媒体跨平台运营

今天的新媒体平台以“两微一端”（微博、微信、新闻客户端）为主体，还包括数字杂志、数字报纸、数字广播、移动电视等其他平台。不同的新媒体平台对应的粉丝群存在差异，为了让信息得到更充分地传播，多平台联动运营可以增加活跃度。

网络与新媒体时代的广告产业不再像之前那样有严格的界定，不同产业之间会产生交集。举例来说，百度搜索、淘宝等经过多年运营，获取了海量的用户浏览和消费数据，相对于广告公司，这些平台更能够准确地预测用户需求。因此，多媒体跨平台合作，成为网络与新媒体时代广告主的不二选择。这时候特别需要重点考虑目标用户的媒介消费习惯，如他们会出现在哪些网站或者app应用上，他们习惯上网的时间、地点、方式、方法等。然后再根据这些信息选择媒体。在制定媒体计划的时候，采用集群战略，多平台运营，即针对某一个地区的用户，选择多个适用媒体联合发布广告活动，以取得整合营销传播1+1>2的统合效果。

跨界整合营销也成为网络与新媒体广告发展的一种潮流，当两个品牌进行跨界合作，就可以利用相互的资源，连接起彼此的拥护者。例如，肯德基与阴阳师游戏的跨界合作，阴阳师将肯德基的全国5000多家门店变成了自己的流量入口，带来更多的新增用户数量；而肯德基则通过这款手机游戏接触到更多的年轻人群体。跨界营销除了整合用户资源以外，还有一个好处是给用户带来更多的惊喜与新鲜感，正如菲利普·科特勒在《营销革命4.0：从传统到数字》中指出，“在注意力分散和信息碎片化的时代，品牌需要为用户创造‘Wow Moment’”[1]。

具有强大社交功能的网络与新媒体，一方面让信息的传播越来越容易越来越开放，另一方面也让人们的关注面受到了限制。有些信息在微博上疯传，但是在微信朋友圈里却乏人关注。因此多平台传播，就相当于双保险，让用户不会轻易错过重要的信息。

四、广告监测与效果评估

广告主在投放广告的时候要明确广告投放的目的，是为了进行品牌建设、新品宣传还是营销活动，期望什么样的效果，广告在投放之后能够对品牌建设起到什么作用，可以带来多少销量等。广告投放确定的目标越有可操作性，越能够尽可能量化，广告效果的评估才越有可能准确有效。另外，网络与新媒体广告的样式繁多，价格制定也异常复杂。主要的定价参考指标是互联网广告出现的幅面大小、位置以及网站的日浏览人数和广告的点击量等指标。在进行广告效果评估的时候，也须结合成本信息综合评价。实时广告监测，也是网络与新媒体广告区别于传统广告非常具有优势的一点。通常通过广告播放的次数、点击率以及跳转率，咨询量与IP数之间的比例、交易量、持续时间、总销售额、纯利润以及开发单个用户的成本等形式来进行监测。

广告效果评估中，有些指标是传统广告媒介所不具备的，因此网络与新媒体广告可以按预期的效果收费，这也是新媒体广告定价的特点之一。表3.2是网络与新媒体广告效果评估中出现的一些专业术语，了解这些词语的含义有助于更好地掌握互联网广告的根本特点。

1　郑龙伟，刘境奇.数字广告：新媒体广告创意、策划、执行与数字整合营销[M].北京：人民邮电出版社，2019：115.

表3.2 网络与新媒体广告效果评估指标参考

指标	解释
广告曝光 （ad impression） 也称收视次数	有广告的页面被访问的次数。通过计数器可以统计出该页面的广告收视次数
广告索阅 （ad request）	因访客的行为而使得广告服务器送出某则广告的动作
点击次数 （clicks）	访客通过点击广告进入广告商的页面，称作点击一次。点击即表示他对广告感兴趣并希望得到更详细的信息
点击率 （click through rate，CTR）	如果某个页面一共被访问了10000次，而该页面上的某个广告的点击次数是500次，那么点击率就是5%。点击率可以精确反映广告的效果
转换 （conversation）	将访客的反应由消极阅读转变为行动的手段，包括在线填写表格、说服购买产品等
千人成本 （CPM）	传递每1000次“广告曝光”所需要的成本
网页索阅 （page request）	因访客行为而由服务器送出某篇网页至访客浏览器屏幕上的动作
网页阅读数 （page views）	网站各页面被浏览的次数的总和。一个访客有可能制造几十个甚至更多的页面阅读数
访问人次 （page views）	网页阅读总数中实际的单独访客人数，与网页阅读数相比，它排除了访客重复阅读某一页面的情况

资料来源：何佳讯：《广告案例教程》，复旦大学出版社，2006，第308—309页

通过新媒体平台的后台和数据服务平台查看数据，是网络与新媒体广告策划人员需要学习和掌握的内容。如查看平台用户的新关注人数、查看全部渠道的图文页阅读人数和次数、对不同时期用户的增长情况做对比、查看平台消息的发送次数、查看昨日的数据详情、查看平台用户的性别分布、查看一周发文数据详情、查看平台图文页阅读来源情况、查看平台粉丝详情、查看平台媒体内容排行榜、查看日点击排行和周点击排行等。可以说各种行为数据类型无所不包。在运行和营销过程中，一定得有数据意识，对其加以有效利用，随时调整策略方向和具体实施措施，才能让网络与新媒体广告策划达到预期的效果。

五、策划时需充分考虑企业的社会责任

所谓的企业的社会责任，是指企业在创造利润、对股东和员工承担法律责任的同时，还要承担对消费者、社区和环境的责任。企业履行社会责任具有重要的意义，一方面可以为企业赢得良好的社会信誉，另一方面也能增强企业的竞争力、促进企业的可持续发展。从某种角度讲，企业承担起相应的社会责任，不是可做可不做的选择题，而是新时代背景下非做不可的必修课。

以互联网大公司为例，作为活跃在社会经济发展风口浪尖的企业，它们在创造巨大财富之余，也需要承担起相应的责任。因此，各个互联网大厂不约而同地实施公益宣传活动。例如腾讯公司，自2015年发起第一届99公益日，腾讯公益已经做了10年。捐步、答题、王者荣耀，只要在手机屏幕前动动手指，就能帮到人。腾讯不仅让做好事变得越来越容易，还让善款去向变得越来越透明。腾讯公司提倡科技向善，专门成立了腾讯公益平台，专注于持续不断地输出有益于社会的公益活动，让公益融入日常运营中，回报社会润物细无声。可以说，腾讯公司起到了非常重要的典范作用。

其他公司也纷纷效仿。例如滴滴公司提出了“橙果计划”，主要关注的是司机群体的子女教育；推出“橙意保障计划”，更大程度地解决司机群体收入之外的养老医疗和个人成长问题。为了照顾不太会使用智能手机软件的老年人群体，滴滴专门研发了专门针对老人的应用“助老打车”app，关注弱势群体的出行需求；还针对视觉障碍人士设计了一套“无障碍服务”流程，方便盲人朋友们的约车出行。

百度公司强调技术赋能，通过自己的先进技术回报社会，提出了“星辰计划”，向社会公益领域开源其开发的AI技术；同时在保护救治方面也有所行动，提出了一系列关注流浪动物的日常生活、伤病、绝育等问题的公益计划。

美团则将自己的公益目标投向了构成自己互联网生态最重要的几类人群：商家和骑手。美团的“公益商家计划”，主要是帮助商家进行引流运营。推出“袋鼠宝贝公益计划”，保障外卖骑手的权益、帮扶外卖骑手子女。

小米公司专注于扶危济困、科技创新、人才培养。2019年成立了小米公益基金，该基金奖助学金项目已覆盖60所高校，累计扶危济困工作的公益支出超过人民币1.56亿元。

携程公司的女性员工占比远超全球互联网行业均值，曾荣获性别包容性工作

场所类别奖中的“赋权予妇女原则（WEPs）”奖。从2023年7月起，携程计划未来投入10亿元，给新生育孩子的员工奖励5万元生育津贴。

关注于女性权益的唯品会，将唯爱妈妈项目加到了公司的ESG板块。该公益项目包括心理咨询、法律援助、养育互助小组、成长课程等内容。唯爱妈妈项目，从知识、精神到实际生活等方方面面帮助困境单亲家庭减负增能。

如此种种，不胜枚举。各大企业层出不穷又持久不绝的公益项目，提示我们，在这个网络与新媒体广告盛行的时代，各大企业需要不忘初心，取之于民用之于民，保持企业和社会之间的良性互动。因此，在策划时需要尽可能地帮助企业将策划活动与公益联结起来，塑造对社会负有责任的品牌形象。

广告探索

广告策划与社会话题的链接：网络与新媒体广告策划需要建立在对现有的网络资源全面了解的基础上。策划如何与社会主题相关联？去哪里寻找特定资源？怎样将产品和这些主题资源有机结合？这些都是策划初期需要考虑的问题。假设你计划为手头的某款功能饮料（可以自己假设一个现有的品牌）三个月后的即将上市进行广告策划，策划时很重要的一点是对网络与新媒体领域内最新的发展有足够的了解。那么，应该如何构思一个能够引起粉丝关注和踊跃讨论的话题呢？这时候可以去网络搜索一些当前热点或者潜在热点。以下是一些信息搜索的途径，可以从中挑选几个进行访问。

表3.3

来源	具体平台	详情介绍
搜索引擎	百度搜索	多数人每天使用的搜索引擎
	搜狗搜索	与微信、知乎等平台合作，分享两个平台的资源
	谷歌搜索	包含谷歌学术和谷歌地图等功能强大的搜索引擎
	中搜	通过移动app、云服务平台等载体提供搜索服务
微博媒体平台	新浪微博	国内最大的微博平台，有无数传统媒体和自媒体
	@头条文章	微博头条文章官方微博，每日分享平台人气文章
	@中国侨网	面向全球华人的综合性服务专业网站
	@微博视频	微博视频官方微博，每日分享平台热门视频

续表

来源	具体平台	详情介绍
新闻客户端	@新华社	新华社的新闻客户端
	@环球时报	《环球时报》的新闻客户端
	@人民日报	《人民日报》的新闻客户端
	@南方周末	《南方周末》的新闻客户端
微信公众平台	西瓜公众号助手	每日更新超过百万篇微信公众号文章
	爱妮微	明星、财经、科技、旅游、健康等微信公众号
	公众号联盟	第三方服务商有微网站、微场景、微商城等功能
知识分享平台	知乎	网络问答社区，帮助问题寻找答案，分享知识
	果壳网	提供负责任、有智趣、贴近生活内容泛科技主题网
	@36氪	互联网创投媒体，提供新锐和有深度的商业报道
大数据舆情分析平台	清博指数	“两微一端”新媒体数据平台，目前国内最大的第三方新媒体数据搜索引擎

请从上述表格提供的资源中挑选3—5个进行广泛浏览，找出你平时最关心的五个信息来源，评价其信息的质量、数量、及时性等。整理手头找到的资源，尝试将手头的饮料产品跟热点事件关联，找到策划切入的点，从中提炼出最可能有效果的创意策划切入点。

课后思考

1. 谈谈你理解的网络与新媒体广告与传统广告相比，最大的不同是什么。

2. 网络与新媒体广告策划应具备的思维模式中哪一个对你而言最有挑战性？

3. 你认为网络与新媒体广告策划需要解决的最重要的问题是什么？

4. 与同学分享一个你认为广告策划比较成功的企业或者品牌案例。

5. 和同学讨论互联网环境下广告策划怎样才能做到以用户为中心。

附　百年品牌可口可乐的广告策划

可口可乐自从诞生至今，已经超过一百年，它从一款汽水饮料开始，一路走来，成为一种征服全世界的文化现象，如此盛宠不衰，不仅是因为它丰富甜爽的“可口”味道，更是因为它恰到好处拿捏住了消费者“可乐”心思。

可口可乐的饮料帝国

可口可乐公司（The Coca-Cola Company）成立于1886年5月8日，总部设在美国佐治亚州的亚特兰大，是全球最大的饮料公司，拥有全球48%市场占有率以及全球前三大饮料的两项（可口可乐排名第一,百事可乐第二，低热量可口可乐第三)。可口可乐在200个国家拥有160种饮料品牌，包括汽水、运动饮料、乳类饮品、果汁、茶和咖啡，也是全球最大的果汁饮料经销商。

可口可乐公司是全球最大的饮料公司，拥有500多个汽水和不含气饮料品牌，以及超过3800种饮料选择。同时拥有20个年销售额超过10亿美元的品牌，其中的18个为少卡路里、低卡路里或无卡路里饮料品牌。

可口可乐公司的“10亿美元品牌”产品包括：健怡可口可乐、零度可口可乐、芬达、雪碧、Dasani、酷乐仕维他命获得、Powerade、美汁源、Simply、Del Valle、乔雅和Gold Peak等。透过全球庞大的饮料分销系统，200多个国家的消费者每日享用超过19亿杯可口可乐系列产品。

可口可乐公司长期致力于推动社区可持续发展，一直倡导环保节能理念，为员工创建安全包容的工作环境，并努力推动业务所在地的经济发展。可口可乐及其装瓶合作伙伴在全球拥有70万名员工，是全球十大私营雇主之一。

可口可乐在欧洲的优势特别强，市场份额达到50%，在日本，可口可乐控制了80%的销售。在1990年公司的总利润中，来自日本的利润占了21%，欧洲占有33%，其他国际市场总计26%。该公司是世界500强企业。

可口可乐运用了几个策略发展其国际市场。在法国，可口可乐1989年收回了一个经营不善的特许协议。到了1990年，在法国的销售量增加了23%。1990年，在柏林墙倒下的几天后，可口可乐就将苏打从敦刻尔克的一个新工厂运到了柏林。在1989年，可口可乐将其在哥伦比亚电影公司的49%的股份卖给索尼公司，并将这笔钱重新投入其海外软饮料业的经营上。可口可乐的首席执行官称公司“90年代的商业将助长世界的发展”。可口可乐定下在国际销售上增长率为8%—10%的目标，并打算加速其在海外装瓶合资厂的少量利润的增长。

早在20世纪初“可口可乐”就已在亚洲面世，首先在菲律宾生产，并运来中国在上海等城市销售。1927年“可口可乐”在上海及天津设厂生产，其后更在青岛及广州生产。

1933年，在上海的可口可乐生产厂是美国以外最大的“可口可乐”厂，在1948年，更是美国境外第一家年产量超过一百万箱的工厂。

1978年可口可乐重返中国，至今已在中国投资达11亿美元。经过十几年的发展，可口可乐公司已经在中国建立了42家罐装饮料厂，形成了辐射全国的生产基地和销售网，年销售额近百亿元。公布“1999年全国城市消费者调查”中显示，可口可乐在同类产品中又一次高居榜首，一举夺得市场占有率、最佳品牌以及知名度三项桂冠。

可口可乐是如何开始的

1886年5月8日，药剂师约翰·彭伯顿（John Stith Pemberton）发明了一种饮料，让需要补充营养的人可以方便饮用。这一天，他正在搅拌一款具有提神、镇静作用的棕色药剂饮料，这款药水还有减轻头痛的作用。当加入了糖浆、水和冰块后，他感觉味道好极了，在倒第二杯时助手不小心加入了苏打水（苏打水中含有二氧化碳），味道却变得更好了。

合伙人罗宾逊（Frank M.Robinson）从糖浆的两种成分——古柯（Coca）的叶子和可拉（Kola）的果实——中找到了命名的灵感。为了整齐划一，将Kola的K改C，然后在两个词中间加一横，于是Coca-Cola便诞生了。

1887年，约翰·彭伯顿注册了“可口可乐糖浆及浓缩液”商标，取得知识产权。1888年，阿萨·坎德勒看到了可口可乐的市场前景，购买了其股份，掌握了其全部生产销售权，坎德勒开始把制造饮品的原液销售给其他药店，并开始向火车站、城镇广场大肆宣传。

1919年，欧内斯特·伍德拉夫（Erntst Woodruff）以250万美元从阿萨·坎德勒的继承人手里买下Coca-Cola公司。1929年，可口可乐和装瓶商以极其低廉的价格向商店和加油站提供顶端开口的冷柜销售瓶装可口可乐。1937年，该公司推出第一台投币自动售货机，Woodruff还为可口可乐发起了以生活风格（lifestyle）为主题的广告，该广告突出了该产品在消费者生活中的重要性而不是产品本身的属性。从而开启了可口可乐发展史上的"伍德拉夫时代"。

可口可乐首次进入中国市场是在1927年，在上海街头，其先是被翻译成不知所云的"蝌蝌啃蜡"，随后被当时兼任伦敦大学东方学院的中文教授蒋彝翻译的"可口可乐"代替。"可口可乐"这个名字，被广告界公认为翻译得最好的品牌名称。它既是音译，又是意译。它既能引起消费者的品尝欲望，又迎合了中国人求吉利、盼安乐的心理需求。对消费者而言，"可口可乐"一词留给人的印象就是"既爽口又爽心"，进而产生喝一瓶的冲动。

1948年，上海成为可口可乐海外首个销量超百万标箱的城市。但两年后，随着美国大使馆撤离，可口可乐也撤出了中国内地市场。直到1978年12月19日，中美宣布正式建交的第二天，可口可乐公司才在美国正式宣布重返中国。

走向全世界的可口可乐

1923年，罗伯特·伍德拉夫（Robert W．Woodruff）接替了其父亲可口可乐总裁的身份，在他的管理下，经历了美国经济大萧条、第二次世界大战以及"二战"后的全球化的可口可乐，最终成长为全世界最知名的品牌之一。

20世纪20年代，随着"一战"后经济复苏，美国人的工作和生活节奏日益加快，压力不断提升，很多广告主愿意用恐吓式营销，可口可乐的广告却一反常态，用积极向上、心满意足、外形姣好的年轻成功人士尽情享受着可口可乐饮料的图片，配上尽量简短的文字，表达出可口可乐总能出现在"凉爽和快乐的地方"，"总是令人心旷神怡"的独特感觉。

可口可乐常常做出各种上班族饮用可口可乐并获得休息的广告，使可口可乐产品能与"稍事歇息"联系在一起，并在日常举办广告比赛，收获了大量的强调可口可乐口味、活力、讨人欢喜等广告素材。

同时，可口可乐会将这些精心准备好的广告素材投放到整个美国交通主干道上、纽约时代广场等标志性建筑物上和《妇女家庭杂志》《星期六晚报》等报纸杂志上。随着这些广告被越来越多的消费者看到，再口口相传，人们开始对“可口可乐能带来轻松和愉快”这一理念产生了认同。

冰凉清爽的可口可乐是典型的周期性产品，通常夏天热销，冬天的销量会直接下降。为了解决这一销售问题，可口可乐便想到了将其“快乐”理念与全家人聚集在一起分享彼此快乐的圣诞节关联起来。

1931年，艺术家海顿·珊布应约与可口可乐共同创作出了一位身着红色长袍、白色大胡子、永远面带笑容的圣诞老人形象。他一手摘下帽子，一手举起一杯可口可乐，念出了那句著名广告语：“The Pause That Refreshes（享受清凉一刻）”。

再者，可口可乐还以广告主的身份，抓住了美国电影、广播迅猛发展的红利。派专人到好莱坞与电影团队一起设计电影中植入可口可乐的环节、雇佣代理商在拍摄现场分发可乐、广播上则是赞助弦乐团演奏节目，目的都是为了增大可口可乐的曝光度。

可口可乐的完美公式

可口可乐能取得如今的成就，那必然是有着完美“成功公式”的引导的，下面就让我们一起来探讨一二。

首先，从可口可乐品牌发展历史经久不衰，且能走上国际化道路来看，可口可乐精于品牌营销。

人类已经无法阻止可口可乐渗透到生活的每个角落了。我们把它畅饮在口，穿在身上，印在包上，写在本子封面上，画在手机壳上……几乎每隔几个月，可口可乐就会以潮牌联名方的身份出现在时尚圈。“可口可乐”似乎正在变成一个时尚品牌。

2016年，马克华菲是第一个和可口可乐跨界合作的男装品牌，时装中演绎着复古时尚的气质，立马成为潮流文化里的焦点。

Morphe是可口可乐在彩妆界的联名大户，在2020年到2021年短短一年的时间里，Morphe就和可口可乐联名过三次！

可口可乐推出创意平台“乐创无界”，同步推出的还有其平台的第一款产品“星河漫步”。产品以太空为灵感，打造了限定版“太空味”可乐，共有含糖和0

糖两个版本。

从起初将其他品牌的元素展现在可乐瓶上，到脱离产品，可口可乐的跨界营销不断发展，将可口可乐品牌打造成了一个文化符号，一个具有温度的有人格化属性的品牌IP，并整合成强势文化进行输出，在年轻人中间形成亚文化社群的传播和扩散，使品牌IP不断注入青春和时尚特性。

其次，可口可乐非常注重品牌本土化。

可口可乐近十年，针对不同的时间段和地域，制定不同的互动广告营销策略，深度洞察消费者正在关注什么、需要什么、喜欢什么，从而以最夺人眼球的方式出现，吸纳消费者深度参与互动，形成二次传播，共同制造品牌热点。

在产品上，可口可乐敢于打破传统，使公司的产品跨出碳酸饮料的领域，以迎合当地人的口味。根据中国人喜爱香橙口味特点，开发“芬达”“果粒橙”等新产品，赢得市场喜爱。可口可乐公司根据不同国家人们的口味“量身定做”饮料，一年时间之内，在45个亚洲国家推出了15种新饮料品种。

宣传内容上，可口可乐在不同的地区、文化背景、宗教团体和种族中采取分而治之的宣传。比如可口可乐公司的美国广告口号是无法取代的感觉（Can’t beat that feeling），在意大利改为“独一无二的感受”（Unique sensation），在智利又改成了“生活的感觉”（The feeling of life），广告信息始终抓住消费者喜好。

可口可乐就这样在往复多次在不同策略的共同作用下，在其传播消费过程中不断裂变出新的价值要素。新的价值要素再不断凝聚为品牌IP，进而提升品牌IP内涵，丰富品牌文化，增加品牌资产，实现产品溢价升级。

最后，可口可乐非常善于利用互动营销。

可口可乐非常重视消费者的服务体验，让其充分感受“顾客即上帝”，以此来充分调动消费者一起创造品牌IP。

2011年，可口可乐在澳大利亚发起了以“share a coke with... ”为主题的广告互动营销活动，将在澳大利亚最常见的150个名字印在了瓶身招贴上，消费者可以通过各大超市购买到写有自己名字的可口可乐，也可以到就近的可口可乐自动贩卖机DIY自己的瓶身招贴。

2015年可口可乐再次在标签上玩出新花样，将消费者熟知的台词印在瓶身上，和生活场景紧贴在一起，表白神器、道歉神器、孤独神器……每个人都能在台词瓶中，找到自己的专属回忆。

2016年意大利可口可乐推出了只要按住瓶盖就能录入30秒的声音的录音瓶，

而收到可乐的人只需拧开瓶盖，就能听到录好的声音。

2018年春节，可口可乐在中国先后推出了16款城市“摩登新罐”，可口可乐将每个城市都用一个字来定位，在瓶身上将每个城市的特点和美传递出来。

瓶身互动、情侣定制“专属可乐”、创意功能瓶盖套装、互动广告牌等，可口可乐为了给予消费者对“可口可乐”的极致体验，真可谓花样百出。

可口可乐的成功绝非偶然，它用实际行动告诉我们：只有真正地贴近消费者，才能获得稳固的消费群体。一个品牌，永远不能故步自封，要勇敢创新，勇于打破标签，不设限，才能获得长久发展。

（本章案例撰写：张佳玮、杨小雨）

第四章 网络与新媒体广告的创意

酷炫的营销内容会让用户乐于主动跟大家分享，它可以是一个段子、一张图片、一篇文章、一幅漫画、一首歌曲或者一个文字游戏。酷炫的营销内容没有固定的公式，但无论以何种形式呈现，它必须与自己的所属品牌及用户具有足够高的关联性。

——美国新媒体营销专家，加里·维纳查克[1]

---

1 李东临.新媒体运营[M].天津：天津科学技术出版社,2018：181.

学习目标

通过本章学习，你将能够：

» 了解网络与新媒体广告的创意思维

» 了解网络与新媒体广告的创意概念提炼

» 掌握网络与新媒体广告的媒体传播计划

» 理解网络与新媒体广告的创意整合营销方式

本章任务

在网络与新媒体浩如烟海的广告信息中，有哪些文案的标题成功地跳脱出来吸引到你的注意力？哪些正文的内容和摘要成功地捕捉了你的浏览目光？你看到的图片素材，在色彩、版式、搭配上是否和谐，令人舒适？你所看到的广告主题是否准确抵达作为客户的你的内心？所有这些，都属于网络与新媒体广告的创意设计范畴。要学习网络与新媒体广告创意，首先从收集优秀案例入手。请浏览门户网站或者手机的微信客户端，找到你认为优秀的或者很喜欢的几个广告作为研究案例，分别分析它的文案、图片或者图像视频、所发布的位置、达到的传播效果。并将收集到的案例和分析研究结果与小伙伴们分享。

任务提示：

1. 明确计划收集案例的来源，可以是门户网站上的广告，也可以是微信公众号里面的软文，还可以是你接触到的网络与新媒体广告的途径。

2. 反复观察或者收看该案例，分别从文案创意、图形创意、故事创意、传播效果等方面进行分析。

3. 将研究结果以文字形式记录下来。

4. 和同学或者朋友一起讨论你的研究发现，比较你们找到的案例和研究结果，对比有什么异同。

5. 总结出你们认为出色的广告创意应该具备哪些特点，并达成共识。

学习内容

创意是整个广告行业最迷人和最富有吸引力的地方，同时也是最难以描述和学习的环节。今天的网络与新媒体技术提供了大量的信息展示形式和信息传输渠道，信息数量呈指数级增长，在这种信息爆炸的环境下，缺乏创意竞争力的广告将很难取得效果。而广告行业是少数几个依靠创造力生存的行业之一，创意则是公司最重要的经营资源之一。BBDO的前总裁曾说："创造性是广告公司生存的理由。越是好的创意，越能够改变消费者的意见和态度，唤起行动。广告主选择广告公司的基准，就是这种无可替代的创造性。"奥格威也认为："要想吸引消费者的注意力并促使他们购买你的商品，那需要一个大创意。除非你的广告有这样的大创意，否则，他们就如黑夜里的航船一般悄无声息地经过。恐怕大创意很难占到广告创意的百分之一。"既然创意非常重要，而事实上能够拥有优秀创意的成功案例又很少，这从一个侧面反映出广告创意过程的复杂性和获取好创意的艰难性。那么，什么是创意？创意从何而来？如何判断和评估一则创意的好坏？如何在广告的各个环节中强调创意？新媒体广告创意应该注意哪些要点？都是应关注的问题。

传统的广告创意是由专业的广告公司根据广告主的需求构思出一个大创意，然后根据这个大创意再创作出视频广告、平面广告等，创意的出发点往往是自上而下，由广告主主导。在新媒体激增、自媒体与专业媒体并驾齐驱、信息量井喷的全新环境下，这种单向式创意方式很难得到消费者的响应。不同于传统广告创意设计，网络与新媒体时代的创意，除了强调文案、制作、广告设计等要素之外，还需要结合数据分析和新媒体营销推广等新技术，寻求艺术与技术的完美结合。而网络与新媒体广告创意正向互动性、娱乐性和知识性三个方面转变。[1]

网络与新媒体广告创意中，需要掌握以下几个关键词。

1. 新媒体广告创意的关键：基于品牌创造可以让用户分享的内容。

2. 视觉创意：利用视觉思维创意将"销售信息视觉化"。

3. 文字创意：基于产品和品牌的核心利益点，用文字概括、双关、谐音创意。

---

1 孟茹，查灿长.新媒体广告规制研究[M].南京：南京大学出版社，2018：66.

4. 媒体创意：将创意和周围环境特征关联起来进行创新。

5. 跨界创意：将两个目标市场一致或者互补的品牌联合在一起产生创意。

熟练掌握和运用创意背后的逻辑：

1. 旧元素的新组合；

2. 反向思维；

3. 改变视角；

4. 夸大或缩小；

5. 类比和比喻；

6. 故意隐藏；

7. 滑稽模仿；

8. 完全想象。

以下将从视觉、文案和其他方面对网络与新媒体广告创意展开详细论述。

第一节　网络与新媒体广告的视觉创意

在广告行业，“创意”特指广告人员对广告活动进行的创造性思考之后，为达到广告目的对未来广告的主题、内容和表现形式所提出的创造性主意。[1]由于所处时代的变化，广告“视觉化”的特点越来越强，诠释画面的手段也比过去增加了许多，对画面的传达性要求也增强了。如何让画面准确表达广告含义，让画面与文字配合，如何让画面使消费者眼前一亮，都是视觉创意所要考虑的问题。好的视觉创意必须具备用视觉思维的能力，这一点和对文案人员要求的具备思想深度不同，视觉创意需要对画面表现的技巧和技术了解得更多，例如最近都出现了哪些新的软件、最近流行什么图像风格、什么布局风格和排版样式最受欢迎、影视画面中的摄影摄像技术和编辑技术等，都是在进行视觉创意时需要关注和学习的技巧。这些方法掌握得越多，在使用画面表达创意时候的空间和自由度越大。但是要注意防止对技术层面的过度追求。有些人会因过分沉迷于执行层面，而几乎忘记思考创意概念层面更为核心的问题，经常会导致不知所云或者跑题的状况发生。

1　余明阳，陈先红.广告策划创意学[M].上海：复旦大学出版社，2003：193.

一、视觉基础

创意中的视觉构思非常重要。采用什么画面，什么基调，什么色彩？如何安排一幅或多幅画面？如何设计画面的效果？如果是影像广告，则要考虑画面的构图、镜头拍摄的角度、镜头之间的衔接、剪辑的节奏等。这些都属于创意中视觉设计所需要考虑的问题。有些广告的创意完全要依赖画面的表现力来呈现，因此就会对图像的要求特别高，例如一些高级时装或化妆品的杂志广告，一般都会聘请专业摄影师来拍摄广告图片，广告画面中诸如灯光的角度和亮度、模特的表情和姿势、布景的效果、服装的质感和款式等，都是非常重要的视觉元素，它们发挥着比语言文字更重要的塑造品牌形象和质感的作用。这类广告要想有说服力，就必须创造性地使用上述视觉因素强化文字信息，而负责美术设计工作的人员则掌握着对这些因素使用与否以及利用到何种程度的生杀大权。色彩、布局、图像等如果合理运用，就能使广告更加生动，同时还能有效刺激人们的情感。

只有重视视觉设计才能保证良好的视觉营销效果，因此了解视觉基础的基本原理就很必要。最基本的视觉图形有“点、线、面”三个方面。[1]点，具有聚焦点的作用，当它被合理运用时会产生良好的视觉效果；线，可以塑造富有动感的视觉效果；面，可以让画面具有丰富的视觉效果。通常说来，视觉信息也是信息的一部分，要求能够准确传达营销信息。而且视觉具有时效性、利益性，能够增加细节、获取信任、创造认同感。

视觉元素包括以下几种：

1. LOGO，即标志。标志设计是否有新意，能否第一时间获得人们的视觉认同，是否被合理摆放到合适的位置，在创意设计中都非常重要。标志是企业的无形资产，兼具美感和实用性，带有企业自身的历史文化背景和风格，好的标志设计能够达到事半功倍的效果。

2. 标签。标签是指每一个新媒体广告表现中都必须出现的视觉内容，里面包含形状、大小、色彩、字体和文字大小等复合信息内容，是事先设计并规定好的内容视觉模块。

3. 口号。即每个广告里都会出现的一句简短的广告语，既是品牌特点，也是

---

1 华哥.新媒体视觉全攻略[M].北京：人民邮电出版社，2019：13.

图4.1　三只松鼠品牌的形象设计以及铺天盖地的互联网营销攻势，成功地塑造了零食类行业第一的品牌形象。通过这个案例，可以很好地看出LOGO、标签、口号、形象、色彩等视觉要素有机结合后强大的传播效果

宣传时的记忆点。例如“好丽友，好朋友”“阿芙，就是精油”等，简单好记，朗朗上口，通常喜欢押韵，旨在方便记忆的同时也易于传播。口号虽然属于创意中的文案范畴，但是当该口号固定下来并反复出现时，人们一看到该口号就联想起某个品牌，承载口号的文字因此也具有了视觉特性。

4. 形象。网络与新媒体时代信息资源的丰富导致每天都有海量的视觉信息涌入消费者的眼中，一个持续清晰的视觉形象就非常重要，例如三只松鼠、米其林轮胎人必比登等，都是很好的例证。除了大家喜闻乐见的卡通形象，还有名人、明星、普通人等形象，都有助于提升广告传播的效果。

5. 色彩。色彩是新媒体视觉传播中最基础也是最复杂的元素。色彩包括色调、搭配，等等。

二、文案视觉

网络与新媒体广告中的文案同样具有视觉特征。简单讲，新媒体文案标题中就具有很多视觉要素，例如设计标题时候的字体大小、颜色、间距、标题本身长短、标题的构图、配图等，都会影响到阅读的视觉感受，所以才会有“标题视觉”的说

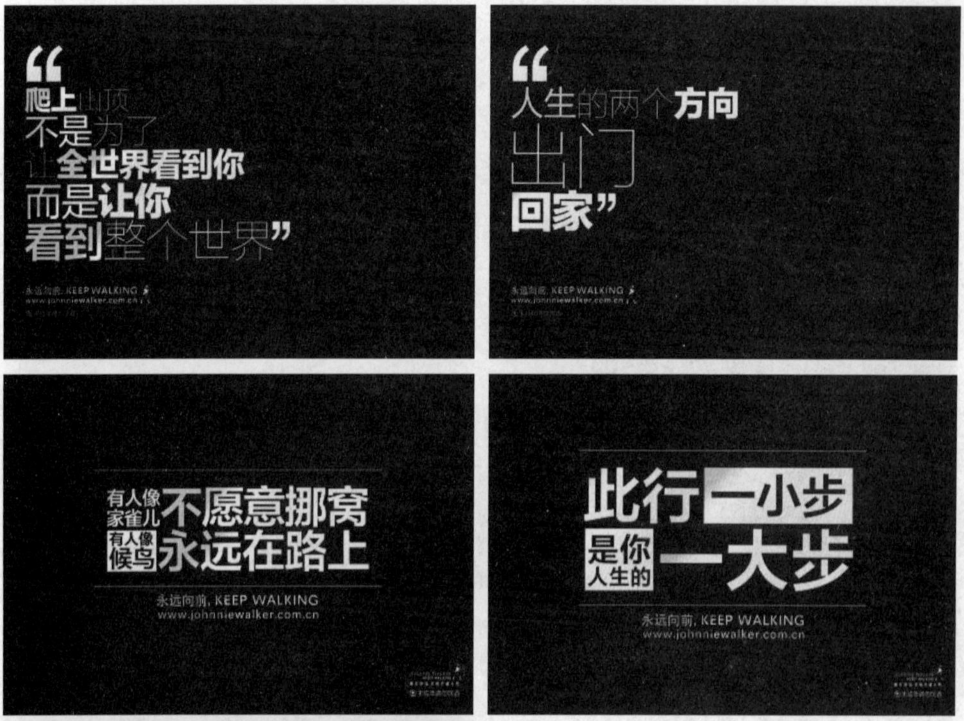

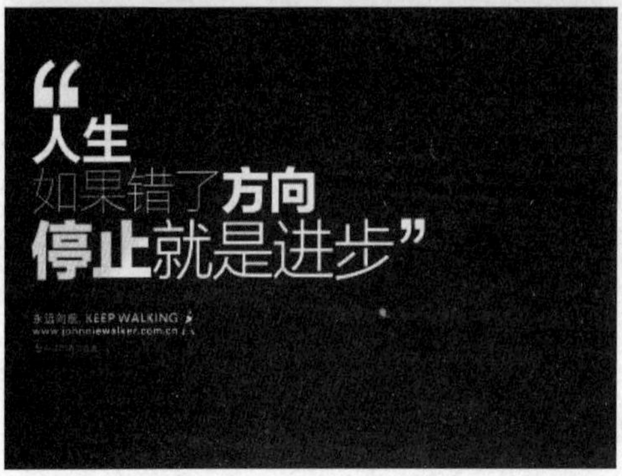

图4.2　尊尼获加（Johnnie Walker）几乎每天都在自己的官方微博上以#Keep Walking#为话题发布一则纯文字的广告，这一系列广告创意非常简洁有力，广告中颜色即包装的主色调黑色和金色，唯一的视觉表现就是文字本身

法。在新媒体平台运营过程中，标题是非常重要的视觉要素，俗话说“标题决定了80%的流量”，是有其内在道理的。标题在文案视觉设计上稍加注意，就能够在吸引读者眼球、引起阅读兴趣方面产生巨大的效果。在网络与新媒体信息爆炸的环境下，标题就显得特别重要，一个平淡的标题可能会失去大量的关注。

除了标题视觉之外，还有“关键字视觉”，指的是通过关键词的设置和布局，能够影响搜索结果，从而提高广告软文的曝光率和转载率；“摘要视觉”，指的是在标题之后正文之前的短小的文字，主要用来对正文进行简要概括，吸引读者持续的关注力，进而增加文章的点击量。当然，具体的文案创意最主要的传播能力还是来自文字本身，具体应当如何去做，在下一节的内容中会详细讨论。

三、美工设计

美工设计主要是指对图片素材的细节处理方面要符合审美特点，不要因为图片清晰度、背景、光线、角度、色彩搭配、图片大小和尺寸等技术问题影响了视觉传播的效率和效果。这里面还包括栏目设置、文字排版、图文混排等方面的细节。

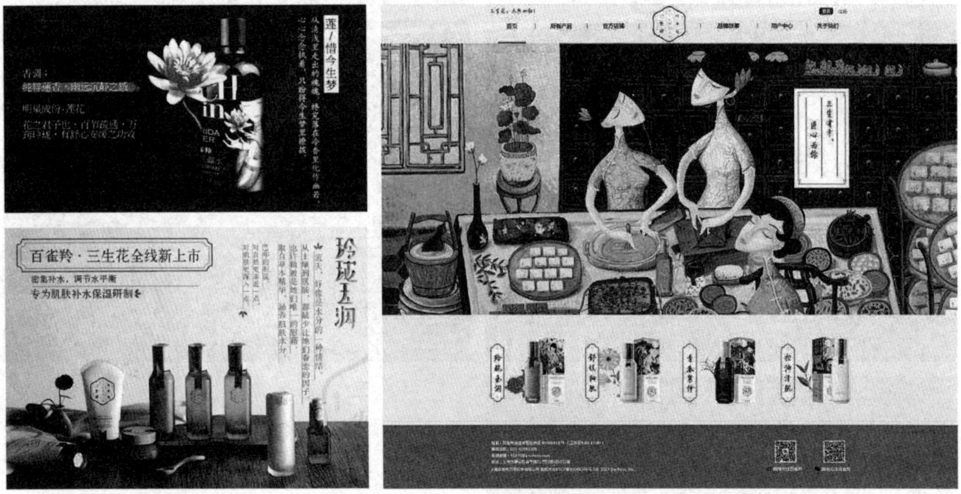

图4.3　百雀羚三生花系列广告，以其复古优雅的设计和精良的制作，赢得了消费者的喜爱。该案例从一个侧面证明了美工设计对传播力的加分作用

第二节　网络与新媒体广告的文字创意

一、标题

一般来说，一个好的新媒体文案标题要能够抓住读者的心理。那么，靠什么抓住读者呢？文字中必须要能够提供某些益处或者奖赏，这种益处或者奖赏可以是有形的物质上的，如“发福利”“免费送”“超低折扣”等字眼，也可以是无形的精神上或者心灵上的，如“投资小白也能掌握的理财技巧”“提升社交圈层的十个方法”等。标题是内容架构的前提。标题是广告的一部分，甚至可以说是广告链条的核心，因为其功能在于引起用户的注意，而引起用户注意又是吸引其购买产品的第一步。

表4.1 网络与新媒体广告软文标题的分类及示例

标题类型	解释	示例
福利式	让用户有赚便宜的感觉	38大促捡漏30元得迪士尼收纳盒
数字式	出现具体数字印象深刻	全球权威情绪专家美国心理学会主席，给每个人掌控情绪的24条实用建议
	96微信编辑器	一分钟卖掉3000条围巾他是怎样做到的？
趣味性	出现有趣词汇营造幽默感	人在海淀家有学渣的老母亲如何笑着活下去
速成型	快速获取某种实际利益	多模板、易操作受欢迎的编辑器
悬念式	利用好奇心抓住眼球提升兴趣	是谁制造了海航的败局？
警告式	利用严肃语调留下深刻印象	手动截图或者智能选区截图
负面体	引发读者一窥究竟的欲望	小个子女生千万别碰的三件大衣
专业性	有效引起专业人群的关注	Photoshop里你不知道的功能
急迫感	迫使读者加快阅读速度	三月不可错过的美食都在这里了
借势型	与热门事件关联引起注意	防疫期间如何吃得健康？
新闻式	用于宣传比较严肃和正式的事件	恒大正式开启全国线上卖房营销活动
独家标题	展示独有的珍贵资源	从投资小白到亿万富翁：有钱人不会告诉你的赚钱秘籍
励志标题	讲述成功背后的故事	真正学好英语的人都会这样做
经验式	吸取某一方面的经验和总结	买房必看的十条实战经验
提示式	暗示读者去做或者去思考某些事情	隔离在家，你最应该做的18件事情
观点式	以表达观点为核心	“睡后收入”——每个人都值得拥有
建议式	以传递知识为由吸引注意力	新衣如何变旧衣：神奇妙招来帮你
真相式	利用好奇心和八卦心理	朋友圈里的黑科技揭秘

一个标题的好坏直接决定了整篇文案的阅读量大小，是打开率和转发率的关键。所以，撰写标题的技巧非常重要。怎样才能做到重点突出、简洁明了、朗朗上口、深入人心？一般来说需要注意以下几点：

第一种：引起好奇心。好奇型标题一般以问句的样式呈现。例如：你在英语学习中犯过这些错误吗？这就是典型的好奇型标题。读者看到就会想，是哪些错误呢，随手就会点开看了。

第二种：引发兴趣。兴趣型标题是把读者关心的问题说出来，同时还暗示文中有解决方案。兴趣型标题的好处是能吸引精准的读者，例如：“现在，聋人也能听到窃窃私语！”如果听力有问题的朋友，肯定会立马点击。

第三种：好奇和兴趣结合型标题。好奇型标题和兴趣型标题结合起来用，既勾起了读者的好奇，也说出了读者关心的问题。以问句的形式，把读者的问题说出来，告诉他这里有一个有效便捷的解决办法。例如："怎么把一个乡村土特产打造成全球化产品？""如何清理你的僵尸粉又不会打扰其他好友？"

二、正文文案设计

网络与新媒体广告文案的精髓在于感染力，而感染力取决于信息的准确性、定位的清晰度、表现手法的生动性以及主题和创意的突出性。[1]

不光是网络与新媒体广告，所有的广告文案最忌讳的就是生硬地介绍产品，构思文案时候要一针见血地指出用户最担心的问题，也就是产品可以解决的问题。从这样的角度切入，更容易获得用户的信任。写文案的时候，讲究文字要"扎心"，就是一针见血、戳中用户内心的感觉，"扎心"可能是苦闷也可能是自嘲，总之只要能让用户发出会心一笑，就成功了一半。网络与新媒体的文案特点

图4.4 文案在广告中承担着吸引注意力和点明中心思想的作用。图中是支付宝蚂蚁花呗、蚂蚁金服和花呗系列的广告，从中可以看到创意中的故事性、生活接近性和试图跟目标对象拉近关系的扎心文案

1 李东临.新媒体运营[M].天津：天津科学技术出版社，2018：177.

之一就是寓销售于生活。很多文案通篇都在讲述用户的生活，如工作辛苦、赚钱不容易、孩子不听话、生活压力大等。在博取用户的共鸣之后，才推出产品，会让用户感觉很懂他，从而促进购买。这其中会制造消费场景，供消费者代入进去，文案对消费场景描绘得越生动细致富有吸引力，用户就越容易产生购买欲望。所以，讲好故事也是网络与新媒体时期文案工作人员的一个重要能力，要思考如何用简短的语言讲述一个生动有趣或者感人的故事，将用户代入故事里所描述的情境中去，让销售不知不觉地进行。

第三节　媒介形式与创意

创意人员在思考创意时必须遵守一个严格的默认条件，即广告创意必须与媒介内容的形式与特点密切结合。以往出现过不少仅仅依靠单一形式的媒介传播就能达到广告目的的成功案例，比如绝对牌伏特加酒就是单凭平面广告就达到了非同寻常的宣传效果，但如今的网络与新媒体环境下制定出的创意策略，只有极少情况下才依靠某一种媒介形式。那么，在创意构思时，结合广告信息所出现的媒介环境一起来考虑创意表现是非常必要的。创意和媒介其实是相互依存的关系：有些创意一定要通过某种媒介才能体现出预计的效果，而有些媒介只有采用了富有创意的方式才能突出该媒介的作用。无论是在创意还是在媒介工作中，都需要将二者有机结合起来，才能将创意的影响力效果和媒介的传播效果做到最大化。网络与新媒体广告媒介各有特点，作为创意策划人员，需要充分了解不同媒介内容和形式的特点及运作规律，才能够让广告创意发挥出更大的沟通效果。

对于视频形式的广告创意，讲究的是声光影文的综合刺激。视频广告最大的特点就是提供了很强的观赏性，但有一个致命的问题，即播出时间太短，消费者看过之后容易什么都记不住，除非是特别有创意的广告形式。但是现在的受众广告看多了之后，欣赏水平也不断提高，一般意义上的创意也很难入消费者的法眼。因此，现在很多视频广告都特别注意和其他媒介的配合，如官方网站、互动广告、投票链接等。就是希望通过横向联系这种媒介配合，让视频广告的画面和信息都能够在画面播出之外的情境中继续得到有效关注，增强广告最后的传播效果。

对于平面形式的广告创意，主要追求的是视觉传达的魅力。要思考如何让画

图4.5 “用 iPhone 6 拍摄（Shot on iPhone 6）”世界画廊摄影作品集是苹果公司推出的一系列广告，广告活动标题简单直白、画面效果惊人。该系列广告荣获2015年戛纳国际广告节户外类全场大奖。这些精彩的广告摄影作品全部由 iPhone 6 拍摄，除在24个国家70个城市举办展览外，还可以在线浏览（http：//www.apple.com/cn/iphone/world-gallery/）

面突破环境限制，有效抓住人们的眼球。现在，一些异型版面设计、互动小游戏、让画面活动起来等，只要能够利用版面空间让广告画面吸引人，就是以平面形式为主的网络与新媒体广告创意时特别需要加以利用的特点。

对于音频形式的广告创意，重点在于塑造听觉的记忆。音频广告创意适合只突出一个主要售点，不适宜列数要点或长篇大论。为了让记忆留存，需要在创意中尽早提到广告主的名字，而且尽量重复。广播广告的情景营造非常重要，各种声音效果都可以在听众心目中产生视觉形象，音乐也可以发挥同样的功效。那些能够描绘画面的词句、朗朗上口的字眼和短小的句子，都能够有效增加广告的作用。音频广告设计时的针对性也非常重要。声音对信息的塑造作用非常大，创意时适当的语言表演、速度控制、俏皮话和音响效果都可以使表演生动活泼。音频广告创意最困难的在于控制好剧本长度，因此文案人员写完音频广告创意文案的脚本之后，通常会大声朗读自己的脚本以测试时间是否够用。

对于互联网上各种各样的广告创意，需掌握的一个基本原则是互动为本。网络与新媒体技术中有许多有助于实现广告互动的技术，而且现在，网络与新媒体广告的范畴已越来越大，除了一般的图片、影片、文字、链接之外，还有一些成熟的微博、社群、朋友圈等都可以作为可资利用的媒介形式。由此可见，任何形式的媒介若想将创意进行到底，都需要将它可能用到的形式开发穷尽，这需要创意人员必须首先对媒介可能采用的形式有足够充分的了解，然后才能在此基础上进行创新。

因此，媒介和创意之间密不可分的关系，也确实在网络与新媒体广告创意过程中表现得淋漓尽致。

第四节　创意中的规律

创意无规则，但是一些逻辑规律如果能够巧妙应用到创意思维中，会使创意的过程更为简单一些。W+K公司的创始人之一的丹・威登（Dan Wieden）曾说过，“我们拥有创造性，但是创造性是服从规律的，创造性是符合逻辑的。”这句话揭示出广告创意中确实存在一些可以遵循的逻辑规律。借助创意中的逻辑规律，可以比较轻松地发现新的想法。这也是创意当中可以有意识加以学习和利用的一部分内容。

一、旧元素的新组合

美国广告专家詹姆斯・韦伯・扬明确提出：“创意是把原来的许多旧要素作新的组合。进行新的组合的能力，实际上大部分是在于了解、把握旧要素相互关系的本领。”日本千叶大学教授多湖辉认为：“策划内容里的97.9％是任何人都知道、非常常见的普遍的东西，当他们被一种新的关联体重新组合起来，具有相当的有效性时，就能产生出创意。”这些说法的核心观点都是在说明广告创意的一个特质，就是当把两个从来不相干的事物组合在一起并赋予合理的解释时，这种新鲜而陌生的关系所产生的独特效果就是一种创意。例如把世界名画与产品结合起来的创意就相当巧妙。当然，并不是所有的旧要素的新组合都能产生创意，只有经过创造性的联想和组合，才能产生与众不同的创意。组合是产生创意最重要的源泉，而创意过程是一个发现独特观念并将现有概念以新的方式重新进行组合的循序渐进的过程。

例如松下洗衣机“超大容量”篇广告，借用法国古典主义画家安格尔在1862年创作《土耳其浴室》，形象而幽默地表达了“超大容量”的产品特性。广告创意方式就是典型的旧元素的新组合。

二、反向思维

正常的思维方向和结果谁都想得到，因而失去了新鲜感，更无创意可言。但如果故意反方向试一下，打破传统的思维方法和方向，反其道而行之，更容易产生良好的效果。逆反思维技巧用在广告上会有一种“曲径通幽”的效果。从反面看待事物，有时，所期望的结果的反面恰好具有很大的冲击力和记忆度。

例如灵智大洋广告公司宣传自己的广告，广告声称自己能卖掉任何东西，包括“左手使用的锤子”“黑色的荧光笔”以及“防火火柴”。显然，这些东西的存在都是不可思议的。这一系列广告就是典型的反向思维，故意找一些荒谬的、不可能存在的商品，在广告中说它们在广告公司的成功代理之下“销售一空”，逻辑上是正常的，但“现实”中却是反常的，因而能达到一般正向叙说该逻辑的广告所不能达到的效果。因此，在创意短路时，不妨试下反向思维。

三、尝试改变视角

改变视角和反向思维一样，都是为了改变正常的思维带给人们的可以预料的结果和方向。只不过反向思维的创意视角是从正向思维的对面寻找创意，而改变视角则可以从多角度发现灵感。角度的变化，通常能够带来意想不到的新意。例如图4.6这一系列画面独特的杂志广告，手持杂志正在阅读的人物与所处环境之

图4.6 *Spade*杂志“不同视角的新加坡”是通过“改变视角”获得创意的典型案例

间的奇怪的关系，令人好奇、驻足并审视，最后发现画面正是杂志所宣扬的主旨“不同视角的新加坡”，这种独特而直接地阐释让广告创意显得特别自然、贴切。

四、故意夸大或缩小

夸张是广告增强表现力的惯用手法，即便一则广告毫无创意，也会自然而然地将汉堡的色泽拍摄得特别诱人，将模特的皮肤显示得特别完美。而将夸张朝向特别夸大或者特意反方向夸张，往往也会达到别致的效果。有很多成功的案例都是不自觉地运用了这一原则，比较下面这两个系列的创意作品，感受它们是不是都主要依靠故意夸大或故意缩小的方式来吸引眼球的？

图4.7　新加坡Lowe及伙伴公司创意的狗粮广告，旨在说明有了很棒的狗粮，宠物小狗也能办大事

五、类比和比喻

类比也是广告创意中常用的一个手法。例如德芙巧克力说自己“丝般感受尽在德芙”就是用可视触的丝绸类比巧克力入口之后的味觉感受，这样类比的好处是能够将某种原本无形的感觉通过类比很好地视觉化；哈根达斯冰淇淋说自己是“冰淇淋中的劳斯莱斯”，也是一种类比，是按照自己在同类产品之内的位置来比较。如果只是单纯地自夸“我的冰淇淋是同类产品中最棒的”，显得毫无新意，更无吸引力，但是用豪华汽车劳斯莱斯作比，想说的内容立刻跃然纸上，而且容易激发人们的想象力和正面评价。因此，所谓类比，就是指根据不同事物和现象在一定关系上的部分相同或相似来进行归纳、比较和分析，从而发现它们之间的联系，得出新的结论的推理方法。通过类比，可以把陌生的对象与熟悉的对象进行比较，举一反三触类旁通，因此产生新的构思。优秀的创意人员，无论是文案还是美术人员，一定都具有超强的联系、比附能力，因为只有这样，才能又快又好地发现新创意。类比

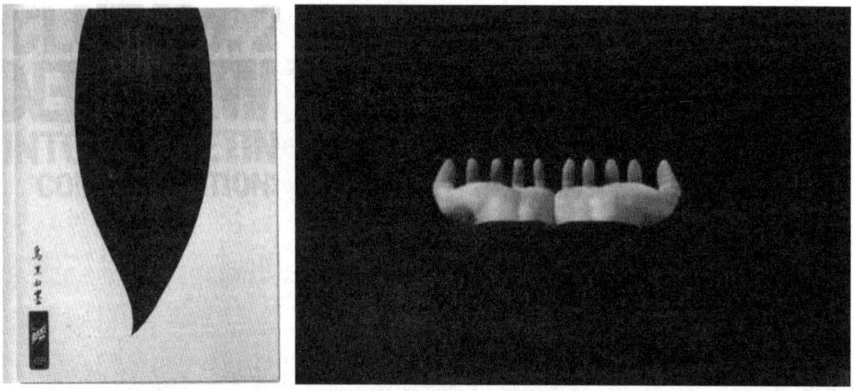

图4.8 香港李奥贝纳广告公司为宝洁公司的两个产品创意的广告作品，都巧妙运用了视觉类比的手法

和比喻的实质就是用一个概念去描述另一个概念，只不过在创意中讲究使用一个人们不惯用的喻体去作比才会产生良好的创意效果，比如图4.8这两幅表现头发乌黑和柔顺的作品，就是借用了毛笔和梳子的形象来作了一个有趣的比方。

六、故意隐藏

绝大多数广告都迫不及待地想要告诉受众产品有多好多棒多么值得购买或是应该如何做，这时候故意反其道而行之，将广告意图隐藏起来或是不直接说出广告诉求，让消费者自己去寻找、探索和研究，这样就会赋予广告创意一种独特的魅力，同样也会让消费者自己感受一种发现的乐趣，获得成就感。因此出现了很多“谜语式”的广告，尤其是在那些好奇心比较重的年轻人群体中大有市场：例

图4.9 “故意隐藏”反倒能够有效激发起人们探究的好奇心。新加坡李奥贝纳广告公司为防止虐待动物协会推广一项流浪宠物资助服务而制作的公益广告，仔细察看这则“动物保护”的广告才能找到那些因遭受虐待而躲藏起来的动物

如一些电视连续剧式的广告“若想知道结果，敬请关注下一期广告或登录某某网站”，就是将剧情的结果进行隐藏；绝对牌伏特加瓶子系列的广告本身就是一些言之未尽的谜语，消费者必须费一些劲猜测才能知道它的全部意义，将意义隐藏是它的创意特点。还有一些广告创意甚至将广告主都隐藏起来了，例如一些企业投资的公益性质的广告，不留意还真有可能不知道是谁做的广告，但是即便这样，一旦人们发现了广告背后的投资者，还是会积极评价它的行为的。而且，请相信，人都是生来好奇的，你越是不告诉他什么东西，他越会在好奇心地驱使下去发现真相。故意隐藏就是利用了人们心理上的这一特点。

七、滑稽模仿

娱乐性一直是广告的自然属性之一，滑稽模仿就是通过玩笑、逗乐等方式来发现与幽默与创造性之间的关系。娱乐界中很多明星模仿秀非常火爆的现象，能够很好地说明滑稽模仿的效果——人们都很熟悉某一个明星如孙楠，如果你能够惟妙惟肖地模仿孙楠的歌喉但你确实不是孙楠，这样的话你的表演就很容易有看点，而且模仿者自己也容易被人接受。滑稽模仿拥有奇迹般的沟通效果，尤其是在今天人们普遍压力巨大的背景之下，它独特的减压作用也为广告赋予了另一种价值。如果运用得当，滑稽模仿能够展开思维广度，通过针对某一点相似性地夸张表现，就可能产生出色的广告。例如美国飞乐（Fila）公司表现一只螳螂脚穿飞乐运动鞋飞快地爬上叶梗，以逃避杀手般的配偶的电视广告，获得《广告杂志》的如潮好评。图4.10动物园的系列广告创意则是通过发现人类面部表情和动物之间的相似性来产生一种滑稽的效果，同时通过文案点明和人类相比动物所具有的无可比拟的优越性。

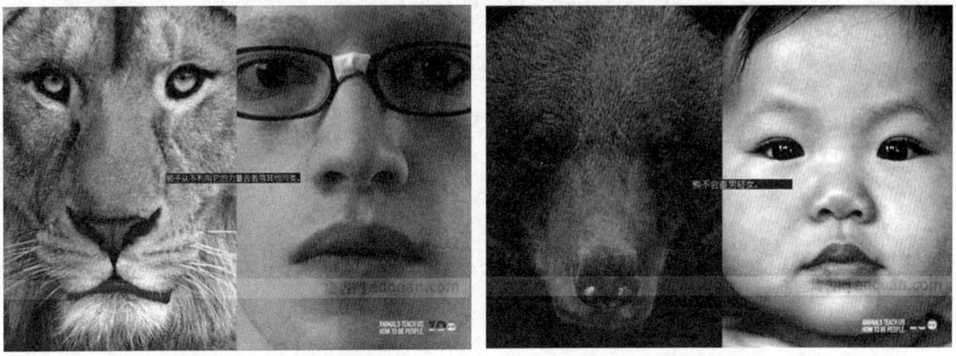

图4.10　动物园的广告。文案分别是“狮子从不利用自己的威严欺负同类”“熊不会重男轻女”

八、完全想象

如果改换视角、夸大变形、滑稽模仿都不能帮你找到大创意的话，那么就扔掉这些条条框框吧，彻底不受约束，让想象长上翅膀，这样也能发现一些很棒的创意。试着大胆问一下自己："如果……会怎样？"不要担心出格、荒诞或者没效果，有时候大创意就隐藏在这些大胆的想象之中。如果让外星人来喝我们的可乐怎么样？让乌龟、青蛙、蚂蚁、狗来跟我们人类争抢啤酒会不会很有意思？如果我们能在广告中带领消费者做一个美妙的梦一定很有趣？能不能用一个人的形象来扮演自然界的"风"呢？如果你觉得上述这些问题不可思议，那么很遗憾，这些表现手法早已经在广告创意中用过了。因此，你的想象还可以更大胆。揽胜广告公司主营房地产广告，他们用自己无比自由的想象和丰富的艺术手段，在广告创意高度雷同的中国房地产广告界开辟了一个独特的新天地。看过揽胜广告的人，才蓦然发现自己的思维原来一直也没有越出雷池半步。

例如一家地处昆明名为"25纬度建筑"的房地产项目，因为揽胜广告的创意显得气质非凡、自成一格。画面的荒诞不经反倒衬出广告背后严谨的哲学思考，被称为"中国的意识形态广告"。广告画面通常都很古怪，但耐人寻味，广告语的文字风格如下："复制其他地区的建筑，就如复制那里的空气一样不可理喻""复制其他地区的建筑，犹如复制那里的天气一样荒谬""盖一栋古代式样的新房子，就如仿真老祖宗一样没有必要！"。

需要说明的是，在各种各样铺天盖地的广告中，创意雷同在所难免。这时，广告人就必须遵循"先来后到"的创意原则。如果已经出现了类似的广告创意，就必须放弃已经完成的构思。广告大师克劳德·霍普金斯早在20世纪20年代就提出了广告创意中的"预先占用权"理论。他认为，如果谁第一个提出该行业内非常普遍的产品特征或产品质量，并且给人们造成第一个拥有它的印象，那么谁就占有了它。这就是"预先占用权"。现在的广告创意则可以通过法律手段比如申请知识产权来获得保护。

第五节　创意实施中的细节问题

在创意实施过程中，需要尽可能利用现在的技术和平台，有效地表现和传达出网络与新媒体广告的互动性、娱乐性和知识性等特点。

所谓互动性，是指结合广告主的需求，找到能够打动用户参与创造、分享的连接点，让用户关注品牌，传播有关品牌的信息，成为口碑传播的志愿者，让广告新闻化、广告事件化，让广告像新闻一样引人注意。

所谓娱乐性，是指网络与新媒体技术的发展使广告变得新奇有趣，很多都具有病毒传播的因子，因此能够让广告自身成为消费者自我表达的素材。

所谓知识性，是指网络与新媒体广告能够满足消费者对产品、品牌的信息需求，广告即信息，内容即广告，让消费者在最需要的时刻能够接触到这类知识性的广告。

表4.2是网络与新媒体广告创意中常用的新媒体内容编辑工具，使用这些简单易操作的小工具，既能够有效增加网络与新媒体广告创意的表现性、互动性和娱乐性，也能够让知识性的信息传达过程变得更为轻松容易。

表4.2 常用的新媒体内容编辑工具

工具类别	工具名称	简介
新媒体内容编辑器	135微信编辑器	专业内容编辑软件，功能强大，操作简单，主要在手机端操作
	小蚂蚁微信编辑器	电脑端操作，功能全面，能有效提高文章美观度
	96微信编辑器	有吸粉素材、小程序开发等功能
	易点微信编辑器	便捷修改文章布局、线条、字体功能
	秀米微信编辑器	多模板、易操作受欢迎的编辑器
图文设计工具	Windows自带截图工具	Print Screen键盘
	360软件小助手	手动截图或者智能选区截图
	QQ截图	QQ用户熟悉的截图工具
	美图秀秀	操作简便的修图工具
	Photoshop	专业图片编辑工具
视频、音频编辑工具	格式工厂	视频GIF转换器，制作动图
	Bandicam软件	电脑屏幕视频录制工具
	拍大师、SCR（Screen Recorder）	手机屏幕录像软件
	音频编辑专家	音频编辑器
	Vegas和会声会影	视频后期处理软件

续表

工具类别	工具名称	简介
H5海报制作工具	易企秀：www.eqshow.cn	移动场景自营销管家
	人人秀：www.rrxiu.net	三分钟制作互动展示
	MAKA：www.maka.im	有新手（有模板）和高手两种编辑模式
	兔展：www.rabbitpre.com	像PPT一样制作移动h5页面

另外，想要吸引流量点击和转发分享，还需要了解网络与新媒体广告（含软文广告）的配图细节。具体操作如表4.3所示。

表4.3　网络与新媒体广告运营中常用的配图技巧

工具名称	简介	注意事项
品牌头像	是企业在新媒体传播平台上的重要标志，吸引注意力的同时也扩大品牌影响力	图片清晰度，图像辨识度，适于新媒体平台传播
软文封面主图	吸引读者产生进一步阅读兴趣的关键在于这张漂亮有趣和独特的封面图片	高清、独特、紧贴正文内容，图片不宜太大
软文侧图	正文配图，一般数量较多、显示尺寸更小	色彩和谐，可使用表情包，内容与正文一致
图片色彩	色彩搭配协调	色调与正文内容一致
图片尺寸	合适的尺寸让图片高清显示，包括像素和排版格式	不要让图片清晰度影响受众阅读观感
图片数量	有单图文和多图文两种选择	根据正文内容选择图片数量
精修图片	图片的美化处理	美图秀秀、光影魔术手等
图片容量	容量小的图片才能打开更快	需要考虑受众收看时间和有没有wifi环境
动图特效	GIF动图让图片动感立体，表达力更强，可完整展现某个动态全过程	专业动图网站搜集素材，适合用在技巧类正文中
长图文效果	用图片加文字漫画形式描述内容，阅读力好	可直接设计长图，或者先设计小图再拼接
水印图片	给图片加标签，可以防止盗用、显示版权所有权和增加特色	各平台规则不同
二维码图片	是微信公众平台、微信、app及自媒体平台的电子名片，是快速吸粉手段	利用二维码生成器制作黑白、彩色、指纹、动态二维码等

广告探索

跨界营销广告创意：网络与新媒体广告策划创意中很重要的一点，就是学会借力。追热点蹭话题，是一种借力，明星代言网红带货，也是一种借力。品牌之间的抱团，更是用户资源的相互借力。特别是跨界品牌的创意合作，更是能有效引起用户的注意，在传播时具有得天独厚的优势。

收集网络与新媒体领域内跨界营销的广告创意，分析它们的做法，是否整合了相互的用户资源？这种跨界联合是否有创意？能否达到了预期的结果？

然后，假设你计划为某品牌（可以自己假设一个现有的品牌）的品牌跨界广告进行创意。那么，应该如何和一个什么样的品牌联合呢？这两个品牌有什么共同之处？有哪些差异？能够引起粉丝关注和踊跃讨论的跨界营销话题都包括哪些要点呢？

把你的计划写下来，与同学展开讨论。

课后思考

1. 文案在新媒体运营中的重要性？
2. 如何写出一个令人心动的好文案？
3. 你认为网络与新媒体视觉传播需要解决的最重要的问题是什么？
4. 与同学分享一个你认为目前非常成功的创意案例。
5. 和同学讨论互联网环境下完成广告创意时应注意的问题。

附 互联网咖啡品牌瑞幸

瑞幸咖啡（Luckin Coffee）是中国知名连锁咖啡品牌，自从2017年10月第一家门店开业，到2023年6月5日，门店数量已达10000家；2023年9月4日，更因与茅台联名推出“酱香拿铁”，瑞幸咖啡在线上线下赢得了一大波流量。作为一个后来居上者，瑞幸的成功并非偶然，互联网时代的消费者喜欢看到的是瑞幸这种“网感”强、创意多、品质好又接地气的品牌。可以说，正是消费者的拥簇，成就了今天的瑞幸。

在繁华的现代都市中，咖啡越来越成为人们都市生活中不可或缺的一部分。作为一家本土化、年轻化、高品质的连锁咖啡店，今年瑞幸咖啡再次爆火。从“瑞吗？瑞！”等网络热梗到酱香拿铁的联名新品，瑞幸咖啡在网络上风生水起，受到了不少年轻消费者的青睐。那么究竟是什么让瑞幸咖啡拥有如此魔力，使得诸多消费者情有独钟呢？接下来让我们一探究竟吧！

成立于2017年的瑞幸咖啡是一家以“低价、高质”为核心的中国咖啡连锁品牌。2017年10月，瑞幸咖啡首家门店在北京银河SOHO开业。随后，瑞幸咖啡迅速扩张，全国范围内的门店数量达数千家。2019年5月，瑞幸咖啡在美国纳斯达克上市，成为全球最快实现IPO的公司之一。

品牌塑造，Luckin自带幸运

每一个品牌的名称和标识都有着自己独特的含义和愿景。瑞幸咖啡亦是如此。

瑞幸咖啡以“瑞幸”为品牌的中文名字，其中的“瑞”字代表着吉祥如意，“幸”字代表着幸运，体现了中国人对喜庆欢乐的美好幸福生活的向往。英文名“luckin coffee”也是结合了英文“luck”，具有幸运的美好寓意。

瑞幸咖啡以“鹿”为品牌的商标标识，其中鹿的形象象征着吉祥好运。因为

鹿在中国古代被视为神物，能给人们带来吉祥、幸福和长寿。同时，在国外，鹿同样有幸运、好运的含义。

瑞幸咖啡以蓝色作为品牌的主色调，在视觉方面的呈现十分统一，大面积蓝色的使用与白领圈层的商务属性十分符合，从视觉上在用户心中留下记忆点，让用户亲切称之为“小蓝杯”“蓝朋友”。

鹿的标识与“瑞幸”“luckin coffee”相互呼应，鹿和主色调蓝色与目标消费者契合，体现年轻、时尚与活力。在咖啡代表高品质生活的前提下，鹿有助于构建独特的品牌形象，提高品牌附加值，强化消费者认知。通过中英文名称和品牌标识的设计也可以看到，瑞幸的战略定位不仅仅局限于国内，对于国际市场也有考量。

品质保障，咖啡党的福音

瑞幸咖啡以品质著称，主打做高品质咖啡，虽降价格，不降质量。

首先，在原材料的选择上，它的咖啡豆优选上等阿拉比卡豆，并在原产地进行精细挑选和处理，并由WBC冠军团队精心拼配。

其次，在生产过程中，瑞幸严格遵守国际标准化组织（ISO）认证体系要求，并通过了ISO食品安全管理体系认证。

再次，在质量保障方面，瑞幸咖啡所有的进货渠道均来自正规供应商，入库前进行多重检测，按照科学合理的方法进行保存，售卖时也采取了严格的卫生防护措施。

最后，瑞幸的每个门店都配备了专业训练有素、经验丰富的调制师团队，新鲜现磨烘焙的同时还会根据客户口味需求进行定制化调制。

低价策略，争做价格卷王

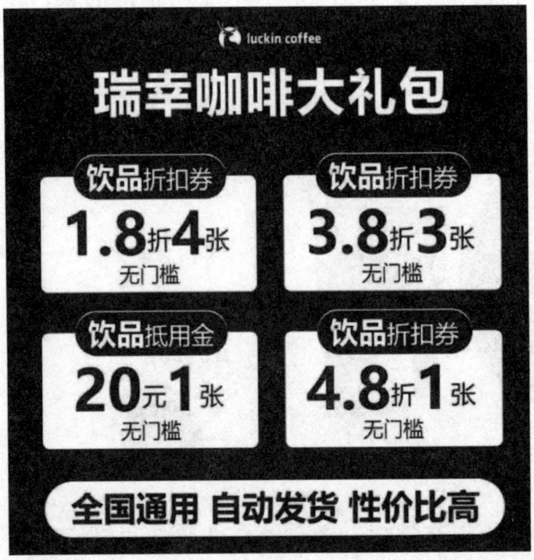

曾几何时，价格是许多人品尝高品质咖啡的一道门槛。“横空出世”的瑞幸，为了在激烈竞争中脱颖而出，决定采取低价战略。于是瑞幸通过与供应商直接合作、自有物流配送等方式降低成本，将成本优势转化为价格优势，把咖啡价格打到了20元以下。并在全国突破万店规模后，打起了“9.9元”价格战，力求以自身规模优势推动中国咖啡市场迈入精品平价时代。

“不是所有咖啡都卖9.9元，不是所有卖9.9元的咖啡都是瑞幸品质。”官方曾披露，每周9块9咖啡活动上线首周，总销量突破3900万杯，平均每天售出556万杯。此外，瑞幸也不忘进行各种促销优惠活动，给消费者送上更多福利，增加用户黏性，留下“好的咖啡，其实不贵”的深刻印象。

瑞幸将精品咖啡引入主流消费者的生活，让更多人能够轻松负担高品质的咖啡。对广大消费者而言，咖啡不再是饮品界的奢侈品，而是变成了与休闲、社交和享受联系在一起的日常生活饮品。

明星代言，专注精准传播

一向看人超准的瑞幸，对舆论风向十分敏锐，总能先于他人以迅雷不及掩耳之势签下一个又一个代言人。在品牌找代言人这件事上，行业里流传着这样一句话：瑞幸的嗅觉比狗都敏锐。

在市场推广的前期，瑞幸咖啡为了成功向大众输出“高品质商业化咖啡”的品牌定位，品牌形象代言人选择的是具有“文艺、低调且认真”特质的著名演员汤唯和张震。这两位代言人都有优秀出圈的电影作品，都因过硬的业务能力和低调大方的气质拥有良好口碑，是都市白领群体喜欢的类型。两位代言人都为瑞幸咖啡打开了知名度，树立了良好的品牌形象。

在广告推广中期，瑞幸咖啡的知名度有所上升，开始更加注重针对年轻人和饭圈粉丝的推广和互动，眼光也更趋向年轻人关注的话题属性，配合当季主推饮品在社交媒体上传播。于是瑞幸咖啡陆续与“国民弟弟”刘昊然、当红明星肖战、少女感演员谭松韵、俄罗斯平面模特兼歌手演员利路修、天才滑雪少女谷爱凌、游泳健将汪顺和集演员、歌手、舞者于一身的新生代代言人易烊千玺等许多在年轻人中有号召力和影响力的代言人达成合作，一路同行，幸运在握。

瑞幸咖啡的代言人策略是一个综合性的营销手段。它通过明星的影响力和品牌形象的提升，吸引更多的消费者关注瑞幸咖啡，同时也提高了品牌的市场份额和竞争力，并给品牌带来持续的新鲜感和市场活力。

裂变营销，极致吸引用户

在如今竞争激烈的市场环境中，瑞幸是如何在众多咖啡品牌中脱颖而出并吸引用户的？答案之一便是裂变营销，也就是病毒式营销。瑞幸通过激励现有用户主动分享产品或服务来吸引新的潜在用户，从而实现快速扩散和增长，提高知名度。

瑞幸的裂变营销主要表现在三个方面：

第一，价格战。通过“买一送一”“首杯0元”“9.9元活动”“请你喝一杯”“每周满5件，瓜分500万”等各种促销策略，吸引消费者。以福利为诱饵，利用大力度补贴，迅速攻占市场，并为其裂变提供基础。

第二，社交分享。与各种明星网红、意见领袖等合作，让他们在自己的社交媒体上分享瑞幸咖啡的相关信息，进一步增加瑞幸咖啡的曝光度和影响力。同时，以优惠券和赠品等福利鼓励消费者在社交媒体上晒咖啡照片并标记瑞幸官方账号，扩大宣传。此外，瑞幸会在特殊节日推出限定产品，并启动相关的社交媒体竞赛活动，鼓励顾客分发链接，达到病毒式传播的效果。

第三，构建用户社群和会员体系。瑞幸咖啡在自己的私域渠道内都设置了裂变的入口，通过福利诱导，不断拉进新用户，保持私域的规模和活力。瑞幸咖啡在app上提供了社交功能，“邀请好友、共同拼单后优惠更多”模式，促使用户主动分享，实现裂变效应。

同时，瑞幸构建了精细化会员体系，利用积分兑换、会员专享活动等方式增加用户黏性，进行用户裂变。此外，还建立了许多瑞幸福利社群，如：瑞幸杭州西溪天街店群，以及企业微信私域运营账号，即“首席福利官lucky”，在账号上进行产品推荐、福利发放等活动。

最后，瑞幸咖啡也注重品质和服务，以保证客户的再次消费。而其裂变营销策略的成功，在于其能够不断地吸引新的消费者，同时刺激老的消费者二次购买，形成良性循环。

玩转联名，这杯谁能不爱？

提起瑞幸，那就不得不提一下它的联名和它“联名狂魔”的称号。

事实上，至今以来瑞幸已进行了与包括哆啦A梦大电影、五条人、线条小

狗、维多利亚的秘密、《镖人》等品牌在内的多次联名营销活动，并推出了情人节特饮、礼品卡、新品昆仑煮雪拿铁、爱情卡牌周边等多种形式的联名产品，展现出了强大的营销创新能力。

同时，瑞幸还在内容创意上埋头苦干，不论是线上宣发的各种图文、短视频素材、代言人大片，还是线下的包装物料、门店陈列，都体现出瑞幸强大的内容供给和流转能力。

2023年9月4日，瑞幸和茅台联名，推出了“酱香拿铁”。

一时间，各大社交媒体平台飘满了酒味。新品“酱香拿铁”也引起了很多网友玩梗：“假如我点一杯酱香拿铁不要咖啡不要奶，阁下又将如何应对？”“假如我喝了酱香拿铁再去开车，算不算酒驾？”“亲爱的雪，我是瑞，当你收到这封信的时候，我已经嫁入豪门——茅台。”

对于茅台来说，借助瑞幸的品牌资产直接强化自己在年轻人中的品牌形象，也给品牌带来了“刷圈”的佳绩；对于瑞幸来说，借助茅台高端的品牌形象，可以进一步提升自己的“身价”，同时在年轻人中制造营销爆点。

2023年10月9日，瑞幸咖啡与猫和老鼠的联名来了一波童年回忆杀，又一次登上微博热搜。此次联名结合“猫和老鼠”这一具有天然流量的IP为产品造势，也是瑞幸的一次怀旧营销，通过为消费者注入一定的怀旧元素，引发其心灵深处的怀旧情怀和记忆符号，来转化为购买行为。此外，汤姆和杰瑞引发的强烈的故事感也带有高度的社交属性，引发了诸多二创内容，带来了更多互动。

《DT商业观察》消费者联名小调研的数据显示，瑞幸和贵州茅台、瑞幸和《猫和老鼠》、喜茶和Fendi，成为2023年消费者印象最深刻的联名的前三名，瑞幸和线条小狗排在第四名。可见，瑞幸在2023年的联名营销频率很高且种类丰富，破圈效果也十分显著。

隔三差五的联名，刺激着市场格局的发展变换。谁的产品更有趣味性，谁就更容易在消费者心目中留下深刻印象。如果一个品牌不想再在诸多联名竞争中湮没，变成品牌的自嗨，那就需要像瑞幸一样找到破局点——真正能够打动消费者的内容创意。

前路漫漫，瑞幸前景无限

瑞幸咖啡之所以获得成功，离不开其在消费者研究和消费者沟通策略上的优秀表现。瑞幸咖啡在品牌塑造、品质保障、低价策略、明星代言、裂变营销、联名营销等方面都在不断探索和尝试，并有了不小的收获。

岁月如澜，潮涌前行。按照内部的设想，瑞幸2024年的门店数将达1.8万至2万家，收入规模达到320亿元，并实现45亿元到50亿元的净利润，激烈的竞争环境下，这相当考验新管理层的执行力。

瑞幸的前路还很漫长，也很灿烂，期待未来瑞幸能够给消费者带来更多的惊喜。

（本章案例撰写：窦欣雨）

第五章 网站广告

很难确定未来广告在下一个十年会变成什么样子，但是有一点可以肯定，未来的广告和传播的标志就是消费者参与程度更高、控制力更强，广告和传播由单向传递变为双向沟通。

——［美］广告研究学者J.托马斯·罗素[1]

1 J. 托马斯·罗素.Kleppner广告教程[M].北京：清华大学出版社，1997：7.

学习目标

通过本章学习，你将能够：

» 了解网站广告的基本类型：门户、电商和视频网站

» 了解网站广告的主要特点

» 掌握网站广告的策划要点

» 理解网站页面浏览的规律

本章任务

以门户网站为代表的网站，是互联网兴起初期广大网民最先接触到的平台类型之一，虽然现在早已不是互联网风口浪尖备受关注的新产品了，但时至今日，门户网站依然是互联网世界占据不可替代的信息入口，其位置的重要性不言而喻。

任务提示：

1. 浏览任选一个门户网站。
2. 观察上面的广告形式主要都有哪些。
3. 分析这些门户网站上的广告内容、广告设计，总结其特点。
4. 分析上述广告主要面对的受众群体并预期其可能达到的效果。

学习内容

网站（website）是指在因特网上根据一定的规则，使用HTML（标准通用标记语言）等工具制作的，用于展示特定内容相关网页的集合。简单地说，网站是一种沟通工具，人们可以通过网站来发布自己想要公开的资讯，或者利用网站来提供相关的网络服务。人们可以通过网页浏览器来访问网站，获取自己需要的资讯或者享受网络服务。

网站是在互联网上拥有域名或地址并提供一定网络服务的主机，是存储文件的空间，以服务器为载体。人们可通过浏览器等进行访问、查找文件，也可通过

远程文件传输FTP方式上传、下载网站文件。

最早的网站出现在因特网时期，即起源于美国国防部高级研究计划管理局建立的阿帕网。当时的早期网站，只能保存单纯的文本。经过几年的发展，各种技术的成熟，使得图像、声音、动画、视频，甚至3D技术等，都可以通过因特网呈现。通过动态网页技术，用户也可以与其他用户或者网站管理者进行交流，还有网站能够提供电子邮件服务或在线交流服务。

后来的网站发展类型多样数量众多，可以大致分类如下：

从运营主体看，有政府网站、企业网站、教育科研机构网站、商业网站、个人网站、其他非营利机构网站等。

从功能看，可以分为资讯类（综合和专业等）、社交类（博客、社区论坛、SNS、微博）、搜索类、工具类等。

以下挑选几个重要的网站类型进行详细讲解，包括门户网站广告、电商网站广告、视频网站广告以及其他网站广告。

第一节　门户网站广告

一、门户网站概述

门户网站，即用户获取互联网信息和服务的入口，通过门户网站，用户可以直达各类互联网信息资源和享用多样化的互联网信息服务。[1]门户网站属于ICP的一种，即Internet Content Provider的缩写，意为互联网内容供应商，是“多媒体信息资源提供者，指建立多媒体信息库，采集、加工、存储多媒体信息，并通过公用计算机信息网向用户提供多媒体信息服务的单位”。

有研究者形象地认为，门户网站是由门、户、路组成，门即主页，户是主页上的各个版块，路是搜索引擎。[2]简单讲，门户网站就是整合了多样化内容和资源，并为用户提供综合信息服务的一类网络枢纽平台。所谓门户网站，是指提供某类综合性互联网信息资源并提供有关信息服务的应用系统。

世界最大的三个综合门户网站是雅虎（Yahoo）、美国在线（AOL）和

1　黄河，江凡，王芳菲.新媒体广告[M].北京：中国人民大学出版社，2019：114.

2　钟瑛，张胜利.我国商业门户网站差异化竞争及其发展［J］.现代传播，2008（3）：110.

MSN。而我国最大的门户网站是搜狐、网易、新浪和腾讯。这四大门户网站都成立于20世纪90年代末，并于2000年左右在美国纳斯达克上市，经过初期的融资发展、遭遇寒潮到后来的差异化发展，各大门户网站都探索并发展出适合自己的商业营销模式，做到了有序竞争协同发展。表5.1对各大门户网站的特点进行了详尽的细节比较。

表5.1 四大门户网站特点比较

门户网站	门户网站特点详情
搜狐 SOHU.com	成立时间1998年，创始人张朝阳。主要业务有媒体（搜狐网、搜狐新闻客户端、手机搜狐、搜狐资讯客户端、搜狐焦点、搜狐汽车）、视频（搜狐视频、搜狐视频客户端、搜狐娱乐）、社交（狐友app）、搜索（搜狗搜索、搜狗输入法、搜狗高速浏览器、搜狗地图）、人工智能（AI搜狗同传、搜狗AI主播、AI录音笔，AI翻译宝等）、游戏（天龙八部系列游戏、17173平台）
網易 NETEASE	成立时间1997年，创始人丁磊。网易是中国领先的互联网公司之一，是全球领先的在线游戏开发与发行公司，也是中国最大的电子邮件服务商，并拥有中国领先的自营品质电商品牌、中国领先的在线音乐平台、在线教育平台、资讯传媒平台，覆盖全中国超过 10 亿用户
sina 新浪网 .com.cn	成立时间1998年，创始人王志东、严援朝、姜丰年等。新浪有五大业务主线：提供网络新闻及内容服务的新浪网（SINA.com）、提供移动增值服务的新浪无线（SINA Mobile）、提供Web 2.0服务及游戏的新浪互动社区（SINA Community）、提供搜索及企业服务的新浪企业服务（SINA.net）以及提供网上购物服务的新浪电子商务（SINA E-Commerce），向广大用户提供包括地区性门户网站、移动增值服务、搜索引擎及目录索引、兴趣分类与社区建设型频道、免费及收费邮箱、博客、影音流媒体、网络游戏、分类信息、收费服务、电子商务和企业电子解决方案等在内的一系列服务
Tencent 腾讯	成立时间1998年，创始人马化腾等。主要业务有社交和通信服务QQ及微信/WeChat、社交网络平台QQ空间、腾讯游戏旗下QQ游戏平台、门户网站腾讯网、腾讯新闻客户端和网络视频服务腾讯视频等

门户网站有很多种：按照创办者的不同，可以分为政府门户网站、企业门户网站、机关团体门户网站和个人门户网站；按照主要传播范围，可以分为全国性门户网站和地方性门户网站；按照门户网站所提供的内容宽度，可分为综合类门户网站和垂直类门户网站；按照经营性质，可分为商业门户网站和公共政务门户网站等。但是现在的门户网站发展集中化之后，一家门户网站往往能够承载提供

综合信息以外的很多功能。

二、门户网站广告

门户网站广告是门户网站的重要收入来源，也是新媒体广告的重要组成部分。门户网站可以说是网络媒体的先行者，由于刚开始竞争者较少，早期门户网站的网络广告在广告市场上可谓风光无限，几大门户网站的广告总收入曾经占全国广告市场份额的70%以上。1994年10月14日，美国著名的《连线》(*Wired*)杂志推出网络版Hotwired，其主页开始有AT&T等14个客户的旗帜广告，成为门户网站广告的里程碑事件。1997年3月，中国的门户网站chinabyte.com上IBM投放了第一条商业广告，标志着中国门户网站广告的开始。从1998年开始，掀起了门户网站建设的浪潮，利用文字、声音、图像、动画、三维空间等多种手段将产品全面真实地展示给用户，形成多种门户广告类型：横幅广告、通栏广告、对联广告、全屏广告、文本链接广告、弹出式广告、背投广告等。

门户网站广告最常见的基本形式就是旗帜广告（Banner），也就是横跨网页上方或下方的小公告牌。当用户点击时，鼠标就会将他们带到广告主的网站或缓冲储存页中。网幅广告的价格差别很大，主要取决于网站浏览访问的数量和类型。还有一类是常见的广告类型是插播广告，当用户点击某一网站地址时，在网

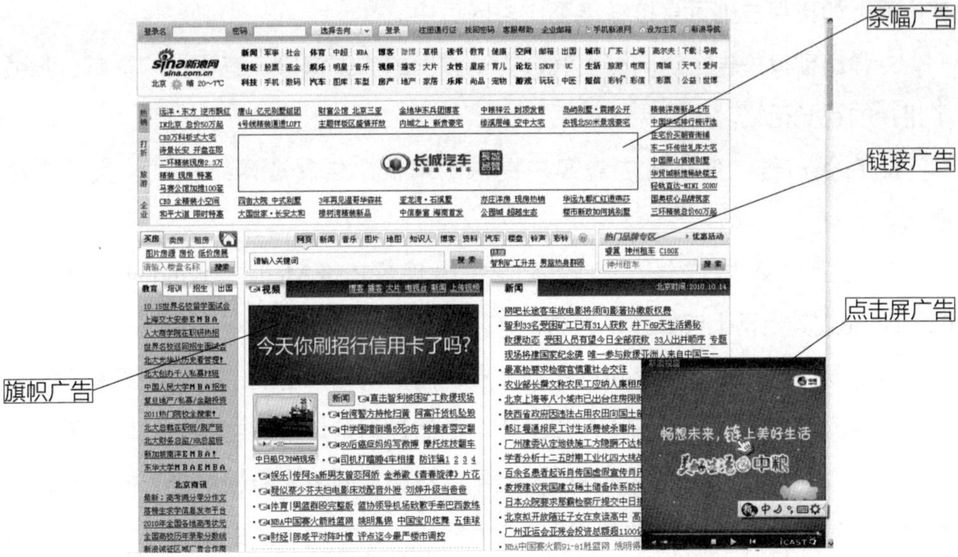

图5.1 新浪网首页上出现的几种常见的网络广告形式

页下载过程中会突然在屏幕上出现插播的广告，一般都是动画广告。这种强行插入的方式经常会引起浏览者的反感，于是中途关闭广告网页，从而影响广告的最终效果。和传统媒介上的广告相比，门户网站广告具备一个独特的优势，就是可以精确统计点击量。这使得广告效果、广告定价与收费等问题都可以做到有据可查，广告研究的科学性一下子得以提高。

门户网站广告主要还是通过内容和趣味性来吸引人，如果能够有效吸引用户主动点击观看，则会达到比较理想的效果。有时候，广告还会特意与周围的环境信息有机结合，增强广告的说服力。门户网站广告形式还有很多，这里就经常出现的一些广告形式简单介绍如下：

1. 按钮广告：与旗帜相似，其实就是旗帜的小型版，看起来像一个图标，通常后面连接某一广告主的主页。由于按钮占用的空间比横幅小，其费用也较低。

2. 全屏广告：用户打开浏览页面时，该广告将以全屏方式出现3—5秒，可以是静态的页面，也可以是动态的Flash效果，然后，逐渐缩成普通的Banner尺寸，进入正常阅读页面。全屏广告能综合展示企业形象和能力，造成极大的视觉冲击，留下深刻的印象。

3. 飘浮广告：随时出现在浏览页面屏幕中的小型广告版面，通常不会过分干扰阅读者视线。分随机漂浮广告和定位漂浮广告，前者会随视线随机移动，后者保持纵向位置固定，能够上下随视线移动。

4. 滚动标题字幕广告：以文字链接的形式滚动出现在网站首页或频道页的显著位置，如果点击则可直接链接至广告网页中。

5. 弹出窗口广告：访问网页时，主动弹出的广告窗口，有视觉冲击感，加强了用户的视觉记忆。

6. 在线广告：直接将广告客户提供的电视广告转成网络格式，实现在线播放。

7. 网上流媒体广告：以插播形式出现在Real Media、Windows Media、Quicktime或其他网上流媒体的广告。

伴随网络与新媒体技术和形式的发展，门户网站广告的市场份额不断下滑，但是门户网站广告具备如下特点和优势，仍然是网络广告最主要的战场和阵地：

1. 受众优势。由于门户网站起步较早，在初期网络资源相对匮乏的年代，培养出一批具有固定访问习惯的网民，成为门户网站相对固定的受众群体。他们习惯了将自己熟悉的门户网站作为进入互联网的一个入口。而且这部分受众地域覆盖面广、兴趣多元化，为广告发布提供了良好的规模化、多样化的受众群体。

2. 公信力优势。门户网站的公信力优于其他类型的网站，主要原因是其历史长、综合性强、用户规模大且分布广泛，用户评论等会带来很强的舆论监督压力，使得门户网站不敢在公信力上有所闪失。门户网站在互联网行业的地位，接近于传统媒体，有其地位和威严。

3. 广告运作规范。门户网站广告是所有网络与新媒体广告类型中发展得最为成熟的一类，无论在广告形式的数量、形式，还是在广告流程的规范化、确定程度上，都能够为品牌广告主提供适宜的方案选择。

三、门户网站广告策划要点

如果要宣传公司品牌的话，门户网站是一个不错的选择，也正是因为门户网站的单页浏览量比较大，而且面向的人群比较多元化，很多门户网站的广告位都非常热门，广告主希望通过这种大范围、无界限的传播，让更多的人看到自己的广告，进而通过点击和浏览了解自己的品牌。但与此同时很严峻的一个事实是，虽然大部分门户网站的广告费都比电视、报纸、广告牌等要低，但是一些大的门户网站的广告费用相对还是比较高的，而且由于访问和浏览的数量比较大，很难实现更高程度的精准化推送。很多广告商为了宣传投入了大量的广告费用，但是并没有达到预期的效果。这也是门户网站广告策划时特别需要注意的一个问题。

和传统媒介一样，门户网站广告也要讲求创意、展示和投放的技巧，并不是像一块告示牌一样占据一部分空间就可以了。门户网站广告中最重要的是互动性，如何在创意中发挥这一特性，是互联网广告发挥效用的关键所在。在具体广告位的选择时，需要注意网页的流量、广告位所在页面的内容、时刻关注广告的点击率、关注用户的评论及帖子。

1. 挑选适宜的门户网站和内容版块

选择大型门户网站做广告。大型门户网站可以用最快的速度为产品带来更多的潜在消费者。门户网站多年的竞争和发展，最终胜出的最大的那几家垄断了绝大部分的网络流量，当不确定潜在用户是不是在收看一个小媒体时，非常确定的一点是，这些潜在用户肯定会在网易、搜狐、腾讯的首页现身。所以，在这些大型门户网站上做广告，有助于提升企业的品牌价值，即使用户只浏览而不点击广告，也可以获得很好的品牌价值。在所有的网络营销方式中，门户广告的品牌推广价值最为显著，这是任何一家小媒体的流量都无法跟这些门户相比的。如果企业的目标是提升品牌知名度，可以选择大型综合性网站，如新浪、搜狐等，这种广告组合成本高，但覆盖范围广，可以迅速增加网站的访问量和知名度。

选择适宜的内容版块。门户网站的内容包罗万象，浏览范围广泛、传播速度快、受众群体庞大，门户网站的广告也一样。腾讯、新浪、网易、搜狐都是综合门户，细分出很多子门户。在这些大型门户网站投放广告时，也不一定总是盯着头版头条仅有的几个位置不放。由于门户网站自身浏览量巨大的特性，单日广告花费巨大，稍有不慎就会造成巨大的损失。投放门户广告要根据自己的实际情况，在准备充分的情况下才能取得预期的效果。现阶段通过大数据分析、内容匹配度比对等相对比较成熟的技术，可以将广告产品与相关网站内容进行关联，比如在汽车的版块刊登汽车4s店、汽车保险等与汽车有关的广告，到达率和准确率都会比较高。而且一些视频网站上的视频营销、微电影营销等形式，也是门户网站广告的有益补充。

门户网站广告的选择也取决于业务领域的范围。如果是针对全国的广告活动，就可以选择百度、新浪、网易等大型门户站点，投放到全国各地；如果只是针对某一个省或市，就应该把选择范围缩小到省或市一级。这样既可以降低广告成本，同时也不会影响广告效果。

2. 强调互动性设计

互动性是包括门户网站广告在内的所有网络与新媒体广告最重要的特征。因此，门户网站广告要想产生效果，策划时候的首要原则就是增强互动性。广告主可以通过控制网站广告的颜色、形状、大小、位置、音效、故事内容、创意等客观因素，以达到控制消费者反应的目的，例如引起好奇、关注、喜好、点击、购买等行为的目的。要达到这个目的，互动性设计就非常重要。例如有些广告主在网站广告上增加了小游戏设计、抽奖功能、分享功能，就能够大大提高受众对广告的阅读兴趣。一个好的门户网页广告，不仅要有抓住人们注意力的内容，也要保证与周围内容的协调性，还要有互动导向。例如在横幅广告中，互动导向的设计可以是提供互动参与的窗口，或者增加行动指导的用语，这些设计都可以增加广告的点击率。当然，在广告中采用号召行动、网络流行语和热点信息等方法，也能够激活网络动机，引导和刺激用户采取行动，实现理想的互动效果。总之，就是互动意愿越强互动效果越好，广告的浏览量和转化率等企业看重的指标也会越好。

门户网站广告已经成为影响用户购买行为的重要因素，特别是当门户网站广告与企业网站、网店等网络营销手段相结合时，产品推广的效果就更加显著。门户网站上的各种广告都可以链接到企业网站的相关产品页面或主页，而每次点击意味着用户访问企业网站的次数增加。

门户网站广告的用户行为跟踪分析功能，也为了解用户的需求和购买特征提供了必要的信息，同时为建立和改善客户关系提供了必要的条件。如果企业的目标是增加网站广告的传播效果、点击效率、销售订单转化率等指标的话，还可以利用门户网站广告数据，开展各种在线研究项目，如消费者行为研究、广告形式和广告效果测试、用户对新产品的看法等。上述做法对于增强门户网站广告的互动性，都能起到良好的效果。

3. 创意的吸引力原则

无论采取哪种形式，门户网站广告的本质特征都是一样的：向互联网用户传递有价值的信息，抓住用户的眼睛。网络与新媒体时代广告信息的海量增长，对门户网站的广告创意提出了更高的要求。首先是广告语或者广告标题一定要简明有趣，能够起到“一眼定乾坤”的效果。人们对互联网上出现的广告通常的注意力都不会超过5秒钟，如何在这5秒内抓住人们的眼球，吸引他们进一步浏览点击和关注，就非常考验广告创意的功力。虽然互联网上的广告形式已经可以做到声光影画特效无所不能及的效果了，但是如果没有抓住前5秒的话，再独特的创意再精心的设计制作都没有用处。开头5秒钟的信息简单明了、一针见血，就显得至关重要。

以横幅广告为例，它的空间有限，当文件太大时会使加载的时间过长，不利于用户体验，因此想要产生效果，就必须保证文件大小合适，即在点击5秒之内下载完全。同时因为其空间有限，只能在内容上做文章，就需要提供一些真正能吸引用户注意的内容，给用户一个点击和打开的理由。另外，网页广告在设计时需要与整体网站风格匹配，这也是非常重要的一个原则。所有视觉元素组合在一起会产生一种整体印象，这种印象会给人带来直观的感受。横幅广告、文字内容等都是网站的视觉元素，对于内容很多的门户网站，任何多余的设计都会加重浏览者眼睛的负担。所以在设计具体单个门户网站广告时，要注重与网站整体、周围内容的协调。如图5.2所示的冠益乳广告，整个横幅看起来更像一个标题新闻，跟周围的新闻版面非常和谐，而且点开后的内容也是与抗击疫情的时事关注点以及发布当天的妇女节密切相关，这种创意设计就从内容上就与一般的商业广

图5.2 这是网易官网主页位置发布的一条横幅广告，广告位左侧的2/3都展示的是跟现阶段时事非常密切的主题，右方只有局部空间展示了广告产品图片和标语。点击进入广告空间后，会看到一个16分钟左右的纪录片视频，并没有任何与产品有关的信息，直到影片快结束前的15秒钟才出现了冠益乳的LOGO。在广告影片的左下角有一键转发的设计，可以很方便地转发到微信微博和其他社交媒体

告区分开了，一键转发的设计也非常适合当今社交媒体的传播模式。

门户广告能够赋予用户对产品和广告的信任感，就好像在中央电视台做广告会有一种大国品牌的即视感，所以很多人就会因为这份莫名的信任去点击和购买门户网站上看见的广告产品。广告策划和创意时，如果能以流量明星或者热点时事作为切入点的话，更容易引发用户的强势点击和获取足够流量。这样就能帮助门户网站的广告取得非常好的效果。当潜在用户在自己习惯的门户网站上看到某产品广告之后，出于对网站整体的信任他很有可能会点击查看详细内容，然后再通过里面的产品推荐导入到专业网站，这样就一步步转变为最终的产品转化率。

第二节　电商网站广告

电商网站原来和新媒体之间的关系并没有像现在这样紧密，但是随着社会发展，今天的电商早已演变为社会化电商，主要以新媒体平台作为宣传渠道，通过

提供一系列场景式的购物体验，极力营造出火热的购物氛围，并提供随处可见的网购链接，让用户特别方便地进行购买或者分享转发。便捷支付的发展，也让用户越来越容易形成随时随地消费的习惯。这些都为电商网站广告的发展铺平了道路。

一、电商网站广告

擅长营造购物气氛是电商网站广告的极大优势，但是这种过度营销也会带来过度消费等问题。例如，从图5.3的2019年淘宝全年营销活动表中可以看到，淘宝天猫全年中有将近上百个活动。如此密集的安排，还只是淘宝天猫一家电商的

一月淘宝活动	二月淘宝活动	三月淘宝活动	四月淘宝活动
天猫年货节 活动时间 2019（1.1—1.31） 一月	油漆涂装节 活动时间 2019（2.1—2.28） 二月	三八女王节 活动时间 2019（3.1—3.31） 三月	宝宝出行节 活动时间 2019（4.1—4.30） 四月
五月淘宝活动	六月淘宝活动	七月淘宝活动	八月淘宝活动
520表白节 活动时间 2019（5.1—5.31） 五月	618年中大促（理想生活节） 活动时间 2019（6.1—6.30） 六月	淘宝造物节 活动时间 2019（7.1—7.31） 七月	七夕情人节 活动时间 2019（8.1—8.31） 八月
九月淘宝活动	十月淘宝活动	十一月淘宝活动	十二月淘宝活动
9月结婚季 活动时间 2019（9.1—9.30） 九月	10月国庆大惠战 活动时间 2019（10.1—10.31） 十月	十一月火锅节 活动时间 2019（11.1—11.30） 十一月	十二月国际年货节 活动时间 2018（12.1—12.31） 十二月

图5.3　2019年淘宝全年营销活动表

计划，照此执行下来几乎就是全年无休无时无刻不刺激着大众的消费神经。更何况像淘宝天猫这类电商网站还数不胜数，如京东、当当网、网易考拉等。仅淘宝站内的活动就复杂多样，主要有聚划算、天天特价、打折秒杀、VIP优惠、淘金币、集分宝、搭配减价等。这些活动可以让销量不高的店铺瞬间崛起，让一些天猫店从生意冷淡瞬间变得红火，上不了聚划算的小店参加天天特价也能完成不少交易量。电商网站全年不间断地掀起一拨拨购物浪潮，目的就在于不断刺激消费者，不断激活站内商家的交易数量。

二、电商网站广告特点

总结电商类网站广告的特点，基本可以发现，同质性比较高，呈现出千人一面的特征。

网站的主页面设计以产品推介为主要内容。因此，电商网站的网站设计和站内搜索功能就比较重要。商品的分类要求清晰全面，最重要的是方便用户查找。如果一个用户打开了一个大型电商网站的主页，不管是亚马逊还是京东，淘宝还是拼多多，如果找了半天都还找不到自己需要的产品，很快就会失去耐心，转而去其他的购买渠道搜索。因此，用心研究商品分类，让商品有序呈现、方便查找，是每一个电商网站的必修课。当然，现在的技术发展让精准推送变得简便易行，借助后台大数据和算法推荐功能，电商网站可以很容易获取购物者的背景信息和既往购买行为资料，并依据相关数据模型计算推断用户可能感兴趣的商品类型和价格区间，从而制作出定制主页，做到千人千面的推送效果。

和门户网站不同，时事类信息不是电商网站的重点，如何将商品信息与时事挂钩才是重点。因此，各类节庆日期都是电商网站进行推广的好时机。紧紧围绕各种节庆日开展促销活动，是各类电商网站的另外一大特征。也正因如此，一年365天全年无休地推广，以时事带动消费，是电商网站的主要业务内容之一。可以说，消费者行为被电商网站拿捏得非常稳准狠，想做到理性消费成功捂住钱包变得困难重重，甚至几乎不可能。

电商网站只是一个用户下单的入口，相比于选品、进货、库存、物流等商品流通全过程而言，呈现在消费者面前的电商网站页面，只不过是消费者能够看到的电商业务中的冰山一角而已。但是，这一角，有可能就是用户接触电商企业的几乎全部窗口了。电商网站在运营中的地位，不可谓不重要。一家好的电商网站，除了页面设计，其受欢迎的根本是商品质量有保证，而且更新频率要足够快，能够让用户的选择持续和与时俱进。因此，电商网站的选品非常重要，既能够让消费者购买到他熟悉的品牌和产品，也能够保证上架商品的品牌品质，还得提供有竞争力的价格和渠道，才能让消费过程顺利实现。

消费者用户大多数都是通过电商网站下单结算的，因此如何优化页面设计、简化搜索和结算功能，注重购物流程设计和用户体验等细节，都显得至关重要。这时候，仔细研究消费者的购物需求、浏览习惯、心理状态等，就非常有必要。例如，亚马逊为了节省消费者的购买时间、提升支付效率，推出了一系列设计，如一键下单、定期回购、免密支付、类似产品推荐等，为了打消消费者互联网购物的顾虑，承诺运费险、无理由退换货、坏果包赔等这些看似微不足道的细节设计，叠加在一起，就能够大大提升电商网站的购物效率，让消费者在购物流程中能够感受到前所未有的顺畅和丝滑。网上下单体验足够好了之后，消费者也就更加愿意回购。

第三节　视频网站广告

在完善的技术平台支持下，视频网站能够为互联网用户提供在线流畅发布、浏览和分享视频作品服务。网络视频网站为用户提供了自由创造的环境、开放的平台以及富有个性的传播方式。像YouTube、土豆、优酷等知名视频网站层出不穷、用户浏览量的爆炸式增长就是一个明证。

一、视频网站简介

视频网站是指在完善的技术平台支持下，供互联网（包括PC端和移动端）用户在线流畅发布、浏览和分享视频内容的网络媒体。[1]我国专业视频网站始于2004年成立的乐视网，现在已经发展成以腾讯视频、爱奇艺、优酷为代表的专业化视频网站第一梯队，它们分别依托三大互联网行业巨头腾讯、百度和阿里，拥有资本优势和大规模用户。除此以外，其他视频网站如芒果TV，以及以直播为代表的

1　李良荣.网络与新媒体概论[M].北京：高等教育出版社，2014：45.

短视频平台也在发展自己的独特优势，逐渐成为行业内新兴的竞争力量。

视频网站的类型及特点如表5.2所示。

图5.4　截至2023年底我国排名前10的视频网站

表5.2　视频网站的类型及特点

划分标准	具体分类	特点详情
网站背景	专业视频网站	由民间资本开设的专门提供食品服务的网站平台，如优酷、土豆、乐视网等
	门户视频网站	门户网站设立的视频频道，如搜狐视频、新浪视频等
	传统媒体视频网站	传统媒体开办的视频平台，如湖南卫视的芒果TV、中央电视台的中国网络电视台等
视频业务类型	视频分享类网站	提供用户将自己拍摄、制作的视频内容上传，以及对其他用户对视频内容进行分享、评论等互动业务，如土豆网、酷6网等
	视频点播／直播类网站	像斗鱼、虎牙、全民、战旗、熊猫这类直播平台，可根据想看的主播选择相应的直播平台
	P2P流媒体网站	采用点对点传输技术，基于特定的客户端软件，可提供视频文件边下载边播放的业务，省去了用户等待下载的时间，例如以PPS为代表
	视频聚合／视频导航网站	指基于搜索技术，为用户提供搜索、整合视频内容服务的网站，但网站不生产或提供内容，例如百度视频
视频内容形态	短视频平台	专门播放时长5分钟以下网络视频的播放平台，如快手、抖音。
	长视频平台	除短视频网站外其他视频网站都是长视频平台

需要说明的是，伴随着视频网站的兴起，诞生了很多内容创作者。互联网上的视频平台，也给这些内容创作者提供了足够充分的发布空间，因此现在有了足够多的内容创作者，可以分为用户原创内容UGC（user generated content）、专业生产内容PGC（professionally generated content）、职业生产内容OGC（occupationally-generated content）和专业用户生产内容PUGC（professional user generated content）。通过这种变化可以看出，传统媒体上的视频内容，其创建者基本都是被专业机构和专业人士垄断的，门槛比较高。但是互联网的发展提供了各种视频类的内容平台，各种软件工具的诞生，让视频拍摄和制作的成本大大降低，于是各种层级的视频内容创作者蜂拥而至，几乎人人都可以出品一段表达个人生活的小视频（指1分钟以内的视频呈现）或者短视频（指1分钟以上10分钟以内的视频呈现），这也直接为视频网站提供了巨大的发展前景。

二、视频网站广告

视频网站相对于其他行业来说，盈利模式比较单一，基本上是基于互联网流量到广告变现，提供稀缺内容资源，以及现在新兴的占领客厅入口的方向这几类。目前的盈利模式主要有付费会员、付费服务、网站广告、购买版权、自制剧的盈利等5种，其中广告收入仍是大部分视频网站的主要收入来源，这也能解释为什么当用户在线观看视频时，总会不经意地遭遇各种广告：视频前广告、缓冲时广告、暂停时广告、网页弹窗广告，可谓360度无死角，想看的视频可能刷不出来，但是广告绝对不会缺席。

具体样式如图5.5所示。

通常来说，视频网站广告的类型及特点如表5.3所示。

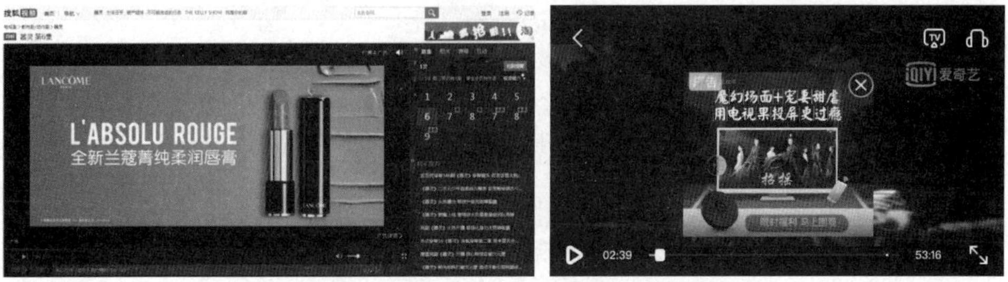

图5.5　视频网站剧集播出前的以及暂停时弹出的广告

表5.3 视频网站广告的类型及特点

广告类型	特点详情
视频贴片广告	指在视频片头、片尾或播放过程中插播的广告
植入广告	广告主将产品、服务、品牌名称等信息隐藏在媒介内容中，以此影响消费者的一种广告形式
定制内容广告	视频网站结合广告主特点为其打造的剧集、栏目、微电影、纪录片等视频内容
赞助 / 冠名广告	在视频内容中以片头标版、主持人口播、滚动字幕、视频内容嵌入等方式宣传广告主等品牌或者产品
角标广告	在视频内容播放过程中悬挂在屏幕右下角的广告标识
弹幕广告	在视频屏幕上方以弹幕形式出现的广告信息
压屏条广告	在视频播放过程中在屏幕上出现的与台词等内容密切相关的品牌标识、广告文案等信息

过去人们被迫通过影视剧收看广告，被称为“植入式广告”。植入式广告可以说已经发展得非常完备了，植入方式也无所不能及，例如道具植入（出现商品形态、Logo 等）、台词植入（剧中人说“你的手机是新买的华为吧”“那干吗不用快手呢？”）、剧情植入（如《丑女无敌》中的主人公在一家广告公司工作，剧情中总是在为清扬洗发水做广告）、场景植入（综艺节目《爸爸去哪儿》选择雪乡作为拍摄地）、音效植入（电影中出现的特定手机铃声或者某支广告歌曲）、题材植入（电视剧《大宅门》讲述同仁堂的故事）、文化植入（韩国电视剧《大长今》中对韩国服饰、食物、传统节日、建筑、伦理等的介绍）等。

今天的观众开始通过广告看电影，称为“广告植入电影”。微电影就是这样一种以艺术化的形式呈现的广告，目的是让消费者在潜移默化、无意识中接受品牌所传递的广告信息。微电影广告作为一种全新的广告形式，依托目前的发展技术与播放平台，能够契合消费者的接受心理，引起消费者主动观看的兴趣。这种高度艺术化的内容其实是一种去销售化的沟通艺术，把内容驱动做到了极致。当然，微电影的盛行，与技术的发展也密不可分。

微电影的制作成本低、周期短，具有“时长短、制作简单、投资小、平台多”等特点，通常只要一台电脑一个摄影机加几个创作人员，最快的话一天就可以完成拍摄制作和上传。更重要的是它在上传网络后很容易被分享和再次传播，人们在忙碌的生活之余，喜欢看这些短小的影片来填补碎片化的空白时间。

随着微博、微信的兴起，可以说全民进入了“微时代”。微电影这种传播形式拉近了传播者和接受者之间的距离。容易上传、容易分享、方便评论等形式，特别容易获得观众的认可，互动效果好也更容易博得观众的青睐。可以说，微电影打开了一个新的领域。在讲故事的过程中把情感、价值方面的内容重点凸显，将品牌与故事巧妙结合，让广告变得更加有魅力。观众也乐于打开心扉接受企业的品牌文化传递，因此微电影市场的发展值得期待。

图5.6 植入有“途游斗地主”和“神州专车”广告的画面，因为和情节相关而显得自然而然不露痕迹

图5.7 多芬（Dove）公司创意的病毒视频广告，主要投放在各大视频网站上引发大量转发。影片主题是“自信可以传递”，片中五位母亲被询问不满意自己的某些方面时都自然而具体，但是当工作人员让他们的女儿写下对自己的看法时，妈妈们吃惊于女儿对自己的不满意竟然和自己的如此相似。影片通过这个社会小实验提倡女性应该充分自信，为女儿树立正确榜样

除了上述广告形式外，在视频网站中还有一类广告比较流行，那就是病毒式网络视频广告，简称病毒视频。病毒视频是一种比较新颖的网络广告形式，它的出现引起了广告业内的关注。由于网络与新媒体的传播方式以及社交媒体的发展，使得病毒式网络视频广告效果惊人。它能够以低廉的广告制作费用、完全不用一分钱的广告费，在互联网上进行广泛传播。这种低成本、大收益的广告形式简直成了广告的神话。

一般来说，30秒广告主要阐释品牌内涵、15秒广告注重产品功能的教育、5秒钟广告注重加强记忆力。广告一般就是30/15/10/5秒。但中国视频网站目前都朝向60秒广告看齐，而且广告的播放时间也不确定，点击关闭广告可能直接跳到产品链接上，如此过量广告的涌入会不断透支用户的信任。这是目前视频网站广告发展问题比较突出的地方。

其实，用户更多的时候其实并不是讨厌广告，只是讨厌广告千篇一律的讲述方式。最近国外最大的视频网站Youtube正式上线 5秒试看广告，广告时间越来越短，对广告质量创意要求也在逐步提升。在盗版猖狂，付费用户低迷的国内市场，各大视频网站背负着巨大的压力。如何通过优质内容争夺用户流量，吸引广告商，仍会是未来主流视频网站的发展趋势。但如何去维系广告与用户之间的巧妙平衡，也是行业需要仔细斟酌的问题。

第四节　网站页面浏览的规律

一般来说，网站都是由具体的一个个网页组成的，因此，在设计和安排网站广告时，了解用户的网页浏览习惯非常重要。关于这方面的研究结果非常多，现在大部分用户群体的阅读习惯，是从左到右、从上至下。通过利用技术手段跟踪用户多眼球运动，可以发现很多浏览模式、浏览路径等规律，利用这些研究结果，在布局网站广告时候，可以更有针对性地进行页面布局、页面优化，从而更好地提升阅读效率和阅读体验。

一、“F”型浏览模式

世界著名的市场调查公司AC尼尔森于2006年发表过一篇关于《眼睛轨迹的

研究》的报告，里面提到了“F”型浏览模式，也成为世界范围内知名度最广且影响深的浏览模式。

“F”型模式通常在网页或手机端浏览长篇文本时形成，眼球运动是扫描页面而非阅读。具体表现为：用户首先在水平移动中浏览，通常是在内容区域的上部，形成了 F 的顶栏；接下来，用户将页面向下移动一点，然后在第二次水平移动中扫描，该移动通常覆盖比上一次移动更短的区域，形成了 F 的下横线；最后，用户垂直扫描内容的左侧，可能是一个缓慢、概要性的扫描，在眼动追踪热图上显示为实心条纹；有时眼球移动得很快，创建了一个更多斑点的热图，最后一个元素构成了 F 的词干。

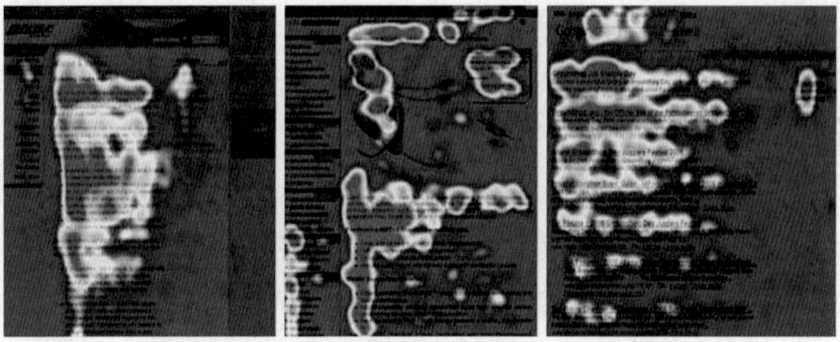

图5.8　AC尼尔森公司研究发现的“F”型浏览模式

图5.8便是眼动实验的追踪热图，有颜色的部分，表示关注较多和较长的区域，没有颜色的部分，则表示测试参与者没有注视过。

可以看出，大部分的用户习惯是从左往右、从上至下的浏览的模式，某些特定的用户是从右往左的浏览方式，不管怎么样，都会形成类似于“F”的浏览路径，从右往左的用户形成的是水平对称的“F”。

手机端的浏览同样也是适用“F”型浏览模式，因为手机屏幕较小，可视区域也就更小，比 PC 端更简洁。

二、其他浏览模式

除了“F”型的浏览模式，还有以下几种常见的浏览模式：

“Z”型浏览模式：人们浏览屏幕眼动的路径，从左到右，从上到下，形成类似字母“Z”形状，通常适用于不以文本段落展示为主要内容的页面。

专注浏览模式：这种模式通常发生在强任务驱动或兴趣驱使下的仔细阅读，用户会阅读文本大部分或所有的字句而不是扫描。

斑点浏览模式：指浏览时用户会特别关注某些关键部位，如字体加粗、颜色突出的位置，感兴趣的关键词等，因此会在页面中形成类似斑点的热图。

分层蛋糕浏览模式：当一篇文章中包含标题/副标题，或加粗字体等突出的地方，用户会专注突出的位置然后快速描述正文，就会形成类似分层蛋糕的热图。

用户采取哪种浏览模式，与网页等排版和布局密切相关。但是万变不离其宗，最基本的模式还是以“F”型浏览为主。

三、“F”型浏览的设计要点

对于大多数文本页面来说，“F”型浏览模式是用户最经常采用的浏览模式，适用于大部分场景。在浏览电脑或手机屏幕的时候，一般人会通过快速扫视的方式推进阅读，而不会仔细逐个阅读页面上的每一个字。通过这种扫描式的快速浏览模式，读者可以迅速抓取关键信息，从而提高效率，减少时间、精力的支出。

正是这样的阅读特点，使得网站广告在布局具体的广告位置的时候，需要充分考虑到阅读者的习惯：

1. 读者习惯性地扫描页面的行为，导致很少有人通篇细读某个内容，所以，每页网页不需要填充太多的内容，每个网页也不需要过长。太长的话，会让读者失去耐心。

2. 网页的开头两段非常重要，读者们基本上最关注这个部分。这两段的好坏能直接影响用户是否有兴趣停留在页面上并且继续浏览。所以，这两段在写作、布局、排版时候，都需要特别用心。

3. 将重要的关键词尽可能地及早显示在标题、副标题和段落的前部。由于绝大多数用户都是用眼睛扫描屏幕，不会仔细地一个字一个字阅读页面内容，因此有可能会错过某些关键信息。凡是关键信息，最好予以强调或者突出显示。

4. 页面中的第一张图所包含的信息很重要。用户会根据第一张图的内容和感受，来判断接下来的内容是否有价值、是否值得继续花时间阅读查看。因此，在排版时，尽可能将信息量大的内容放在第一行的左侧。而那些没有实质内容的装饰性图片，则尽量不要放在顶部或者左侧，避免过度吸引用户眼球后，当用户发现没意义后会选择离开本页面，重新定向视线。如此一来不但画蛇添足，还徒增用户困扰，完全失去了采用这张图片的初衷。

5. 包含图片的页面比单纯的文本更能获得用户的兴趣，同时含信息的图片比装饰性图片更能吸引用户关注。使用图片布局必须有目的，包括辅助说明、品牌宣传等。

6. 用户浏览完页面后，大部分用户会返回再次查看，可以适当考虑在底部新增“回到顶部”的按钮、选项或者功能，方便用户及时返回查看，获取更加完整的网页信息。

广告探索

门户网站计费方式的变化，深刻地影响了网站创意策划的思路与具体做法，因此，了解这些计费方式都有哪些，就显得格外重要。网站通常有如下几种计费方式:

1. 按展示计费。CPM（cost per mille，或称cost per thousand，cost per impressions）意思是每千人成本，即指广告显示1000次所应付的费用。它的定价原则是：按显示次数给广告定位，这种定价思路与传统广告的定价思路源出一脉，传统媒介多采用这种计价方式。

2. 按点击次数计费。CPC（cost per click）意思是每次点击付费，即按照广告的点击数量付费，如果没有人点击广告，那么不需要付费。在这种模式下，广告仅为用户点击广告的行为付费，而不再为广告的显示次数付费。

3. 按行动计费。CPA（cost per action）意思是每行动成本，即根据每个访问者对网络广告所采取的行动收费的定价模式。通常用来推广注册类的产品，比如网络游戏、交友网站等，只有当用户通过广告成功注册后，广告主才支付费用。

4. 按销售计费。CPS（cost per sales）意思是每销售成本，即指按照广告单击之后产生的实际销售数量付给广告站点销售提成费用。由于这种方式能够最大化地规避风险，提升效果，所以受到了广告主的热捧。这种模式尤其适合产品销售。

5.“包月”计费。除了上述CPM、CPC、CPA、CPS之外，还有“包月”这种最传统的广告付费方式，即在固定的广告位投放广告，按月计费（也有按周或按天的）。包月广告的位置固定，便于控制预算，但是效果却难以保证。

请分析上述五个网站广告收费模式各自的优缺点，分析每种收费方式适合的场景，尝试根据广告主的品牌和产品特点、所选广告投放的网站类型等信息，挑选最适合自己的广告计费方式。

课后思考

1. 打开任意一个门户网站，浏览并点击上面的广告，比较它们和其他网站类型比如电商网站、视频网站上的广告有什么不同。

2. 思考什么样的品牌适合在门户网站、电商网站以及视频网站上投放广告。

3. 网站广告有什么局限性?

4. 与同学分享一个你认为比较成功的网站广告案例。

5. 和同学讨论网站广告应当注意哪些方面，怎样才能提高点击率、增加竞争力。

6. 植入电影广告和电影植入广告有什么区别?

7. 与同学分享一个你认为比较成功的影视剧植入广告案例。

8. 和同学讨论策划病毒视频时需要注意哪些问题，才能做到不惹人反感。

第六章 搜索引擎广告

万物皆媒体，广告不再是广告。

——暨南大学AR应用研究中心主任李苗[1]

1 郑龙伟，刘境奇.数字广告：新媒体广告创意、策划、执行与数字整合营销[M].北京：人民邮电出版社，2019：154.

学习目标

通过本章学习，你将能够:

» 了解搜索引擎广告的基本类型

» 了解搜索引擎广告的主要特点

» 掌握搜索引擎广告的营销传播要点

» 掌握提升搜索引擎广告效果的方式方法

本章任务

技术一直以来都是营销中最大的一个变革力量，搜索技术也一样。

以百度公司为例，百度从第一天开始就是一家技术驱动的公司，一家有着非常优质的数据资产的公司。首先，百度搜索是公司最重要的技术。搜索是用户需求主动而精确地表达，完全不同于浏览的行为。搜索数据对于用户需求的描述和反馈是非常准确的，这也是整个营销行业里面很多从业者普遍认可的。搜索数据在用户洞察里面的价值非常高。发展到今天，百度公司已经从最初的搜索领先，发展出更多的业务类型。百度公司拥有多维度的用户行为数据，同时在人工智能领域也发展出比较领先的赛道，如小度智能音箱等。

任务提示:

1. 搜索并浏览百度公司的官方网站，了解百度搜索的基本服务都有哪些。
2. 现有搜索引擎都提供哪些类型的广告？如何收费？有什么效果和特点？
3. 应该怎样选择合适的搜索引擎广告类型？
4. 思考怎样才能策划和创意出有效的搜索引擎广告。

通过本章学习，将有助于了解和掌握搜索引擎广告的主要类型和特点。

学习内容

第一节　搜索引擎概述

搜索引擎（search engine）是万维网中的信息检索系统，它能够通过互联网接收到用户的查询请求，以特定的方法在互联网中搜索和发现信息，并对信息进行理解、提取、组织和整合，对用户起到信息导航的作用。当人们遇到疑惑与问题需要了解或解决时，搜索引擎能够帮助用户从浩如烟海的信息中快速找到所需要的信息。用专业术语来说，搜索引擎就是根据特定的算法和策略、运用特定的计算机程序从互联网上搜索信息，在对信息进行组织分析和检索处理后，为用户提供查询系统，将用户检索到的相关信息展示给用户系统。[1]世界知名的搜索引擎公司有雅虎、谷歌、百度等。这类搜索引擎网站在提供信息搜索服务的同时，因为其用户覆盖面广使用频次高，其广告价值也不断凸显，这使得搜索引擎广告成为非常重要的一种互联网广告类型。

1998年，中国第一家大型分类查询搜索引擎搜狐公司诞生。2001年，百度公司上线了独立搜索服务，开启了中文搜索新纪元。搜索引擎市场的发展主要从2005年开始，表现为搜索引擎市场在用户规模、产品形式、商业模式等方面不断突破。与此同时，搜索引擎广告规模快速增长，连续多年增速超过网络广告市场整体增幅，到2008年首次超过门户网站，成为网络广告排名第一的类型，于2014年市场份额达到了历史最高的34.7%。[2]目前中国市场上的百度搜索是用户数量最多、用户黏性最大的搜索引擎。

按照搜索引擎的工作方式，可以分为目录搜索引擎、全文搜索引擎和元搜索引擎三类，按照服务领域可以分为综合搜索引擎——在同一个平台上整合大量的信息如百度，以及垂直搜索引擎——针对某个细分行业的专业搜索引擎如淘宝、去哪儿旅行等。

1　海涛.信息检索与利用[M].北京：北京航空航天大学出版社，2015：76-78.

2　艾瑞咨询.2017年中国网络广告行业年度监测报告［R/OL］.［2017-04-27］.http：//www.iresearch.com.cn/report/2980.html.

表6.1 搜索引擎分类和主要功能一览表

搜索引擎分类	分类详情
目录搜索引擎	浏览式搜索引擎，提供的是按类别编排的网站目录，逐层分类，用户不需要输入关键词，而只需要根据分类目录层层查询所需信息。如早期Yahoo
全文搜索引擎	依据提取网站关键信息而进行的搜索，搜索结果为网页而非网站，信息量大，可以通过设置高级选项提升搜索准确度和搜索效率。如谷歌和百度公司
元搜索引擎	将搜索请求同时发送给多个搜索引擎，并对搜索结果进行整理，最后再同意返回给用户。如InfoSpace、Vivisimo等
文字搜索	搜索结果以文字为主
语音搜索	搜索结果以语音为主
图片搜索	搜索结果以图片为主
视频搜索	搜索结果以视频为主
多种类搜索	在网页搜索之外，提供音乐、地图、新闻、学术、阅读等多项搜索类结果产品
一站式信息服务	与网址导航、本地生活服务、社交媒体结合，整合搜索结果内容，提供一站式信息服务
多元智能搜索	将人工智能与搜索技术深度结合，研发自然语言搜索和实体搜索等新型搜索方式，让搜索结果更智能、更准确
主动信息推荐	基于对用户人群属性、搜索意图、行为数据和兴趣爱好等数据分析为用户主动推送符合其关注点兴趣点和使用场景的个性化内容
搭建公共服务平台	借助大数据和云计算等技术优势，连接消费支付场景，搭建智慧城市、智慧医疗、智慧出行等城市公共服务平台

第二节 搜索引擎广告

搜索引擎作为一种新型广告平台，不同于门户网站之处在于，它最大的特点是拥有“媒介”和“工具”的双重属性，因而在广告传播上具有独特的广告价值。这里的广告主要是指付费搜索引擎广告。对于广告主而言，搜索引擎具有广泛的受众，因而商业价值巨大。在新媒体环境中，搜索已经成为消费者购买过程中一个不可缺少的环节。了解搜索引擎的工作方式和主要功能，有助于充分发掘搜索引擎能够为客户搜索行为带来的结果类型和潜在价值。

表6.2 搜索引擎广告的分类

广告类型	简介	分类详情
固定排名搜索广告	最早的搜索引擎广告，也叫关键词广告	由关键词触发的一系列广告内容链接，按照某种顺序从上到下排列在搜索引擎结果页面的固定位置。
地址栏搜索广告	中文上网方式	用户在浏览器地址栏中直接输入中文名字就能直达网页，省去用户记忆复杂域名的过程。
竞价排名搜索广告	关键词竞价广告的一种，也叫点击付费广告（PPC）	广告客户购买一定数量的关键词后，搜索引擎以关键词付费高低为标准提供网站链接，并对搜索结果按照竞价高低进行排列，付费越高排名越靠前。

搜索引擎最重要的广告价值就是用户价值。这里的用户价值一方面指用户数量，即覆盖率，另一方面指用户质量，即使用率。有研究表明，我国搜索引擎是使用率仅次于即时通信工具的第二大网络应用。[1]

由于搜索引擎的用户绝大部分都是主动的信息搜寻者，通过关键词搜索能够传达出明确的信息需求，而当搜索引擎通过后台数据帮助用户匹配到最合适的信息后，用户点击相关链接的可能性也是非常大的，因此，搜索引擎广告从到达率和转化率来说，都比其他形式的广告要高出许多。尤其是在电商平台的垂直搜

图6.1 百度搜索“英语培训”关键词后出现的结果显示页面，排名靠前的瑞思和英孚通常就是竞价排名的结果

1 张玲.新媒体广告[M].成都：西南师范大学出版社，2016：36.

索，消费者的购买行为更是与搜索过程密切相关，搜索排名靠前的广告链接点击率高自然转化率也就高，这种广告效果直接有效，是商家非常喜欢的结果。

搜索引擎一般采用按点击付费（cost per click，CPC），这样可以做到精确收费，一定程度上避免了广告支出的浪费，也方便广告主第一时间追踪到广告反馈的来源。因此，搜索引擎这种性价比高、价格便宜而且便捷的广告形式，很快受到了广大中小型企业主的青睐。

第三节　提升网站关键词搜索效率

一、网站主题明确内容丰富

在设计制作网站之前，需要清晰设定网络的主题、用途和内容。网站特性可以是销售平台也可以是宣传网站，不管哪类网站都需要主题明确突出、内容丰富饱满、符合用户体验。对于一个网站来说，优化网站的主题与实际内容至关重要。一个网站必须要有鲜明的主题、与主题相关的丰富内容、专注于某些领域的变化，而且需要及时更新。

二、引出链接人气化

搜索引擎判断网站好坏的一个标准是外部链接的多少，以及所链接的网站质量。因此，创建有人气化的、有意义的引出链接，提高链接广泛度，既能提高在搜索引擎的排名，同时也可以起到互相宣传的作用。如果一个网页被其他网页链接得越多，那么该网页越有可能成为高价值高质量的网页。因此，尽可能地增加与行业网站、地区商务平台、合作伙伴网站之间的链接，让用户在别的网站也能看到并访问该网站，就能够有效提高该网站的访问量。

三、关键词设定突出

网站关键词的设定非常重要，它决定网站是否能被用户搜索到，因此在关键词的选择上要特别注意。关键词的选择必须遵循一定的原则，如：关键词要与网站主题相关、不能一味追求热门词汇、避免使用含义很广的一般性词汇、要根据产品种类及特性选取具体的词、选取人们在搜索时的常用词汇、与所推广的产品服务直接相关的词汇，等等。一般来说，5—10个关键词数量是比较适中的，密度为2%—8%。要重视在标题和段落标题这两个最重要最显眼的位置体现关键词，还要在网页内容、图片属性等网页描述上设置突出关键词。

四、网站架构层次清晰

网站结构上尽量避免采用框架结构，导航条尽量不使用Flash按钮。首先要重视网站首页的设计，因为网站的首页被搜索引擎检测到的概率要比其他网页大得多。通常要将网站的首页文件放在网站的根目录下，因为根目录下的检索速度最快。其次要注意网站的层次即子目录不宜太多，一级目录不超过两个层次，详细目录也不要超过四个层次。最后，网站的导航尽量使用纯文字进行导航，因为文本要比图片表达的关键词信息更多。

五、页面容量合理化

网页分为静态网页与动态网页两种。动态网页是具有交互功能的网页，也就是通过数据库搜索返回数据，搜索引擎在搜索时所费的时间较长，而且一旦数据库中的内容更新，搜索引擎抓取的数据也不再准确，所以搜索引擎很少收录动态网页，排名结果也不好。而静态网页不具备交互功能，就是单纯的信息介绍，搜索引擎搜索时所费时间短，而且准确，所以愿意收录，排名结果也比较好。所以网站要尽量使用静态网页，减少使用动态网页。网页容量越小显示速度越快，对搜索引擎蜘蛛程序的友好度越高，因而在制作网页的时候要尽量精简，网页容量不宜太大。

六、网站导航清晰化

搜索引擎是通过专有的蜘蛛程序来查找出每一个网页上的HTML代码，当网页上有链接时就逐个搜索，直到没有指向任何页面的链接。因为蜘蛛程序需要访问完所有的页面，需要花费很长的时间，因此网站的导航设计要便于蜘蛛程序进行索引收录。建议根据网站结构制作网站地图，因为网站地图的设计，可以增加搜索引擎友好度，让蜘蛛程序快速访问整个站点上的所有网页和栏目。

七、网站发布及时更新

为了更好地实现与搜索引擎对话，经过优化的企业网站需要主动提交到各搜索引擎，让其免费收录，才能争取较好的自然排名。一个网站如果能够进行规律更新，那么搜索引擎就会更容易收录。因此，合理地更新网站也是搜索引擎优化的一个重要方法。

第四节　搜索引擎广告策划要点

与其他类型广告非常不同的是，搜索引擎广告不需要专门的设计师去花费时间设计制作广告作品，它所要做的主要就是设定关键词，其实施起来非常简单方便，而且费用低廉，很受中小企业广告主的欢迎。关键词设置得是否合理，直接影响到营销传播效果的好坏。企业网站进行搜索引擎优化之后，只要网站维护得当，那么在搜索引擎中排名的稳定性也非常强，很长时间都不会变动。

一、了解用户的搜索习惯

用户搜索习惯是指用户在搜索引擎中寻找相关信息时所使用的关键词形式。对于不同类型的产品，用户的搜索习惯会存在一定差别，在搜索引擎广告策划时，应优先选择符合大部分用户搜索习惯的关键词。商家和企业在设置关键词的时候，可以通过统计用户关键词的形式，分析用户搜索习惯。另外，还可以研究用户的浏览习惯。美国著名网站设计师杰柯柏·尼尔森发表的一篇题为《眼球轨迹的研究》的报告称，大多数情况下浏览者都不由自主地以“F”形状的模式阅读网页，这种基本恒定的阅读习惯决定了网页呈现F型的关注热度。[1]在设置关键词的时候，软文的关键词可以沿着这个轨迹进行设置，从而成

1　华哥.新媒体视觉全攻略[M].北京：人民邮电出版社，2019：48.

功地吸引用户。

"F"型浏览规律对理解搜索引擎的工作方式而言，也同样重要，因为搜索引擎的阅读方式是在模仿人。搜索引擎对网页的标题和前面段落非常重要，所以，网页的优化也需要充分考虑这一点。

人们对搜索引擎如Google的搜索结果页面的反应也是"F"型的。在搜索结果页面，人们的眼光普遍注意搜索结果的自然排名（左侧排名）最前面1—3个搜索结果，而对4—10的搜索结果是一带而过。就是人们往下看搜索结果，也是非常快速和不认真的。换句话说，网站排名在搜索结果页的前一两位直接决定了网站受关注的程度。

因此，对于搜索引擎竞价广告，除非能被放置在搜索结果页的最顶端和右边广告区的第一位，否则无法得到搜索者的关注。然而，获得最顶端和右边第一，往往点击的费用是很贵的。如果资金不足，只能做到右边两位以下，广告则不易受到关注。另外，即使竞价广告获得最顶端和右边第一，广告的关注度也远远不如搜索引擎结果的自然排名的前一两位。

所以，搜索引擎优化是最能提高网站曝光度的办法。

二、基于调研的关键词设置

关键词的设置除了解用户外，还需要了解竞争对手。在进行关键词设置之前，最常用的做法的是先在搜索引擎中搜索与自己产品相关的关键词，然后再研究搜索该关键词得出的结果，特别是排名靠前的结果，研究它的关键词设置并进行对比分析。还有一种做法是在目录网站或者黄页网站中查询相关产品目录，分析它们在描述中出现了哪些关键词。总而言之，关键词的设置并非是即兴的、随机的，而是在充分研究了市场、行业和竞争对手的基础上设置的。

三、关键词植入的位置和密度

以微信公众号为例，关键词通常植入在公众号的名称中、公众号的功能介绍中、标题中以及正文的第一段中。但是需要注意的一点是，关键词的植入如果太密的话，会直接影响读者的阅读感受。关键词的植入密度与文案篇幅长短密切相关。通常1000字左右的软文关键词植入次数在5—8次，篇幅为500字左右的软文关键词植入次数在4—6次。[1]

四、主关键词的拓展和插入

拓展主关键词是提升软文搜索率的重要途径。主关键词的拓展主要借助合理的关键词工具如谷歌关键词工具、百度指数等进行，也可以通过谷歌或百度搜索等搜索引擎的自动提示框和相关搜索，或者借助如追词助手等关键词扩展工具，还可以通过各种关键词变体类型以及在主关键词前加入合适的形容词来进行。

合理地插入关键词可以有效提升营销效果。现在常见的方法，一种是利用心得体会插入关键词，即以一些伪体验、伪感受作为切入点，自然过渡到对应关键字上；还有一种是故事插入法，即从好的故事引入最后紧紧围绕关键词来撰写文章。

五、关键词的密度和优化

可以通过关键词拆分和关键词多样化来增加关键词的密度，获得更多的关注度和更高的搜索率。所谓关键词拆分机制，指的是人们在搜索时，如果没有设置特殊的搜索公式，其搜索词汇往往是能分开显示的，基于这一搜索事实，利用关键词拆分机制可以成为对主关键词进行优化的有效措施之一。

例如，关键词“北京烘焙学习”经拆分后，可以分开显示成“北京学烘焙去哪里最好”“在北京学习什么技术好找工作”，优化关键词的拆分机制可以有效提升搜索率。

表6.3　关键词优化策略

优化策略	具体做法
百度指数	是一个研究关键词的工具，主要以图表形式显示关键词搜索数量的变化动态，可以研究单个词或者整个行业的关键词趋势，是企业营销决策的重要依据
网络关键词	通过微信搜一搜或者搜狗浏览器等工具，提取最新关键词和热点关键词，借助这些关键词来设置自己的文章关键词，通过傍热点的方式增加搜索率

1　华哥.新媒体视觉全攻略[M].北京：人民邮电出版社，2019：49.

续表

优化策略	具体做法
软文关键词	通过外部优化（增加外部链接的丰富性和数量与质量）和内部优化（文章关键词、摘要、导航等设置）两种途径在软文中设置合适的关键词
用户关键词	从用户角度，特别是用户搜索习惯、浏览习惯和阅读习惯换位思考关键词的设置
竞争对手关键词	通过对竞争对手的网页关键词分析、搜索排名分析等方式，从对手的角度来设置关键词
时尚热点关键词	利用潮流、热门事件、八卦新闻作关键词
预测关键词	利用季节、节假日、社会热点等趋势提前设定关键词
信息标题关键词	直接出现在标题中，点明中心思想和标题的关键词
排名优化	通过对关键词加粗或者斜体，在图片名称、文章标题、内容第一段和最后一段、评论中加入关键词，增加关键词出现次数等方法，提升排名效果
符号优化	通过在标题中加入一些符号，如[ ]、｜、－、《》、—和、等，来增加文章被搜索到的概率

长期来看，相比于关键词推广来说，搜索引擎优化其实更为简单，需要做的只是维护网站，保证网站具有关键词优势的过程，并不需要为用户的每一次点击付费，因此比竞价排名要便宜许多。另外，搜索引擎优化可以忽略搜索引擎之间的独立性，即使只针对某一个搜索引擎进行优化，网站在其他搜索引擎中排名也会相应提高，达到了企业在关键词推广中重复付费才能达到的效果。如果企业将网站搜索引擎优化的任务交给专业服务商，那么企业在网站管理上基本不需要再投入人力，只需不定期观察企业在搜索引擎中的排名是否稳定即可。而且，这种通过修改自身达到的自然排名效果，让企业不需要担心恶意点击的问题。

六、关键词搜索应注意的问题

搜索引擎的推广模式是按照竞价排名决定展示顺序，这就会导致一个问题，不管广告主的信息是否真实，只要付费足够多就可以把自己的信息放在最明显的位置。这样，广告的真实性问题就开始浮出水面，例如著名的魏则西事件就曾经把百度公司推到了舆论的风口浪尖，连原新闻出版总署副署长李东东都明确指出，“搜索引擎已成为虚假广告泛滥的重灾区”[1]。不得不说，这些问题都应该特别

1 张玲.新媒体广告[M].成都：西南师范大学出版社，2016：37.

引起注意。

搜索引擎的“点击即付费模式”也存在一定漏洞，一些竞争对手会恶意点击广告链接以达到浪费对方广告费的目的。这就带来了恶意点击问题。恶意行为难以监控也难以杜绝，但是如果放任不管的话，最后一定会打击广告主对搜索引擎广告的投放积极性。

最后，由于搜索引擎能够通过用户的搜索记录发现用户的兴趣、爱好、关注点等特征，如果这些信息被广告主恶意利用，就会侵犯用户的个人隐私。这就带来了隐私保护问题。例如，当用户搜索了“二手房”等信息，接下来就会频繁收到跟二手房买卖相关的推送，这种现象已经构成了对用户隐私权的侵犯，但是由于目前法律监管不能及时到位，网站的法律责任也尚未明确。

广告探索

搜索引擎广告的效果提升：搜索引擎广告是广告主根据自己的产品或服务的内容、特点等确定相关的关键词，撰写广告内容并自主定价投放的广告。当用户搜索到广告主投放的关键词时，相应的广告就会展示（关键词有多个用户购买时，根据竞价排名原则展示），并在用户点击后按照广告主对该关键词的出价收费，无点击不收费。那么，在具体实施过程中，应当怎样操作才能提升广告效果呢？

1. 合理选取关键词。关键词的选取不能随心所欲，而是要根据大数据的结果来选择，特别是要精准定位用户群，并对其搜索习惯进行了解之后，才能对关键词进行有针对性的选择。

2. 量入为出是原则。如何用最少的花费找到最精准的用户是关键词设置的最终目的，而不仅仅只是追求一个最后的排名。如果一味追逐竞价排名，很有可能得不偿失。

3. 用创意吸引有效点击。好的创意能够有效吸引用户注意力，增加点击率。因为用户看到的搜索结果通常都布满了整个页面，他还需要进一步筛选，挑出其中他认为有可能找到满意答案的链接点击进入。这时候，如果页面上的某一条链接在字体、颜色、语句或者关键词描述上深得其意，就很有可能吸引下一步的点击。因此，关键词搜索结果的呈现方式创意也是很重要的一个提升效果因素。

4. 设置准确搜索区域。百度竞价的投放区域可以精确到省和市，因此，提升关键词投放效率非常重要的一点是明确好关键词的投放区域，不做无谓的浪费。

假设你受到某品牌委托，需要在百度搜索上进行关键词投放，请分析品牌特点及需求，根据上述要点制定一个初步的关键词投放计划，包括选择具体选择哪些关键词、打算投放在哪些区域、关键词用户的精准描述等。如果有可能，请找到专业报价表，估算一下如果实现上述方案的话，需要准备的投入和预算是多少。

课后思考

1. 通过背景资料查询的方式了解中外知名的搜索引擎公司都有哪些。

2. 打开搜索引擎，随意搜索一个品牌，看看搜索引擎给你推荐的其他备选关键词都有什么。可以分别搜索一下，对比搜索结果是否一致，尝试分析这些关键词之间的关系。

3. 设置关键词的时候应考虑哪些因素？如何根据需要设计关键词选项？

4. 如何对用户的关键词搜索行为进行调查和追踪？搜索广告的收费标准如何？

5. 对于搜索引擎中的竞价排名，很多人批评这种做法让用户难以搜索到真正想要找到的东西，你的看法是什么？

6. 和同学讨论，怎样才能又快又好地搜索到自己想要找到的东西。有没有什么值得广为推广的做法或者技巧？

第七章 社交媒体广告

在这里，你可以了解朋友们的生活。

——腾讯官方对于微信朋友圈的定义[1]

1 王易.微信营销与运营全能一本通[M].北京：人民邮电出版社，2018：53.

学习目标

通过本章学习，你将能够：

» 了解社交媒体广告的基本类型

» 了解社交媒体广告的主要特点

» 理解社交媒体广告的传播特点

» 掌握社交媒体广告的策划要点

» 理解不同社交媒体平台类型的不同做法

» 掌握社交媒体广告的核心特征

本章任务

微信是移动互联网浪潮中最闪耀的明星之一。伴随着智能手机、平板电脑等移动终端的迅速普及，微信用户的规模快速增长。微信具有强大的工具属性，除了通信联络社交以外，还提供便捷的支付功能，改变了很多人的消费习惯，微信用户的使用黏性也不断增强。与其他互联网平台不同，微信朋友圈往往是线上线下一体化的，形成了一个天然的价值传播闭环，可以说微信作为一种媒体类型，让社交媒体走向了深度社交阶段。

假设你计划利用微信投放广告，但是不知道微信上都有什么广告类型，每种微信广告都有什么特点，应该怎样选择微信广告，怎样才能策划和创意出更加有趣和有效果的微信广告，那么，通过本章的学习，你就能够了解微信广告的主要类型和特点。

任务提示：

1. 研究微信上所有的功能，辨认其中带有广告传播功能的都有哪些。

2. 挑选其中你最感兴趣的广告形式重点加以研究。

3. 思考微信各种广告形式的主要目标对象是什么人。

4. 总结微信广告的传播方式和传播效果。

学习内容

第一节　社交媒体概述

所谓社交媒体，是指那类能够赋予用户极大参与空间，即允许人们撰写、分享、评价、讨论和相互沟通的新型媒体。生活中的社交媒体有很多，如Facebook、Twitter、微博、微信、人人网等，还有一些论坛、博客、百科、问答等也都可以算作社会化媒体的一部分。

一、什么是社交

社会交往，简称“社交”，是指在一定的心理活动下，几个人之间相互往来，进行精神上的交流。从不同的角度，把社会交往划分为：个体交往与群体交往；直接交往与间接交往；竞争、合作、聊天等。社会交往是从动态角度分析社会现象的基本概念。这一概念是从马克思的交往理论中提取出来的。在马克思、恩格斯那里，社会交往指的是人在生产及其他社会活动中发生的相互联系、交流和交换，而这条理论也适用于其他动物。有很多和人类社交行为有关的词语，例如：社交距离、社交恐惧、社交压力、有效社交、无效社交、社交圈、社交礼仪……

社交行为具有生物属性。有些灵长类动物醒着的时间有20%是花在梳毛上。它们之所以这样做的部分原因是梳毛能带来快感。皮毛被别人梳理会造成B-内啡肽的分泌，这是大脑生产的天然镇静剂，能降低心跳速度，减少抓搔这类表示紧张的行为，并带来放松的舒服感觉。享受了对方给自己梳毛后，作为报答，通常也会为对方梳毛。灵长类动物利用互助梳毛来和群体中其他几个成员建立起牢固的联系。通过选择给谁梳毛，梳多久，以及允许谁在一旁观看，它们还可以发出社会性信号。

社交行为同样具有社会属性。灵长类动物新大脑皮层体积较大的好处在于使它们能够对群体的其他成员进行较为复杂的分析和操纵。人的大脑是社会性大脑，特别善于分析群体中朋友和对手不断变化的意图和倾向。我们的大脑就是为了建立社交关系网而生成的。[1]

二、邓巴数字

著名的人类学家、演化心理学家，牛津大学认知与进化人类学研究所所长罗宾・邓巴（Robin Dunbar），提出了一个著名的“邓巴数字”（Dunbar’s number）理论，也叫“150定律”。

20世纪90年代，邓巴在分析了类人猿的大脑体积和群体规模后，得出结论说，鉴于人类新大脑皮层的体积，人类群体的平均规模应是148人，四舍五入为150人。邓巴这个实验进行了很多年，最早观察灵长类动物，然后实际调查人类发送“明信片”的这种行为，最后发现148这个数字符合80%人的习惯，当然如果将准确率提高到95%时则是在100—230人这个范围。

“邓巴数字”认为，根据猿猴的智力与社交网络推断出：人类智力将允许人类拥有稳定社交网络的人数大约是150人。该定律指出：人的大脑新皮层大小有限，提供的认知能力只能使一个人维持与大约150个人的稳定人际关系，这一数字是人们拥有的、与自己有私人关系的朋友数量。也就是说，人们可能拥有150名好友，甚至更多社交网站的“好友”，但只维持与现实生活中大约150个人的“内部圈子”。而在此理论中“内部圈子”好友指一年至少联系一次的人。

邓巴数字这个概念，影响了后来社交网络的许多工程师，邓巴数字与六度理论的叠加就是今天社交网络的核心思想。因此，大家不妨评估一下自己的微信好友，假设通讯录上大约有1000人的话，每天有对话的大约只有200人，其中社会关系比较紧密的大约有150人，而朋友家人等联系特别紧密的大概只有50人。

三、社交媒体的根本：分享

人类并不是独居的动物，无论是千年前还是现在的人，总是拥有同样的诉求——渴望表达，同时也希望得到别人认同。只不过沟通的媒介发生了巨大的改变：从口口相传，到将文字直接写在人家墙上，再到印刷到小册子上分发，最后

1 斯丹迪奇.社交媒体简史[M].北京：中信出版集团，2019：5.

变成发到互联网上。但是万变不离其宗，人类一直追求共鸣的心愿从来没有改变。

和别人建立关系并进行交流是灵长类动物的本能，因此人类天生喜欢分享。随着科技的发展，这一天性并未随着媒介形态的变化而发生变化。

社交媒体就是人们通过社交圈子传播信息和想法的形式，新闻就是最近发生的新消息，舆论就是公众的看法。变化的只是形式，不变的是内在需求。当人们在咖啡馆互换想法时，咖啡馆就是公共广场，当人们通过微博交换信息时，微博就是公共广场。分享见闻是人类的天然诉求。人类热衷于社交的行为本质，千百年来其实根本没有发生太多变化。

自古以来，大众都倾向于横向传播而不是纵向传播，在分享过程中，都追求视角的多元化和价值多元化，人们习惯在传播过程中以转发、附和等方式来表达自己对他人意见的反馈。社交分享没有门槛，人人都可以发出声音。在分享过程中，言论会出现失控，例如有时混乱不堪、充满低俗、偏见等。但是充分的思想碰撞，也会产生创新和思想，对社会发展有利。总而言之，自古至今的社交活动，其社会效果都是整体利大于弊。这也是新媒体时代，社交媒体异军突起尤其兴盛的根本原因所在。

四、社交媒体的基础：群众基础和技术支持

在社交媒体上，大批网民自发贡献、提取、创造内容然后进行传播。这其中非常重要的有两点：一个是人数众多，一个是自发传播。如果缺乏这两点因素的任何一点就不会构成社交媒体的范畴。

如果网络不赋予网民更多的主动权，社交媒体就失去了群众基础和技术支持，失去了根基。如果没有技术支撑那么多的互动模式与互动的产品，网民的需求就只能被压制无法释放。如果没有意识到网民对于互动的、表达自我的强烈愿望，也不会催生那么多眼花缭乱的技术。

社交媒体正是基于群众基础和技术支持才得以发展。

第二节　微信

微信之父张小龙曾经说，“你如何使用微信，决定了微信对你而言，它到底

是什么”[1]。今天的微信，对于绝大多数中国人而言，其内涵已经远远超过了一款软件应用的范畴。它全方位主宰了人们的日常生活，既是信息入口，也是社交软件，还是日常生活中缺一不可的工具。甚至可以说，微信重新定义了中国人。

一、微信概述

微信（WeChat）是社交媒体的一种，是腾讯公司2011年1月21日推出的一个为智能终端提供即时通信服务的免费应用程序，被称为全球最强大的应用程序。微信是腾讯公司专门为智能手机开发的，因其功能简捷好用，不出一年注册用户数就达到了1亿，2013年达到了3亿。[2]微信用户数量在2023年6月30日达到了13.27亿，这一数字同比增长了2%，几乎实现了对中国人口的全覆盖，继续稳坐“国民第一社交app”的宝座。

微信支持跨通信运营商和跨操作系统平台操作，通过网络快速发送免费（需消耗少量网络流量）语音短信、视频、图片和文字，同时也可以通过微信共享流媒体内容等资料、使用各种基于位置的社交插件、发布朋友圈、订阅公众平台等活动。用户可以通过智能手机、平板电脑以及微信网页版等多种客户端口登录微信，通过微信快速发送各种信息，轻松完成多样化的交互式沟通。除此以外，微信还提供公众平台、朋友圈、群聊、红包等功能，可以实现信息的同步分享及快速扩散，使得个人和企业可以便捷地利用微信进行社交、自我表达、塑造形象等，特别是一些企业还可以利用微信实现产品的营销及商业信息的广泛传播。

从通信运营模式的角度来讲，微信突破了传统通信运营模式，将发送信息、阅读书籍、收听广播、收看视频、游戏娱乐、网上支付等都结合在一起，并添加了很多附加功能，如公众平台、小程序、发红包等，已日渐成为人们离不开的一款应用程序。随着微信公众平台、微信支付、微信城市服务等功能的推出，微信的发展已经超出了一款多功能聊天软件，广泛渗入人们的日常生活中，与用户产生了极其广泛和密切的联系。微信的营销价值也因此日益凸显。

对于广告主而言，了解微信的主要功能，有助于充分利用其对客户带来的体验和价值。根据微信官方提供的信息，目前微信的主要功能主要有：高速e行、微信支付、微信提现、微信语音、公众平台、拦截系统、城市服务、数据报告、

1　王易.微信营销与运营全能一本通[M].北京：人民邮电出版社，2018：19.
2　李开复.AI·未来[M].杭州：浙江人民出版社，2018：82.

亲属卡、转账等。

表7.1　微信功能一览表及功能详情

微信功能	功能详情
聊天	支持发送语音短信、视频、图片（包括表情）和文字，支持多人群聊
添加好友	微信支持查找微信号、QQ好友、手机通讯录、分享微信号添加好友、二维码查找添加好友等多种方式
实时对讲	用户可以通过语音聊天室和一群人语音对讲，但与在群里发语音不同的是，这个聊天室的消息几乎是实时的，并且不会留下任何记录，在手机屏幕关闭的情况下也仍可进行实时聊天
微信小程序	小程序开放“长按识别二维码进入小程序”的能力，还新增了“第三方平台”和“附近的小程序”
高速e行	车与微信账户绑定，再开通免密支付。下高速时自动识别车牌，自动从微信账户中扣款，并发送扣费短信。实现先通行后扣费
微信支付	微信公众平台支付、app（第三方应用商城）支付、二维码扫描支付、刷卡支付，用户展示条码，商户扫描后，完成支付
微信提现	微信红包、面对面收付款、AA收款等功能不受影响，免收手续费
微信语音	语音聊天可以像系统电话一样接听
朋友圈	用户可以通过朋友圈发表文字和图片，同时可通过其他软件将文章或者音乐分享到朋友圈。用户可以对好友新发的照片进行“评论”或“赞”，用户只能看相同好友的评论或赞
语音提醒	用户可以通过语音告诉Ta提醒打电话或是查看邮件
群发助手	通过群发助手把消息发给多个人
游戏中心	可以进入微信玩游戏，还可以和好友比高分
微信公众平台	通过这一平台，个人和企业都可以打造一个微信的公众号，可以群发文字、图片、语音三个类别的内容
城市服务	目前仅在北京可用。用户可通过城市服务入口，轻松完成社保查询、个税查询、水电燃气费缴纳、公共自行车查询、路况查询、12369环保举报等多项政务民生服务

概括来说，可以把微信的功能分为三大类：基本功能、插件功能及其他功能。基本功能，指的是指微信自带的功能，包括聊天、添加好友、实时对讲功能、朋友圈、视频聊天等。除此以外，微信的支付功能，还能够通过微信购买很多生活服务，例如交话费、买电影票、订酒店、打车等，足不出户就可以完成很多事，比如预订餐厅、网上支付、享受优惠等，在为生活提供便利的同时，也提高了办事效率，降低了成本。

插件功能，指的是各种小程序应用带来的附加功能。小程序是一种不需要下载安装即可使用的应用，它实现了应用“触手可及”的梦想，用户扫一扫或者搜一搜即可打开应用。也体现了“用完即走”的理念，用户不用关心是否安装太多应用的问题。应用将无处不在，随时可用，但又无须安装卸载。由于小程序的应用和普及，微信被极大地赋能，使之几乎可以链接所有小程序达成无所不及的功能。

其他功能，指的是微信给用户带来的各种具有社会心理属性的功能，例如自我展示及认同、朋友圈好友状态互动、移动学习和放松娱乐等，这些功能能够使人们在方便获取社交动态信息的同时，有效缓解现实压力、进行情感宣泄，与微信好友之间形成情感共鸣，进而产生情感认可，最后实现社会关系的协作。朋友圈的情感化设计，成为用户体验的重要一环。除此以外，微信的诸多功能还为用户提供了移动学习和日常休闲娱乐的机会，例如公众号平台的推送为用户提供了大量的学习内容，微信的语音功能为用户提供了更为强大便捷的沟通方式，微信的分享功能有助于实现资源效用的最大化，用户可以随时保存、收藏、转载自己感兴趣的内容。尤其是知识付费的兴起、知识类小程序的广泛应用，能够让微信用户的移动学习更为便利。

图7.1　微信自带部分功能及第三方服务功能展示

二、微信广告的类型

目前微信已经覆盖中国 94% 以上的智能手机，月活跃用户超过10亿，用户覆盖200多个国家、超过20种语言，微信广告收入超过37亿人民币。

从广义上看，微信广告既包括广告主在自建的官方订阅号和服务号上发布的商业信息，也包括微信自营的朋友圈广告、公众号广告和植入广告，还可以纳入广告主与微信公众号自主合作投放的病毒广告、植入广告等形式。[1]

表7.2 微信广告的分类

运作主体	广告类型	表现形式	描述
广告主	自建公众号广告	多元信息发布	广告主可根据公众号的定位自主发布
微信	朋友圈广告	本地推广广告	基于地理位置定位向微信用户推送商家的地图、电话等信息
		原生推广页广告	由朋友圈外层图片和内层原生推广页两部分组成，用户点击外层图片后即可直接打开内层推广页
		视频广告	外层小视频默认播放，点击进入完整视频并可选择跳转链接
		图文广告	以文字、图片、链接展示
	公众号广告	应用下载广告	推广腾讯应用市场中的移动应用
		卡片广告	引导用户关注公众号、下载移动应用、领取卡券的名片式广告
		卡券广告	以拉动用户线上线下的活动参与度为目的发布的卡券
		图文广告	图文结合
		图片广告	以横幅展示的图片
	植入广告	游戏植入广告	在微信小游戏中植入品牌信息
微信公众号	病毒广告	长图广告	高度为数十厘米甚至数米的图片
		H5广告	利用HTML5技术实现的数字广告
		视频广告	以视频方式呈现
	植入广告	软文广告	将广告信息与文章内容有机结合，根据文章的位置不同可分为头条软文、二条软文等
		栏目冠名	为公众号的栏目冠名
		金句冠名	从文章中提炼有感染力的金句置顶，在金句旁附上广告主相关信息
		底部旗帜广告	在文章底部设置的Banner广告
		其他	菜单栏植入、征集和投票植入、硬广植入

1 黄河，江凡，王芳菲.新媒体广告[M].北京：中国人民大学出版社，2019：209.

微信广告具有非常强大的商业营销功能与潜力。其信息传播成本低廉、用户针对性强、具有较好的互动性、传播内容丰富，可以同步支持图片、文字、声音、动画、视频、H5页面等多媒体形式的信息传播。凭借上述微信的特点和优势，个人和企业可以深度利用微信的用户和传播特点，传递有价值的信息并提高营销的效果。

微信广告的特点在于即时互动、精准定位和基于强关系的裂变传播、内容与媒介环境的高度融合。对于广告主而言，微信的营销价值主要体现在以下几个方面：一是用户方面，可观的用户规模、用户活跃度高、用户黏性大，为广告主带来了优质受众；二是功能方面，微信从社交、信息搜索、到金融支付等功能齐全，能为用户一站式解决各种需求及问题，对广告主而言，在策划和创意时可能产生的链接就会越多；三是信息方面，用户在微信平台可以将文字、语音、图片、动画、视频、超链接等多种表现元素融合在一起，以富媒体的形式进行传播，对于广告主而言意味着巨大的创意和表现空间；另外，微信主要开展的是圈群营销，针对性和可信度都很高。朋友圈和微信群使得微信具备了很强的人际传播和媒体属性，可以方便广告主在一个个社群或者圈子里开展有针对性的营销传播活动。

微信上的广告活动主要在朋友圈、公众号、微信群和小程序等四个层面开展：

1. 朋友圈广告

微信朋友圈是一个可以随时随地发表动态展示心情的平台，很多人都喜欢关注朋友圈的动态，一方面看看熟人的近况，一方面也能满足线上社交的需求。企业主要利用朋友圈来做广告产品的推广和营销，例如很多机构的人员在接洽客户时都要求加微信，一旦通过该人员的微信，就会在朋友圈经常看到其发布的动态消息，而绝大多数消息都与该机构有关。例如在添加了链家地产工作人员的微信和平安保险公司业务员的微信之后，当你在跟他免费联系、即时交流的同时，他在朋友圈发布的动态消息也会经常频繁地映入眼帘，你会因为加了他的微信而经常看到链家的房屋资讯或者平安保险的消息。这样就达到了以微信朋友圈为媒体的传播效果。微信朋友圈广告和好友原创内容形式高度一致，并以此出现在朋友圈中。这种类型的广告基于微信朋友关系进行互通推广，是信息流原生广告。

朋友圈广告利用腾讯庞大的受众数据库，实现了精准的人群标签划分。通过勾选人群标签，便能把广告投给目标人群。朋友圈广告支持区域定向、年龄、性

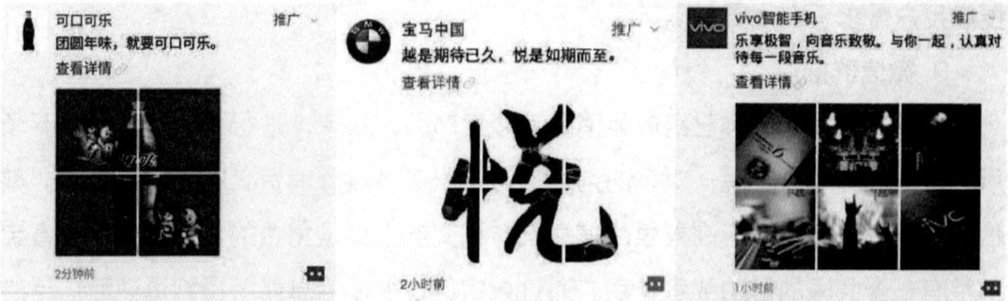

图7.2　最早出现在微信朋友圈的三个广告品牌——可口可乐、宝马和vivo手机

别、兴趣爱好等，让对的广告在对的时间内，出现在对的人面前，做到用最少的费用覆盖目标人群。

微信朋友圈广告，其实也是社交广告的一种。它以“店”到面的近距离投放方式，帮助微商户投放市场广告，并提供优质，便捷的福利性广告投放栏目，是一种商家自助广告。微信朋友圈广告的优势在于链接方式多种多样，能够承载更多信息量，为市场广告投放提供更大支持力度。

2. 公众平台推广

微信公众平台是“应用中的应用”，它改变了媒体机构和广告客户使用社交平台的方式。现在绝大多数企业和商家都开通了微信公众号，目的是通过这个平台传播品牌和产品的影响力，从而促进销售。微信公众号分服务号、订阅号和企业号三类。服务号一个月内可以发送1条群发消息，发送给用户的消息会出现在对方的聊天列表中。订阅号每天24小时可以群发一条消息，发送给用户的消息会出现在订阅号文件夹中。企业号主要是针对企业内部员工的，群发功能强大。微信公众平台为第三方提供了几乎所有独立应用程序功能，无须单独研发应用程序，因此成为社交媒体领域快速发展的主流应用，许多媒体、产品提供商、服务公司索性不再自己研发移动应用，开始完全依赖微信。

微信公众号广告基于微信公众平台，广告形式多样。目前公众号广告有文章中插入广告、底部广告和视频贴片两种形式的投放。

微信公众号平台最基本的功能是群发推送和自动回复。公众号通过群发推送功能向用户主动推送内容或通知，自动回复功能则让用户通过指定关键字来获取信息。微信公众号的主要作用包括以下几个方面：订阅交流（包括按计划群发消息、与个别用户单独交流、自定义消息回复）、用户管理（对订阅用户进行分组管理、查阅用户资料及回复、自定义消息回复）、定制服务（绑定公司会员卡、搜集用户需求、在线支付）。

3. 微信群推广

今天的很多微信群已经成为消费者搜索产品、品牌，进行互动交流的重要场所。微信群组可以实现一对多的沟通，为企业提供接近消费者的互联网平台。微信群的建立是免费的，在群里的信息发布和交流也都是免费的，加入群的人肯定都抱有一个共同的目的或者特点，通过微信群，很多信息能够得到迅速而广泛的传播。所以，微信群也被称为最精准的社群营销渠道。

4. 微信小程序广告

微信小程序，是小程序的一种，英文名WeChat Mini Program，是一种不需要下载安装即可使用的应用。它实现了应用“触手可及”的梦想，用户扫一扫或搜一搜即可打开应用。同时，小程序是一种新的开放能力，开发者可以快速地开发一个小程序。它可以在微信内被便捷地获取和传播，同时具有出色的使用体验。

如今微信小程序应用的数量超过了一百万，覆盖200多个细分的行业，日活用户达到两个亿。微信小程序还在许多城市实现了支持地铁、公交服务。微信小程序发展带来更多的就业机会，2017年小程序带动就业104万人，社会效应不断提升。微信小程序是多年来中国IT行业里一个真正能够影响到普通程序员的创新成果，已经有超过数百万的开发者加入了微信小程序的开发中。

小程序的推出，使微信成为操作系统和浏览器之外的又一个应用平台和用户获取渠道。小程序不需要下载安装即可应用，用户通过扫一扫或者直接搜索即可使用，使用后直接出现在聊天首页，只要下拉微信聊天页面即可再次使用。小程序的简单方便，为微信应用又开拓出一个备受广大用户青睐的空间。

用户可以在浏览微信朋友圈或者订阅号的同时，随时进入小程序去搜索信息或者完成一笔消费，然后又及时返回微信浏览内容的界面，继续之前的活动。这种随时介入随时撤出的设计，特别适合用户使用微信的习惯。

并且小程序还有一个优点，基于位置服务，无论到哪个城市哪个区域，只要打开定位系统，微信小程序就会推荐附近的应用，直接实现消息通知，等等。也可以实现与公众号之间的相互跳转，达到推广的目的。

正是由于提供了上述新颖、简单而又直接的营销传播途径，微信很快从一个默默无闻的移动应用发展为一个包含通信、传媒、营销、游戏等功能的强大平台。现在微信已经垄断了用户的数字生活，还延伸到手机之外——线上与线下支付。通过这些应用，微信打造了中国移动互联生态系统的“一站式入口”[1]。

三、微信的传播特点

对于想要利用好微信做广告的广告主而言，了解微信的传播特点，有助于充分利用其传播特点进行更有效的传播内容策划和传播路径设计。

1. 熟人群体传播

微信好友的一个重要来源是来自QQ好友和通信录好友，在这个基础上建立的圈群关系基本上都是熟人沟通，这样交流起来有最基本的信任基础，为微信营销者制造良好的营销对象。而用户将信息转发给朋友时，因为双方已经建立了“熟人”关系，因此信息被再次阅读的概率很大。

2. 一对一互动交流

用户注册微信账号后，可以很方便地添加“好友”，双方成为好友后便可以进行一对一的文字、图片、语音等互动交流。而开启群聊功能时，大家又可以同时进行互动，而且互动交流的对象都至少是其中一方认识的好友，所以这种交流模式给予了用户更大的安全感。

3. 转发和群发

微信提供了非常丰富的转发功能，发送给一个群组、特定的朋友以及朋友圈，他的好友能即刻浏览到这个链接并有可能在下一秒继续转发，使信息传播迅速。通过微信朋友圈的转发，可以使更多的人了解企业的产品和服务，提高微信营销的转化率。微信是网络社交的一种，具有强大的社交链条，其转发功能的存在能使企业产品宣传更加灵活、生动和快捷。一条链接有可能被转发给任何人，这个人只需点击转发，即可将该链接发送给他的任意好友。通过微信，企业可以实现一对多的信息发送即群发，微信用户阅读信息后还会进一步将其向好友分享，如此可以实现信息的迅速传播。微信公众平台在进行信息推送时，则能够将其精确推送给关注此公众号的每一位用户，传播精准度极强。

4. 主动营销

微信营销克服了过去被动营销给客户带来的反感，很多客户对广告和营销具有抵触心理，而微信的市场营销价值主要是通过建立特定的信息传播形式，并确

---

1 李开复.AI·未来[M].杭州：浙江人民出版社，2018：83.

定传播对象之后才实施推广的。在产品的推广过程中，受众多是对此类产品感兴趣才对公众号予以关注的，具有主动性，因此，信息接收者一般为品牌的拥护者，这种关系在产品的推广中就显得更加高效与实用。

5. 裂变效应

微信的社交分享功能使用户在朋友圈分享的内容可以向朋友圈中所有的朋友展现，用户间的相互转发形成裂变效应。微信的裂变效应是以强关系营销为基础的一种扩散式传播，当一个用户在微信号上发布信息时，他的微信朋友是能够看到的，而若该朋友选择转发，那么该朋友的朋友又能看到，这一定点扩散式转发所产生的影响不可估量。

例如，当某一位朋友圈的用户接受并认可企业推送的某一条信息之后，他就会转发并进一步将其分享到自己的朋友圈，这样他的微信里的朋友们就可以看到这一信息。同样，如果他的这些朋友也认可这一信息，也会将其转发到自己的朋友圈，让更多的朋友看到。以此类推，通过一级一级的转发分享，信息开始在短时间内裂变传播。一般来说，一条具有较大商业价值的信息，能够在较短时间内传播给不同层次的受众。对于营销来说，只有将产品信息更加广泛地推广出去，才能够达到理想效果，驱动微信用户购买产品。比如一条信息通过人际传播的推动，通过朋友间的互相分享，信息传播速度极快，往往一条有价值的商业信息也许会在短时间内被转发几千次，完全符合广告广泛宣传的特点，一定程度上肯定会增强宣传效应，提高营销效果。

6. 品牌传播

微信营销的到达率高、曝光率高。借助智能手机的社交和位置定位等功能，企业可以通过微信将所发的每个信息都推送给手机终端用户，能够让每个拥有手机的人都能接收到信息，从而实现100%的到达率。微信平台可以使企业在短时间内提高知名度、关注度。

7. 碎片营销

因为微信满足人们随时随地使用的功能要求，方便用户利用时间，所以微信利用微信来开展促销等活动，完全符合消费者使用手机的习惯，也最大化地利用了手机的几乎所有零散时间。例如，商家在市场营销活动中利用微信来进行信息的传播，对营销在二三线城市加以配合，就能够更加成功地推广产品。

8. 实时沟通

无论你在哪里，只要带着手机，就能够很轻松地与潜在客户进行互动。当客户对微信平台进行咨询时，不论是人工微信客服还是微信后台的快捷回复，都能实现实时沟通。

四、微信广告策划要点

以微信为代表的即时通信工具，成为广告主关注和投放的热点。通过微信可以快速地将文字、图片、语音、视频或是综合形式的信息进行传递，微信现已发展为集聊天、社交、电商、金融功能于一体的综合媒体。微信广告也是受系统支持的广告。

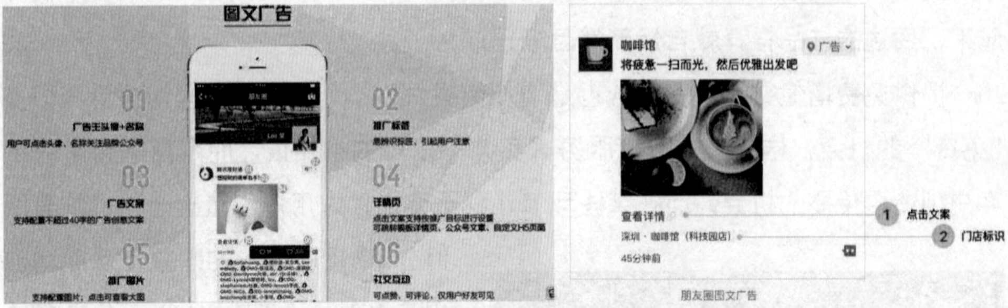

图7.3　微信朋友圈图文广告的主要构成要素及功能

以英国香氛世家祖玛珑2020年夏日新品的微信广告为例，首先，祖玛珑品牌借助微信朋友圈的商品广告功能，准确匹配目标人群，建立品牌商品库，为大数据建立用户多维特征，这些用户也是基于公众号引流获取的粉丝画像，更好地匹配了用户的精细化需求。

其次，祖玛珑品牌利用公众号粉丝，扩量挖掘相似人群，辅助品牌主找到更多符合该共性的圈层人群，从而进行定向传播。这里主要利用了公众号的可分享性。一般来说，在一篇公众号文章的末尾，都会有一个“在看”按钮。用户如果觉得文章好看、内容不错，就会点击“在看”将文章分享到自己的“看一看”中。这样一来，他的微信朋友圈列表上的“好友”，就能够看到这条推文。一篇普普通通的文章，因为发布位置是在微信生态圈中，就具有社交传播的属性。一篇公众号文章末尾的几个按钮“点赞”“转发”“评论”，因此都具有了传播的功能。通过留言板的互动或评论的数量，也一定程度上反映出推文引发读者想要讨论的欲望和程度。例如，在祖玛珑该条公众号推文下，评论留言大多集中在讨论自己喜欢和选择哪一种香味，因此可以看出，文章内容有效地引起了读者的兴趣。

从这个角度看，对于任何一个品牌而言，微信朋友圈和公众号文章都具有传播—裂变—引流的作用，不可不引起重视。

1. 策划具有高传播力的内容

微信公众号传播很重要的一个途径就是转发，而人们通常最喜欢转发有话题性、有明确观点立场的内容。因而在微信广告中，最困难和最重要的就是增加营销内容的传播动力。越是那些具有话题附着性的内容，越容易被广泛传播。因此，在微信广告策划中，输出故事和话题的能力非常重要。如果在传播中能够把产品输出成精彩的故事和话题，一定程度上就具备了传播的先天优势。传播内容中的故事能够创造代入感，让读者感同身受形成共鸣，而这种沟通氛围一旦建立起来，后边的产品推荐就自然而然且顺理成章了。

提供免费增值或者付费服务也是增加传播力的一个途径。互联网上会有很多"免费"的机会，这些产品或者服务其实并不是真的不要钱，而是商家为了吸引客户创造再传播的机会，而在某些环节让利于客户，为用户创造出一种"物有所值""物超所值"的印象，从而增加用户黏性，为传播平台创造更多的流量。当然，免费政策通常都有一定的实效性，不可能长期免费。真正的可持续发展还是建立在正常的富有吸引力的内容传播基础上。

图7.4 微信扫码功能让用户与广告之间的互动方便易行，同时，线上线下的链接也更深入了

在进行广告传播时"内容为王"始终是品牌形象的塑造利器。考虑到客户在碎片化信息接触时间里，很难形成严密的思维方式和思考，也很难集中精力，那么在策划制作内容的时候就需要内容具备可读性和趣味性，能够瞬间吸引客户的眼球并让客户记住。只有通过具有实质性的优质的内容，才有可能在反复多次的传播中，让客户从内心深处建立起对品牌的形象认知。

2. 寻找专业领域中的意见领袖

意见领袖是某个圈子里的权威，也叫关键意见领袖（Key Opinion Leader，KOL），他们拥有数量可观的追随者，即粉丝。意见领袖在某方面特别专业，因而很容易得到粉丝的认可和追随，因此经由意见领袖推荐的商品，也就特别容易销售成功。意见领袖的评价对普通用户的购买决定也有很大的影响力，他们所发挥的是口碑营销的裂变能力。特别是现在，由于社交媒体的发展，意见领袖的影响力也被技术无限扩大了，在微博和微信上能够看到无数的产品推荐，打动消费者的路径变得短小便捷而且扁平化。所以，围绕着意见领袖做广告策划，才能事半功倍取得成功。

KOL概念最早来自拉扎斯菲尔德等人在1944年提出的“两级传播”理论。在传统媒体时代，KOL多由权威媒体机构人员、行业领袖担任，主要发布意见的范围集中在公共领域。KOC（Key Opinion Consumer，关键意见消费者）概念的兴起是在近年来“私域流量”兴起的背景下，主要发生在电子商务的领域，所以KOC天生就具有带货属性。可以说，KOL就好像专家，而KOC更像是朋友。二者都是社会传播中的关键角色，都具有一定的影响力，本质上都是依靠贩卖信任获取流量变现。KOL主要撬动公域流量，KOC则在私域流量内更能发挥作用，可以被看作民间版本的KOL，两者在本质上并没有太大区别。

微信广告策划中的这种关系链条对于社会化媒体营销非常重要。在实施策划时，首先需要找到这些在特定领域有号召力的关键意见领袖，达成合作意向，然后制订计划把需要做广告的品牌和产品融合在KOL的公众号内容里面，以该意见领袖为桥梁，将广告内容直接呈现给目标受众，并以一些互动活动设计、限时优惠等与受众保持联系和互动，最后完成广告传播、交易购买等目的。互联网的传播速度让广告效果远超从前，新媒体的社交属性又使其成为一个天然的优质广告平台。绝大多数公众号都不拒绝这种广告合作模式，因为广告是这类社交媒体最主要的盈利模式。广告主需要流量，新媒体运营者需要资金，这种合作能够达到各取所需合作双赢的目的。

一般来说，在微信上开展KOL营销的第一步是挑选KOL，来源要么是与MCN、广告公司或者专业媒介合作，要么是通过自己的资源库挑选合适的人选。第二步是优化投放策略，可以通过多平台测试，最后选择2~3个平台作为长期渠道，素材也要多准备几份，不同的素材效果千差万别。第三步，找到KOL后，要力争用好KOL。如果是原创内容，还想做出效果，就需要在投放内容上多下功夫，最好能够吸引KOL一起来共创内容。第四步，做好流量承接，因为利用KOL的结果要么就是卖货，要么是吸引新用户。如果是卖货，就需要注意核实：销售渠道是否畅通？是否有能力处理大量涌入的客户？下单购买途径是否简单易操作？如果只是吸引新用户，就需要考虑：以何种方式来引流？把人吸引来了以后如何互动？怎样让对方有参与感？如何解答他们提出的问题？这些都需要提前想到并且精心设计好。第五步，数据复盘。如果是利用KOC做效果广告，直接通过转化数据就能看到当时的活动效果；如果是通过KOL做品牌广告，则需要通过品牌在社交平台的讨论量、在电商平台和百度上的搜索指数、店铺访问量、收藏量和官方社交平台粉丝量等多方数据来做评测。

3. 多平台互动整合

微信公众号策划出一个好的广告活动或者推出了一系列新的广告宣传片之后，一定注意不要只是局限于在微信平台上传播，这样传播范围就太小。应该建立多平台互动传播的整合概念，同步在网络社区、视频网站、社交网站、电商网站、搜索引擎等多种渠道开展传播，争取最大面地覆盖受众。

当然，微信本身已经具有很强的平台集成的特征。微信通过手机网络发送个性化和多元化的信息，集语音对讲、短信通信、即时通信等多种沟通形式于一身，并具有强大的LBS定位和扫描二维码功能，能与粉丝进行深度互动，具有强关系特征，是不同圈层人群的信息即时共享新平台。微信的这种强关系、高用户黏性的特点有助于广告主开展深度营销，但是它不具备微博的广泛传播的功效。微博与微信最大的不同之处在于，微博不需要亲密的关系便可以关注、转载或者点赞，微博内容的吸引力与认同感是否高是关键，在强关系这一点上微博没有微信那么明显。

强调多平台互动整合还有一个非常重要的原因，那就是互联网时代信息碎片化给消费者和品牌之间的传播与沟通带来的困境。大量用户都养成了同时保持多个不同社会化媒体的使用习惯，用户分散在各个不同的社会媒介平台中，面对这种情景，单一平台的广告传播策划肯定是远远不够的，无论是从传播效率还是传播效果上，都不如多平台互动整合。

因此，多平台互动整合是微信广告现阶段的最佳做法。即通过传统媒体、专业网站、论坛、微博等媒介整合传播，最终聚合到微信平台上进行强关系的联结。将多媒介平台的广告通路充分融合，最终通过微信落实，达到全媒体提升品牌塑造的效率和效果的目的。

4. 设计奖励计划促进分享

微信广告很重要的一个传播途径是分享，那么除了内容本身具有传播力之外，好的传播分享计划也是重要的推动力。例如，分享给朋友，双方都能享受优惠券、代金券、折扣券、赠品、积分或者抽奖资格等，就更容易让信息得到转发和分享，“让大家告诉大家”就有了再传播的动力。为跨屏互动广告设置奖励机制，已经成为微信广告的一个基本常识，也是目前商业推广中采取的主要方法。鉴于消费者的个性或者接受程度不同，奖励机制又分为积分兑奖、会员奖励、参与抽奖等多种形式，消费者因奖励而受到情绪刺激，购买欲增强。

微信的点对点、一对一、一对多的聊天与沟通方式，使广告主得以和消费者进行真正的对话，为广大广告主找到了营销传播的绝佳途径。微信所体现出来的强关系特征主要体现在广告主与客户之间的互动过程。广告主通过微信平台为客户提供信息与服务，使客户能够享受到如同私人定制般的感觉。当客户认同了产品之后，就开始演变成客户与客户的亲朋好友之间的信息传递与关系联结。现在很多广告主开始利用客户在微信里转发信息到朋友圈并集赞点赞来赢取奖品，一个微信用户转发朋友圈之后，意味着向其背后无数个圈层渗透的可能性。这样就形成了一个朋友圈向另一个朋友圈的无限衍生。通过自媒体进行活动推广，类似于利滚利、客滚客，能让广告主与顾客建立长期有效的联系，也能够进一步为客户创造更多的价值，最终获得品牌忠诚度和扩大客户的终身价值。

总而言之，微信广告本身，无论是选择哪一种类型，都需要其内容具有更强的创意性，才能让受众在每日快速刷微信这一动作过程中，被所投放的广告内容吸引，最终达到广告投放的目的。

另外更重要的一点是，利用后台数据和算法，对用户人群进行精准分析、定向投放。微信广告的最终效果与两个要素密切相关，一是广告策略，即推广什么内容，二是目标定向，即给什么人看。因此，目标定向非常重要。

广告探索

微信公众号推文写作练习：微信公众号上有很多自媒体的个人号拥有大量的粉丝订阅，你可以翻看一下自己微信里面的订阅号，挑出里面的个人号。这些个人号之所以能生存下来，很重要的一个原因就是有出色的表达能力和鲜明的个人风格。观点文章就是这些个人号提供的内容价值，每日更新是为了跟粉丝保持固定频率地接触，大多数个人号里面头条是文章，从二条开始就是各种商品推荐，有的是跟别的购物平台合作，有的则是自有商城，例如“桃花马上石榴裙”就有自己的“桃蜜商城”。商城的销售效果直接与头条文章的阅读量有关，但是跟商品推荐文章的写作手法也密切相关。如果我们的写作功力还不够高，不足以支撑头条文章的观点写作，可以尝试从商品推荐文写起。

1. 从手机微信中的订阅号中挑选多个明显是个人团队经营的公众号，从中挑选里面有商品推荐的内容进行下一步研究。

2. 观察并分析这些推荐文的写作技巧，包括标题的写法、文字的风格、图片的搭配，排版的技巧等。

3. 尝试找一款商品，如洗碗机、面膜等，自己写一篇类似的推文。

4. 比照你的文章和他们的文章有什么差异。

5. 总结在微信公众号上写商品推荐文章的技巧都有哪些。

课后思考

1. 朋友圈广告发布需要注意哪些问题？比如发布对象筛选、广告内容设计、发布频次设定等。

2. 在微信群进行社群营销推广时，需要注意哪些问题？

3. 研究微信订阅号的运营模式和应该注意的问题。

4. 研读微信公司和产品的发展历程，标出其中关键节点和关键技术。

5. 微信小程序的应用意味着什么？

第三节　微博广告

美国沃顿商学院教授乔纳·伯杰曾说，“网上充斥了太多的内容，无数的网站、博客和视频，人们要从中筛选。单就新闻而言，最著名的几十家媒体每时每刻都在更新内容。在这浩瀚的信息海洋中，人们没有时间自己搜索出最佳内容。所以，他们先会查看别人分享了什么”[1]。

1　李东临.新媒体运营[M].天津：天津科学技术出版社，2018：228.

随着网络技术的发展以及微博用户人数的不断增加，微博已经由一个单纯的社交平台发展为一个功能多元化的社会媒体传播平台，具有信息传播和品牌推广功能的平台。微博拥有很大的用户群体，利用网络技术和大数据的分析能够精确地掌握用户的社交关系、兴趣爱好及网络习惯，对特定的人群具有针对性地发布广告。微博有着极强的传播力度，每天都会产生很多新的热点话题，谁也不知道下一场风暴始于哪一句不经意的评论，或者哪个无名小卒随手上传的视频。所以，敏感地注意到微博热点、追随热点，到最后引领热点，都是微博运营者需要考虑的问题。微博属于自媒体的一种。

自媒体的概念来源于美国学者谢因·波曼与克里斯·威利斯联合发布的研究报告*We Media*，“We Media”被翻译为“自媒体”。他们给自媒体下的定义是“普通大众通过数字科技与全球知识体系相联系，然后与他人分享新闻以及身边时间的途径”。微媒体的定义是“由许多独立的发布点构成的网络传播机构”，比如微博、微信。[1]

尽管新媒体的种类很多，但是真正起主导作用的是“两微一端”，“两微”指的是微博和微信，“一端”指的是客户端。这些新媒体平台不仅利于发布用户个人创意，而且是传播影响力最突出的宣传平台。目前国内各大传统媒体和各级地方政府都在积极打造属于自己的“两微一端”，向融入移动互联网迈进。

一、微博概述

微博是微型博客（MicroBlog）的简称，因规定了每条微博不得超过140字，和传统博客相比形式更短小也更易于传播而得名，后来全面取代博客成为广受用户欢迎的社交媒体类型。

最早的微博是2006年美国推出的推特（Twitter），它是一种允许用户将自己的最新动态、所见所闻、观点意见以短信息的形式发送到手机和个性化网站群的“迷你博客”。后来，随着推特的发展，微博的传播价值开始显现，也带动了国内微博的兴起。从2007年第一家微博开始，2009年之后出现了井喷式发展，涌现出新浪微博、网易微博、腾讯微博、搜狐微博、人民微博等平台，还有更多的企业微博、政务微博、媒体微博等垂直微博。2013年之后，经过市场整合发展，其他

1　李东临.新媒体运营[M].天津：天津科学技术出版社，2018：12.

微博平台相继退出市场，其他用户逐渐向新浪微博迁移，最终形成了现阶段新浪微博一家独大的局面。

微博是一种基于用户关注关系的信息分享、传播和获取平台。微博的功能除了认证、私信、话题、群聊等基础功能外，也包括所有基于开放平台等服务功能。具体详情见表7.3微博的主要功能。

表7.3　微博主要功能一览表

微博的功能	功能详情
用户身份认证	分为个人微博（橙色V）和机构微博（蓝色V），加V用户会在相关搜索中排名靠前，更容易被用户识别和关注，也能得到平台的推荐服务
私信	微博用户之间可以一对一发送受到加密保护的信息。2013年私信功能升级后，用户可以通过私信收到个人订阅的其他账号信息
话题关注	用户在两个“#”中加入所要发布或者搜索的话题，就可以在微博首页的热门话题榜上实时显示用户对公共事件等不同话题的重视程度
微群	具有相同爱好或者相同标签的微博用户可以通过微博群进入一个相对封闭、主题更聚焦的交流空间
基于开放平台的服务功能	微博通过接入第三方合作伙伴服务，向用户提供应用和服务的开放平台。例如浏览数据分析、评论数据、消息通道等

图7.5　明星认证的个人微博。图为李冰冰的微博，可以看到粉丝规模4000多万，这意味着她发布的任意一条动态，都会有超过4000万的人看到。所以微博成为明星个人形象塑造和资讯发布的一个非常重要的传播渠道

从传播角度讲，微博有别于传统的互联网媒体形态，具有媒体性、社交性、渠道性等特点，能为媒介带来更多的表达元素，也为广告带来了更多的表现形式和生存形式。微博刚面世的时候，大家只把它当成一种特殊的博客。但是后来，微博演变为一种新媒体营销的主要平台，主要基于以下几方面的原因：首先，微博平台本身采用了很多多媒体技术，可以通过文字、图片、视频、音频等形式发布内容，具有很强的集成性；其次，在互联网的各种平台中，微博发布信息最为便捷，而且可以一键转发，信息传播速度惊人，为各种营销和传播节约了大量时间；最后，微博的信息主要通过博主的粉丝来进行扩散，裂变式传播能迅速产生广泛和惊人的影响力。

二、微博广告的类型

微博被称为热门话题的聚集地，而且因为各类专家学者、明星网红的进驻，微博成为流量巨大的焦点平台，因此得到了企业和商家的青睐，成为特别适合做广告的营销传播阵地。同时，也正是因为微博便于操作、成本低、传播力度大、能兼容多种应用、能与用户产生密切社交关系的特征，其营销价值逐渐增加，最后占据了网络与新媒体营销的半壁江山。

微博广告是微博的主要营收点。根据微博的特点，微博广告形式也具有自身的特征。微博是一个综合的媒体平台，图片、视频、网站、文字、动画等多元化的内容都可以在微博上传播，广告也是如此，几乎任何形式的广告都可以通过微博进行传播。微博广告具有非常强大的吸引力，借助微博流量和热点带来营销机会，微博广告信息传播成本非常低廉，再加上微博广告互动性强，有后台粉丝数据按需查询，很容易实现精准投放。因此成为很多企业和品牌的线上首选媒体。

微博的传播特点和属性，使微博广告不仅要宣传产品，而且要通过微博造势营销。有一些广告就是利用网络名人的微博进行发布，这些名人拥有大量的人气和粉丝，可谓一呼百应，具有很大的影响力，但是这种宣传很难形成长时间的热度。而微博上的事件却能够带动受众的参与，引起受众情感上的共鸣，并且能够持续一定时间的热度。营销和传播也随着微博圈层的变化而变得个性化、精准化。

根据发布平台的差异，微博广告可以分为两种：一种是企业自助广告，包括企业自建的微博账号，或与合作的意见领袖在其个人微博平台投放的广告；另外一种是在微博提供的广告位置上发布的广告。具体分类详情见表7.4。

表7.4 微博广告的分类

发布平台	表现形式	描述
企业自助广告	产品广告	基于地理位置定位向微信用户推送商家的地图、电话等信息
	促销广告	由朋友圈外层图片和内层原生推广页两部分组成，用户点击外层图片后即可直接打开内层推广页
	品牌广告	外层小视频默认播放，点击进入完整视频并可选择跳转链接
	活动广告	以文字、图片、链接展示
微博平台广告	展示广告	高度为数十厘米甚至数米的图片
	关键词搜索广告	利用HTML5技术实现的数字广告
	信息流广告	以视频方式呈现
	功能植入式广告	将广告信息与文章内容有机结合，根据文章的位置不同可分为头条软文、二条软文等

三、微博广告的策划要点

微博是一种“核心—边缘”节点裂变式传播，微博主是传播的中心，信息的传播以此为中心向外聚合其他节点，并不断裂变出新的节点，形成一个个由节点构成不断扩散的信息流聚合网。[1]这种情况下，企业原有的那种一对多广而告之的传播模式，就不再行之有效了。而在当下的“搜索满足”式的新媒体传播浪潮中，企业微博或者个人微博能够做到以几乎零成本的方式获得品牌传播，并引发相应的销售。微博上的文字、图片、视频等信息量都十分有限，但是“信息微聚”后产生的能量却非常巨大，因为这些貌似碎片化的微小的信息，恰好能够充分满足受众对信息的“搜索满足”机制。

1. 做好内容策划

以微博为代表的新媒体运营很重要的一个工作就是内容策划，即满足用户想看什么内容的需求。微博的内容分两种，一是转载他人的内容，二是发布自己原创的内容。前者可以附着热点话题形成传播效应，后者可以体现微博博主的内在价值。微博的发布形式能够为用户提供不同感官的呈现效果，是广告主丰富信息传播量的重要手段。有时候简短的文字并不能够充分表达信息的内在含义，而广

1 喻国明等.微博：一种新传播形态的考察[M].北京：人民日报出版社，2011.16.

告主在微博平台的产品推介或者服务介绍时，都会辅以图片、视频、网站链接等来增强信息传播的深度，同时也增强了用户的感受和信息满足需求。

微博放大了人们的分歧，让各种圈子不断分化，而这正是新媒体时代的一个基本特征——用户群体细分化。所以，无论是微博还是微信的运营者们都需要注意，只能选择一个目标用户群体来重点经营。而且，还应当吃透目标用户群体心理特点，更加懂得和应用心理学，才能打动人心引发共鸣，扩大自己的品牌影响力。

“流量为王”只能获得暂时的热度，“内容为王”才能让微博走得更远。在内容策划时讲好故事非常重要。讲故事可以参考以下小技巧：将企业故事融入行业和社会中；让读者产生情绪和角色代入感；深挖内在逻辑；不贪大贪全；借力时效性；选择与产品关联紧密的故事；观点为王；日常储备好产品关联词的内涵和外延；多看行业新闻培养联想能力；增加数据、图片、超链接等丰富故事内容。

2. 凸显文案影响力

在微博平台上的广告，大部分都是以软文的形式表现的，传统产品广告的效果已经微乎其微。而在微博广告中，讲故事的能力主要通过文案来显现，通常99%的篇幅来讲一个接地气的故事，用故事为最后1%的广告做铺垫和包装。这种写作方法对创意和文笔的要求都很高。

好的文案要求能够一针见血地指出消费者的痛点，即需求。然后能够最大限度地贴近用户的生活，让用户感觉自己被深深地理解，从而更愿意倾听和购买。好的文案还能够创造消费场景，用户可以通过文案生动地体验到消费的过程，从而产生购买欲望。

好的文案还需要使用粉丝们喜欢的词汇，例如热爱二次元的年轻人喜欢的语言风格通常是“这个春节太南了”“香菇蓝瘦”“重要的事情说三遍”“我也是醉了”等。当然，除具体的技巧之外，好文案的精髓在于真实性引发的感染力，否则消费者会感到被欺骗和被愚弄，反而让微博广告的效果适得其反。

@在微博里面的作用非常重要，利用@可以借助公众人物或者更知名博主的粉丝来扩大影响力和增加推广效果。例如图7.6这个伊利QQ星的企业微博中就@了人民网和人民健康网，这样的话上述两个网站微博的粉丝都会看到这一条动态微博，浏览量肯定会有一个激增。这就是一个小小的@符号所能够带来的神奇效果。在微博广告策划中需要注意这些特殊工具的开发和利用。

3. 用心经营粉丝

粉丝思维已经渗透到微博广告策划中的每一个环节，没有粉丝支持的微博广

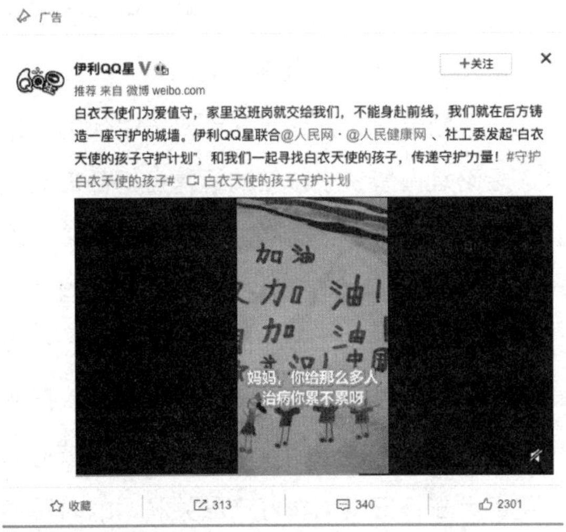

图7.6　伊利QQ星在微博上发布的公益活动文字和视频，文字中同时@了两个主办方

告就是无源之水、无本之木。粉丝经营除了跟他们打成一片之外，还需要策划者用心打造出来一个具有鲜明群体文化特色的社群。网络与新媒体广告和传统媒体广告的一个重要差异就是分享信息的能力更强。积极分享内容，引发粉丝互动是关键。人们分享事物的原因主要有两个：有趣和有用。有趣的信息让人身心愉快，有用的信息可以让分享者感受到助人为乐的满足，这种带有积极情绪的正能量的内容，在容易获得分享和转发的同时，也能够真正助力于建设积极团结的粉丝社区氛围，让微博平台不是单纯的广告展示舞台、公告栏和在线客户服务平台，而是在提供产品和服务之外，还能够满足人们的信息需求、社交需求、情绪需求、知识需求，让更多的粉丝离不开的平台。

微博用户对品牌微博信息的转发、评论等行为，是微博效应的主要体现方式。信息的转发与评论，是社交媒体的特有属性，正是这种属性使得微博的信息传播表现为一种"人人都是信息传播参与者"的扩散式传播。而用户的行为是可以被引导的。如果微博用户所表达的评论大部分都是正面的、积极的、肯定的，或者转发信息时候的推荐语以肯定和赞美居多，这些行为表现对广告主都是极其有利的。因此广告主需要经常性地通过话题发起、内容更新、评论优化等措施来维护微博的群体认同感。

第四节　其他社交媒体平台

一、小红书

小红书是中国最大的生活方式平台，在全球有超过3亿的用户，被誉为"中国发展最快的创业公司之一”。小红书平台包括其互联网站、“小红书”客户端软件及依托于其网站或软件的关联网站、软件。

在小红书，用户可以通过短视频、图文等形式记录生活点滴，分享生活方式，并基于兴趣形成互动。目前小红书用户数超过3亿，月活超过1亿，已成为年轻人不可替代的生活方式平台和消费决策入口，具有制造流行和热点的能力。

图7.7　小红书网页版官网主页

图7.8　小红书广告投放网络

小红书是一个生活方式平台和消费决策入口，2013年，从海淘购物指南起家的小红书，积累起一批热爱时尚的种子客户，建立起互动式海外购物分享社区；2018年，小红书通过明星运营策略快速实现圈层突破、用户积累；今天的小红书社区内容日趋多元化，小红书也实现了通过机器学习对海量信息和人进行精准、高效匹配的机制，如今小红书也成为国民“种草社区”的超级独角兽。

小红书上的广告分为几类：

1. 信息流广告

信息流广告是根据用户的浏览兴趣，后台推荐相关内容，属于“无意识”广告，可以定向用户的性别、年龄、地域等。

2. 搜索广告

用户搜索某些关键词后展现的广告，属于用户“有意识”看到的广告。

3. 关键词广告

通过付费形式提高自己笔记的排名，然后按点击扣费，通过技术去提高自己的笔记排名，以优化至少前十为准，按单个词的竞争程度的单个月收费。

4. 蒲公英合作

品牌方与达人进行商业合作的官方专属平台，通过与优质且合适的KOL或KOC来发布内容进行“种草”推广。此方式花销较大，但是效果相对较好。

5. 薯条推广

通过购买薯币推广给更多用户，可以快速验证笔记的受欢迎程度，或者达到优化调整笔记质量的目的，让潜在的爆款笔记更快被引爆。

小红书在母婴版块和美妆版块等运营非常成功。在母婴版块，小红书深挖母婴话题，通过达人投放以母婴育儿话题为主，通过关键词的设计，让品牌的提及率得以提升。以认养一头牛在小红书的广告投放为例，该广告通过在小红书社交媒体上锁定目标群体、大量种草投放、好物分享等，及与母婴育儿 / 美食类KOL的合作等方式，塑造出认养一头牛“奶源好、品质高”的品牌形象。在小红书上重点投放腰部达人，帮助企业在小红书塑造品牌形象。

小红书作为美妆垂直平台，女性群体较多，与许多美妆品牌的受众重复度较高。例如兰蔻（Lancôme）品牌在小红书上的广告投放，就会通过“种草”模式，让达人测评产品以让更多人知道并购买，同时也通过公布自己的品牌代言人来带动粉丝群体的购买力。兰蔻尝试在小红书上推出旅游护肤系列广告，各个KOL用各种方式展示自己的旅游护肤，成功提高了兰蔻的品牌曝光度。

二、今日头条

今日头条是字节跳动最成功的产品之一，其核心的特色就是算法推介，也有人称之为文字版抖音。其实，今日头条是一个通用信息平台，拥有推荐引擎、搜索引擎、关注订阅和内容运营等多种分发方式，包括图文、视频、问答、微头条、专栏、小说、直播、音频和小程序等多种内容体裁，并涵盖科技、体育、健康、美食、教育、三农、国风等超过100个内容领域。

今日头条上的广告分为几类：

1. 头条搜索

头条搜索是今日头条旗下开放的内容创作与分发平台，实现政府部门、媒体、企业、个人等内容创作者与用户之间的智能连接。截至2021年12月，头条号账号总数已超过 237 万，平均每天发布 150 万条内容。今日头条推出的搜索引擎服务，支持海量优质内容和全网公开内容的检索，为用户提供精准、专业、快捷的搜索结果。用户可以在今日头条客户端内体验，除了默认的综合搜索频道外，还有视频、资讯、小视频、图片、音乐、影视等多个垂直搜索，全方位满足搜索需求。

2. 微头条

微头条是今日头条旗下的社交产品，用户可通过发布图文、短视频、直播等多形式的动态与其他用户互动，逐渐与其他用户建立起社交关系。在微头条，用户每天产生的互动数量超过2000万，发布量近1000万，活跃的大咖超过1万位。今日头条对新人创作者非常友好，专门设有“冷启动”的机制，即不管有没有人关注，平台都保证新人创作者在发布内容的初期，每条内容都自动附加相应的曝光量，给予新人创作者以扶持，帮助新人创作者在初期引流增粉，也借此发掘优质内容。

三、知乎

知乎是一个问答社区，也是一家中文互联网高质量的创作者聚集的原创内容平台，其形式主要是以图文为主的多媒介融合。和小红书相比，知乎的内容要求要高也更专业，对行文条理、逻辑要求比较规范，字数要求也更多。正是因为这样的内容形式和内容要求，知乎上聚集了非常多的高水平专业人士，一般非专业的普通人，则很难在知乎平台上出圈。

图7.9　知乎网页版官网主页

正如知乎的广告语“有问题就会有答案”所表达的，“提问和回答”是知乎最主要的内容，各种回答帖都非常专业和详细，在互联网上营造出一个高度垂直细分的专业领域，也因此吸引了不少受众。

知乎从诞生起，就具有明显的互联网社区特征。2011年1月26日，知乎正式上线，这意味着中国人均学历最高的网络社区正式形成。从一开始，知乎的初始用户在学历水平方面，就远远超过了当时盛行的各大网络社区。知乎最开始使用的是实名邀请制，即由一批高品质的初始用户，实名制邀请自己的朋友注册，这就使得知乎最初的成员群达到了一个极高的素质水平，也直接导致了当时在知乎上发布的文章，具有极高的学术水平和价值含量。2013年，知乎为扩大用户群开启了注册制度，这一制度虽然为知乎带来了使用人群一定规模的增长，但没有给知乎带来爆发式的用户增长，后来一直处于平稳增长的趋势。

和知乎类似的竞争平台很多，如猫扑、天涯论坛、百度贴吧等，知乎是内容营销做得最好的平台。

营销的本质就是提供价值，解决用户问题，而知乎以“提问和回答”为基本模式的内容营销，满足了内容营销的本质，自然而然成为当下最受用户青睐的内容消费形式。在内容消费和信息消费激增的今天这个时代，知乎满足了消费者持续攀升的深度信息需求，聚集了大量的优质内容，并源源不断地通过平台输送给大众，借助影响力人群进一步扩散，让知乎平台具备了强大的品牌号召力。

不同于其他任何泛社交媒体，知乎的知识社交方式更适宜产出优质内容与用户创建内容（UGC），能够帮助品牌与目标消费者建立长期可持续的深度互动和信任关系，培养品牌好感和忠诚度。

知乎在成立十周年之际，发布了新的品牌理念："有问题就会有答案"，并根据这一理念设计出一系列营销活动，重点表达了知乎希望和用户展开"对话"的理念，即在更多崭新问题被提出及等待解答的当下，以一个社区"主持人"的身份，把提出问题和解决问题的自主权都交到年轻人的手中。例如，知乎专门设计了一个新的内容IP"吾辈问答"，试图通过对这一新内容IP的长续经营，从社会议题中寻找一个个连接点，不断地建立起品牌和用户的对话关系。

知乎上的广告位有很多，基本上用户在知乎首页信息流位置、知乎搜索结果页、回答内容、"下一个回答"中，都可以看到知乎的广告。具体来说，知乎广告主要分为以下几类：

1. 知乎开屏广告

在打开知乎app的时候，出现在第一屏的广告就是知乎开屏广告，目前的知乎开屏广告分为静态开屏、视频开屏两种展示样式。

开屏广告的优点是强曝光，展示效果优越，以品牌宣传为主。在品牌宣传的同时，开屏广告也能够起到转化作用，但是因为跳转需要等待时间，通常在这等待的2-3秒期间，用户没有耐心会选择"跳过"，所以会影响转化的效率，不是很理想。当然，各种app的开屏广告都是以品牌宣传为主的，开屏广告的缺点就是转化率低。

2. 知乎信息流广告

信息流广告就是展现在信息流（消息流）中的广告，当用户点击此广告，就会跳转到与该广告信息相关的页面。穿插在知乎平台上呈现的各类信息中间的广告形式，就是知乎的信息流广告。

信息流广告的优点主要是效果显著，同时能兼顾品牌输出，也就是"品效结合"。

知乎信息流广告独特的优势主要体现的知乎的受众人群上。知乎的受众人群集中在高学历、高收入、高消费这类"三高人群"。基于"三高"人群属性，知乎的信息流广告效果还是相当不错的。

3. 知+广告投放

知+广告投放是一种信息流广告，只不过它主要出现在具体的文章和回答内容中，是以内容形式展现的广告。用户可以通过知+插件实现“跳转到商品页”“一键复制微信号并跳转到微信”“跳转到指定的外链、小程序”或者“跳转到app下载页面”，轻松实现广告转化销售的步骤。

知+广告投放，主要根据知乎网站内部用户的访问兴趣爱好，进行更具针对性的广告派发，是一种专门服务于知乎广告商的工具系统。知+广告投放，能够以更原生态、更具有信任感的方式进行广告推广，比普通信息流广告更加精确，达到更高效的营销效果。

知+广告投放，作为高价值内容推动神器，不但提升了知乎用户对内容数据的接受程度与传播水平，也使得知乎具有了比较适合“种树”的天然土壤层，以及在“顾客细分”方面的优势。作为综合型专业知识内容服务平台，知乎聚集了来源于各权威人物与从业人员，还有大量对知识拥有探索欲和分享欲的用户。知+广告投放针对他们的兴趣爱好细分，进行更为精准的广告投放，能够有效实现同时服务广告商和用户的双赢局面。通过知+投放数据信息，广告商会更了解用户的爱好内容，为信息流广告的产出率奠定更准确的前提，让广告宣传做到真正意义上的深得人心，不容易被用户排斥。

知+广告投放更像是原生态内容的营销推广，能为营销带来更多总流量，获得更加精确的目标流量。知+的优势在于，虽然是营销广告，但是不显示广告或者推广字样，同时还可以获得知乎官方的流量扶持，

4. 知乎软文营销

知乎软文贴合受众的阅读习惯和日常生活，所以更容易得到受众的关注和持续传播。知乎上的很多软文都是根据真实事件编写，对软文产生认同感的受众会更乐意去关注并转发该作者的软文，从而进行二次或者是多次传播。知乎软文的受众广泛，很容易做到持续宣传，好的软文会因为传播而持续发酵，不像某些广告一旦停播就效果全无。

软文营销的好处是，成本低而且更容易被受众接受，能让受众在阅读的过程中，不知不觉地接受作者在文章中输出的观点，并发自内心认同作者的产品。软文营销的另一个优点是传播速度快。

知乎广告策划要点：

（1）准备广告素材创意：

知乎广告是有不同形式的，需要根据自己投放的位置不同提供不同的广告素材，可能是大图形式、小图形式、视频形式或者是图文形式等。

（2）设置后台：

知乎广告后台可以支持进行定向投地域，可以定向到地级市，可区分操作系统，支持wifi定向，兴趣标签总共有19个大类。需要根据目标群体的特征分析去选择这些标签等，确保广告精准到达目标受众。

（3）跟踪效果和分析优化：在广告上线之后并不代表就已经结束了，我们还需要持续地对广告投放的效果进行跟踪和分析，及时地调整自己的广告策略。

知乎广告主要投放的行业：

（1）教育行业：包括语言培训、职业教育、出国留学、MBA等；

（2）电商行业：包括综合电商平台、品牌电商、垂直电商（水果电商、美妆电商、生活用品）等；

（3）服务行业：包括视频工具、社交软件、票务平台、招聘服务、出行服务、工具、珠宝、展会等；

（4）旅游行业：包括OTA平台、旅行社、旅游景点酒店、航空公司等。

表7.5　各平台的差异比较表

平台	各大平台特点差异
抖音	平台定义：集音乐+创意+短视频为一体的短视频社区平台 内容形式：短视频 平台特征：内容领域覆盖全面，支持多种特效/贴纸/互动工具，内容娱乐性和互动性强
快手	平台定义：记录和分享生活的短视频社交平台 内容形式：短视频 平台特征：以生活场景化的内容连接用户，引发用户情感共鸣，“老铁文化”带来浓厚社区互动氛围
小红书	平台定义：高黏性、高互动年轻女性内容与社交平台 内容形式：图文笔记、短视频 内容形式：素人创作者为主的笔记和视频分享社区，强调真实体验和经历分享，内容有高颜值、精致化特征
知乎	平台定义：中文互联网高质量的问答社区和创作者聚集的原创内容平台 内容形式：中文互联网高质量的问答社区和创作者聚集的原创内容平台 平台特征：以图文为主，视频等多媒介融合
B站	平台定义：中国年轻世代高度聚集的文化社区和视频平台 内容形式：中长视频 平台特征：以“二次元社区”起步，具有高黏性的核心用户群体和独特的调性，内容创意性和趣味性强，激发用户的互动讨论

知乎在十周年之际发布新的品牌理念“有问题 就会有答案”，而从这一理念延伸出来的一系列营销，我们可以用“对话”两个字提炼其营销重点。在更多崭新问题被提出及等待解答的当下，以一个社区“主持人”的身份，把提出问题和解决问题的自主权都交到年轻人的手中。

如通过“吾辈问答”新内容IP的长续经营，从社会议题中寻找一个个连接点，不断地建立起品牌和用户的对话关系。

广告探索

微博粉丝的经济变现：微博运营很重要的一点就是粉丝变现，不然即使拥有数量庞大的粉丝群体，如果不能带来可持续发展需要的经济动力，也没有任何用处。微博博主的粉丝变现有很多途径：

1. 提升博主品牌效应。通过增加博主自身实力或者提升网络影响力，让博主成为某个领域内的专家或者网络红人，这样就能够吸引资本的注意，或者通过粉丝打赏等途径实现粉丝变现。

2. 招募付费会员。随着粉丝规模的不断扩大，微博博主会拥有一个相对稳定的属于自己的社群，如果有了经营社群的想法，博主可以采用招募会员的方式，让粉丝直接变现。

3. 提供产品或者服务。如果微博博主拥有自己的产品或者特别服务（如咨询、培训），也可以通过粉丝的信任购买进行变现。当然这个需要前期足够长时间的内容铺垫和足够的信任支持。

4. 寻求合作与联盟。微博也属于自媒体的一种，有时候自媒体由于平台太小很难有更大的发展，所以需要向外寻求协助，例如和其他自媒体形成合作与联盟，或者直接进驻电商交易平台，朝电商化发展。这也是微博博主粉丝变现的一个途径。

请找出你最喜欢的五个微博大V，统计其粉丝数量在三天内的变化，并对照上述几个变现模式，看看这五个微博博主都是依靠什么途径进行粉丝变现的。

课后思考

1. 打开微博、微信或者其他社交媒体平台，挑选几个大V的个人账户，分析他们每天发布的内容都有什么共性。

2. 研究微信或者微博的流量管理、粉丝经营等运作模式是怎样运行的。

3. 明星应该如何管理自己的社交媒体个人账号?

4. 你认为社交媒体广告最需要解决的问题是什么?

5. 与同学分享一个你认为比较成功的社交媒体广告案例。

6. 如何看待微博上经常发生的粉丝交战事件?

7. 记录自己平时最关注的10个社交媒体ID，并简要说明关注它们的理由。

8. 分析上述社交媒体ID中，有没有出现广告的内容，并预估一下可能的效果。

附 微信发展历程

微信由深圳腾讯控股有限公司于2010年10月筹划启动，由腾讯广州研发中心产品团队打造。该团队经理张小龙所带领的团队曾成功开发过Foxmail、QQ邮箱等互联网项目。腾讯公司总裁马化腾在产品策划邮件中确定了这款产品的名称叫作“微信”。

2011年

2011年1月24日，微信商标申请注册。

2011年1月21日，微信发布针对iPhone用户的1.0测试版。

2011年5月10日，微信发布了2.0版本，该版本新增了Talkbox那样的语音对讲功能，使得微信的用户群第一次有了显著增长。

2011年8月，微信添加了“查看附近的人”的陌生人交友功能，用户达到1500万。到2011年底，微信用户已超过5000万。

2011年10月1日，微信发布3.0版本，该版本加入了“摇一摇”和漂流瓶功能，增加了对繁体中文语言界面的支持，并增加了中国香港、澳门、台湾地区和美国、日本的用户绑定手机号。

2012年

2012年3月，微信用户数突破1亿大关。4月19日，微信发布4.0版本。这一版本增加了类似Path和Instagram的相册功能，并且可以把相册分享到朋友圈。

2012年4月，腾讯公司开始做出将微信推向国际市场的尝试，为了微信的欧美化，将其4.0英文版更名为“WeChat”，之后推出多种语言支持。

2012年7月19日，微信4.2版本增加了视频聊天插件，并发布了网页版微信界面。

2012年9月5日，微信4.3版本增加了摇一摇传图功能，该功能可以方便地把图片从电脑传送到手机上。这一版本还新增了语音搜索功能，并且支持解绑手机号码和QQ号，进一步增强了用户对个人信息的把控。

2012年9月17日，微信注册用户已破2亿。

2013年

2013年1月15日，腾讯微信团队在微博上宣布微信用户数突破3亿，成为全球下载量和用户量最多的通信软件，影响力遍及中国内地、香港、台湾和东南亚，海外华人聚集地，以及少数西方人。

2013年2月5日，微信发布4.5版。这一版本支持实时对讲和多人实时语音聊天，并进一步丰富了“摇一摇”和二维码的功能，支持对聊天记录进行搜索、保存和迁移。同时，微信4.5还加入了语音提醒和根据对方发来的位置进行导航的功能。

2013年8月5日，微信5.0 for iOS上线了，添加了表情商店和游戏中心，扫一扫功能全新升级，可以扫街景、扫条码、扫二维码、扫单词翻译、扫封面，同年8月9日，微信5.0 Android上线。

2013年8月15日，微信海外版（WeChat）注册用户突破1亿，一个月内新增3000万名用户。

2013年10月19日，微信发布LBS图文回复，即由商家设置店铺位置，用户提交当前所在位置后，可以找到最近的商家店铺，并进行一键导航、一键拨号，如果店铺当前有进行的活动（如优惠券、刮刮卡），也可把活动显示出来。

2013年10月24日，腾讯微信的用户数量已经超过了6亿，每日活跃用户1亿。

2013年12月31日，微信5.0 for Windows Phone上线了，添加了表情商店、绑定银行卡、收藏、绑定邮箱、分享信息到朋友圈等功能。

2014年

2014年1月4日，微信在产品内添加由“滴滴打车”提供的打车功能。

2014年1月28日，微信升级为5.2版本，Android版界面全新改版。

2014年3月，开放微信支付功能。

2014年3月24日，电脑管家牵手微信上线聊天记录备份功能。

2014年6月23日，更新版本增加两大主要功能消息撤回和微信“零钱”转账。

2014年8月28日，微信支付正式公布“微信智慧生活”全行业解决方案。具体体现在以微信公众号+微信支付为基础，帮助传统行业将原有商业模式“移植”到微信平台。

微信提供的闭环式移动互联网商业解决方案中，涉及的服务能力包括：移动电商入口、用户识别、数据分析、支付结算、客户关系维护、售后服务和维权、社交推广等。这也预示着微信再次加大商业化开放步伐，为合作伙伴提供连接能力，助推企业用户商业模式的移动互联网化转型。通过为合作伙伴提供“连接一切”的能力，微信正在形成一个全新的“智慧型”生活方式。其已经渗透进入以下传统行业：微信打车、微信交电费、微信购物、微信医疗、微信酒店等。为医疗、酒店、零售、百货、餐饮、票务、快递、高校、电商、民生等数十个行业提供标准解决方案。

2015年

2015年1月21日，微信在App Store率先上线了6.1版，新版增加了“附件栏发微信红包”“更换手机时，自定义表情不会丢失”“可以搜索朋友圈的内容和附近的餐馆”三大功能。

2016年

2016年1月11日，微信之父张小龙时隔多年公开亮相，解读了微信的四大价值观。张小龙指出，越来越多产品通过公众号来做，因为这里开发、获取用户和传播成本更低。拆分出来的服务号并没有提供更好的服务，所以微信内部正在研究新的形态，叫“微信小程序”。

2016年3月1日起，微信支付对转账功能停止收取手续费。同日起，对提现功能开始收取手续费。微信与支付宝同获香港首批支付牌照。

2016年9月21日，微信小程序正式开启内测。在微信生态下，触手可及、用完即走的微信小程序引起广泛关注。腾讯云正式上线微信小程序解决方案，提供小程序在云端服务器的技术方案。

2017年

2017年1月9日0点，万众瞩目的微信第一批小程序正式上线，用户可以体验到各种各样小程序提供的服务。

2017年2月，Brand Finance发布2017年度全球500强品牌榜单，微信排名第100。

2017年3月23日晚，微信官方推出“微信指数”功能，腾讯方面定义其为微信官方提供的基于微信大数据分析的移动端指数。

2017年4月19日，微信方面宣布，因苹果新规定出台，对应用内支付规则进行了变更，iOS版微信公众平台及表情平台赞赏功能从当日17：00起被关闭，安卓等其他版本微信赞赏功能不受影响。此外，腾讯相关人士表示，红包不在此范畴，不会受到影响。

2017年5月4日，微信支付宣布携手Citcon正式进军美国。在微信支付正式进军美国后，赴美人群可在美国享受无现金支付的便利。通过微信支付，在美国的衣食住行均可直接用人民币结算。

2017年5月18日，微信新增“微信实验室”功能。启用的实验有“看一看”和“搜一搜”两个功能。

2017年9月25日17时至28日17时的四天内，手机微信启动页面显示的地球图片也将从以前的NASA（美国国家航空航天局）在全世界范围公开的第一张完整的地球照片，更换为风云四号的成像图。这也是微信启动页6年来的首次更换。

2017年11月8日，微信入选中国商业案例TOP30榜单。

2017年12月28日，微信更新的 6.6.1 版本开放了小游戏，微信启动页面还重点推荐了小游戏“跳一跳”。

2018年

2018年1月10日，烟台市公安局与腾讯公司联合研发的新型直播互动式报警方式——“@110”在全国首发上线。

2018年1月31日，微信发布iOS端新版本6.6.2，支持两个账号一键切换登录，以及发现页管理功能。

2018年2月，微信全球用户月活数首次突破10亿大关。

2018年4月1日起，支付宝、微信静态条码支付，每天限额500元。

2018年4月9日起，天津市市场监管委在中国（天津）自由贸易试验区东疆港片区，江苏省工商局在南京、镇江、宿迁、连云港4市，同时启动“企业通过微信小程序下载并使用电子营业执照”的服务。

2018年8月7日，微信为保证平台的健康运营，公众号后台的文章阅读数据将剔除机器等非自然阅读带来的虚假数据。

2018年9月30日至12月底，用户在韩国、日本、新加坡、泰国、澳大利亚、新西兰等地的微信支付合作门店，使用微信支付消费成功，即可参与摇摇乐活动，有机会获得当笔免单或微信支付到店红包。

2018年11月30日起，微信暂时下线漂流瓶服务，专项清理色情内容。

2019年

2019年1月7日，微信宣布腾讯云将在2019年实现IPv6 in all，即全生态推进IPv6战略。

2019年10月，微信上线“通过手机号转账”功能，他人无须加好友，即可远程转账至微信零钱。

2019年11月，微信开始灰度测试公众号文章底部新增“相关阅读”功能，即公众号所群发的部分文章底部会出现“相关阅读”模块，推荐该文章相关的延伸阅读内容，帮助用户了解相关事件或可能感兴趣的内容。

2020年

2020年3月21日，微信iOS 7.0.12版本上线，新版本提供了在深色模式下使用微信的功能。

2020年6月3日，微信正式上线微信支付分功能。

2020年6月5日，最新版微信可修改微信号，符合条件的用户支持一年修改一次微信号 。

2020年6月17日，微信上线“拍一拍”功能。

2020年7月26日，微信停止服务印度用户。

2020年9月9日，微信搜一搜推出“指尖搜索”功能 。

2020年9月18日，TikTok和微信将在美国境内下架。

2020年12月，“微信豆”用于支付微信内虚拟物品的道具，可以在视频号直播中购买虚拟礼物。

2021年

2021年1月21日下午，微信表情实现动态播放，其中最为亮点的是“炸弹”和“烟花”。更新了视频号的附近直播，可以按照分类来寻找用户感兴趣的直播。新增状态栏，可以编辑个人状态。

2021年4月14日，微信上线“公众号二维码一键转成公众号名片”小功能。

2021年5月28日，微信圈子宣布即将正式停运。

2021年7月2日，微信不仅可以同时登录手机、PC/Mac设备，还增加了平板设备的同时登录功能。

2021年9月17日，腾讯宣布用户升级最新版本微信后，可以在一对一聊天场景中访问外部链接。

2021年9月28日，新版本正式推出了“关怀模式”。有助于提升老年人、视障群体等人群使用微信的便利性。

2021年10月11日，微信发布iOS 8.0.15新版本，升级微信青少年模式，加入“监护人授权”的新功能。

2021年10月，微信支付与银联云闪付实现线下条码互认互扫，银联云闪付全面支持Q币、QQ音乐和腾讯视频的充值服务，微信小程序也逐步支持云闪付支付。

2021年11月7日，微信在用户投诉页面新增了“粉丝无底线追星行为”一项，用户可以通过该项原因对个人账号以及群聊成员进行投诉。

2021年11月15日消息，微信推出自研输入法。

2021年11月30日，微信版本更新后主要支持了两项折叠群聊功能，并且修复了一些已知问题。

2021年12月，微信团队在微信公众平台发布“微信关于规范校外培训内容发布和传播的合规指引”。

2021年，微信 PC 客户端在升级到最新版本后，支持同时登录电脑、平板电脑、手表等设备。

2021年12月，银河麒麟桌面操作系统 V10包括V10 SP1 完成与腾讯原生微信的迁移适配，并在麒麟商店上架。

2022年

2022年1月6日，2022 微信公开课 Pro 在广州举行。

2022年1月，数字人民币app升级更新，微众银行（微信支付）数字人民币钱包上线，腾讯接入数字人民币开始提供服务。

2022年1月15日，发布“语音暂停”功能，支持语音暂停和继续播放。

2022年1月，微信 for Mac 3.3.0 正式版更新，新增视频号功能，此外可以搜索微信号添加朋友。

2022年1月，更新后微信朋友圈可以选择20张图片。

2022年2月14日，微信更新了“微信车载版”介绍页面，显示微信车载版已经接入了15家汽车厂商，包括奥迪、宝马、北京、长安、长城等。

2022年2月，微信支持朋友圈发送超过9张图片。当用户选择 9 张以上图片时，会显示制作成新的视频。

2022年2月，微信 app 支持发送 4K 无压缩原视频。

2022年3月4日，微信支付平台面向客户发布了《关于进一步降低小微商户支付手续费的通知》。

截至2022年3月15日，微信已上线算法关闭键，允许用户在后台一键关闭“个性化推荐”。

2022年3月25日，网页版文件传输助手登录后打开“文件传输助手”，状态支持双击点赞，聊天图片搜索功能，图片也能“搜一搜”了。

2022年4月，据“微信支付智慧生活”消息，微信已支持在试点地区使用数字人民币。

2022年4月7日，“关怀模式”下支持“听文字消息”。开启后，点一下聊天中的文字消息就能听到。

2022年，微信iOS版本现推出一个“搜索发现”功能。

2022年4月，微信上线“腾讯数字人民币钱包”小程序，此前微信开放了所有试点区域数字人民币支持。

2022年4月，微信新版本支持转发朋友圈内容，用户需要长按朋友圈，然后在弹出菜单中点击“转发”。

2022年4月20日，微信新版最大变化是可以分类清理缓存。

2022年5月，微信安卓平台试版更新，支付界面UI动画也有改进。

2022年6月，微信聊天界面的拍摄功能改进，长按拍摄小视频由原来的最多15秒延长到了1分钟。

2022年6月，微信正式推出青少年模式支付限额功能。

2022年6月28日，微信“快速提取文字”功能发布，可以快速识别图片上的文字信息，随手一划就能任意选择、复制、收藏、搜索等，并且为文字网址、快递单号、手机号、地址、邮箱提供了快捷入口，一键打通。

2022年7月4日，微信表示将允许用户在无需额外手机号的情况下快速注册另一个账号。

2022年7月，微信内测朋友圈“共同回忆”功能，在发布朋友圈页面中可以选择“和谁一起”。

2022年7月，微信青少年模式支付限额功能入选中国信通院“护童计划”未成年人网络素养提升案例评审会的优秀案例。

2022年8月，腾讯科技（深圳）有限公司申请注册多枚“微信刷掌”“微信刷掌支付”“微信刷掌服务”“WePalm”商标，国际分类涉及广告销售、金融物管等。

2022年8月9日，微信新增功能，包括支持在电脑与手机之间互相迁移聊天记录，迁移后用户可在手机或电脑上浏览合并后的聊天记录。

2022年8月25日，微信支持一次发送99张图片。

2022年9月13日，“微信珊瑚安全”发布关于“文明上网，理性追星”的倡议，微信致力于打造绿色健康的内容生态，坚决抵制“无底线追星”等行为，对发布诱导非理性追星等内容的账号予以从严处理。

2022年9月，微信九宫格新增了打车一级入口，单独接入了T3出行。

2022年9月，微信支持退出群聊时选择“保留聊天记录”。

2022年10月，微信内已上线“微信刷掌支付”小程序。

2022年10月，群聊功能更新。

2022年11月，微信更新，增加多项新功能，支持提取和翻译图片中的文字内容。

2022年11月16日，微信更新后新增功能包括：朋友圈扩展文字输入区域、新增删除声音锁功能。

2022年11月18日，微信上线“微信创意表情”的小程序，支持自定义微信表情包。

2022年11月25日，“微信珊瑚安全”发布关于进一步规范小程序“微短剧”类内容的公告。

2022年12月，微信更新后，对拍照功能进行了“大升级”。升级后的拍照功能采用了新的界面设计，并加入了微距拍摄的支持，解决了此前近距离拍摄时无法顺利对焦导致的模糊问题。

2023年

2023年1月14日，微信更新后，新增室内地图功能、清理聊天记录功能。

2023年2月3日，使用同一手机号注册辅助账号的功能已全量开放。

2023年3月3日，微信青少年模式再次升级，可一键开启。

2023年3月，在数字人民币（试点版）app“钱包快付管理”页面，“支付平台”新增微信支付。

2023年4月3日，新增通过微信预订韩国火车票服务，可选择日期、座位并进行支付。

2023年4月20日，腾讯面向国人征集生僻字的微信小程序上线。

2023年4月26日，小程序、视频号可使用数字人民币付款。

2023年5月11日，公众号可带货“视频号小店”，视频号小店的商品卡片可以插入微信公众号。

2023年5月，“微信110”进一步加强对发布血腥暴力不当内容的治理力度。

2023年5月21日，微信刷掌支付正式发布，用户目前可以在刷脸设备上进行刷掌操作。

2023年5月22日消息，微信刷掌支付功能正式发布。

2023年5月31日，微信“搜一搜”推出的“问一问”搜索功能已经开启内测。

2023年6月1日，微信青少年模式上线“视频号青少年内容分级”功能。

2023年6月22日，微信支付在尼泊尔启用。

2023年6月24日，登录QQ账号可以用微信。

2023年7月17日，微信好友数量上限约 1 万个，每日添加好友和被添加没有次数限制，但短时间内频繁添加好友，可能会出现异常提示。

2023年7月17日，微信有零钱的微信号就不会被注销。

2023年8月1日起，济南地铁微信、支付宝乘车码将正式上线。

2023年9月1日起，微信小程序须完成备案后才可上架。

2023年8月15日消息，微信公众号新增图片修改功能。

2023年8月，腾讯公布2023年第二季度财报显示，截至6月30日，微信及WeChat合并月活跃账户数13.27亿，同比增长2%。

2023年8月30日，微信表情开放平台支持“表情专辑”和“表情单品”两种投稿形式。

2023年9月5日消息，微信支付宣布，全国零售行业首发上线了微信刷掌支付，已正式登陆广东711便利店1500+门店。

2023年9月6日，微信上线“腾讯混元助手”小程序，功能包括AI问答、AI绘画等。

2023年10月31日，微信发布关于头部“自媒体”账号对外展示实名信息的公告。

2023年10月31日，iOS版本微信新增了一个换行按钮。

2023年12月12日，微信公众平台发布《小程序交易保证金管理规定》保证金缴纳通知。

2023年12月19日，“北京轨道交通乘车码”微信上线。

2024年

2024年1月3日，微信安卓平台迎来了8.0.45 正式版更新。

2024年1月，进一步扩大微信内可以使用数字人民币的商户范围。

2024年1月，微信在“发现”页中单独设置了一个入口，并更名为“听一听”，权重得到了提升，与“搜一搜”“扫一扫”“看一看”等功能并列。

2024年1月，微信动态红包封面全面开放定制。

2024年2月，微信上线“听一听”功能。

2024年2月14日，情人节当天微信提升单个红包的额度上限，微信普通红包的单个金额上限由200元上调到520元。此外，微信还上线了两款节日限定状态，分别为“撒狗粮”和“吃狗粮”。

（以上数据摘自微信官网）

第八章 视频类广告

人类一向是视觉动物。从远古壁画到今天，人类媒介演进的历史也是不断可视化的历史。图像代替文字，视频代替图像。

——法国媒介学家雷吉斯·德布雷[1]

1 德布雷.普通媒介学教程[M].陈卫星，王杨，译.北京：清华大学出版社，2014：39.

学习目标

通过本章学习，你将能够：

» 了解视频类广告的基本类型

» 了解视频类广告的主要特点

» 掌握视频类广告的营销传播要点

» 理解视频类广告背后的底层逻辑

本章任务

智能手机的拍摄录像功能使得短视频的制作变得十分便利。只要条件允许，用户就能随时随地制作短视频并上传到自己的新媒体平台。当然，绝大多数有趣的、干货满满的短视频其实是新媒体运营团队花了大量时间制作而成的。

请列出你最喜欢的五个短视频，并记录这些短视频的相关数据：

短视频名称	视频上传者	转发量	评论数	点赞数

任务提示：

1. 浏览知名或者热门的视频网站，关注最近点击量比较大的视频都有哪些。
2. 可以与身边的人交流，最近朋友圈里有没有特别流行的短视频分享内容。
3. 分析这些热门短视频在内容和设计上都有哪些特点。
4. 分析现阶段这些短视频为什么流行，其广受欢迎的深层次原因有哪些。

学习内容

根据最新数据，目前国内主流短视频平台用户数量已经超过了12亿，其中以抖音、快手和小红书为代表的三大平台用户数量更是超过了10亿。这说明了短视频平台在人们生活中的重要性。

随着网红经济的出现，视频行业逐渐崛起一批优质UGC（用户原创内容）的制作者，微信、微博、秒拍、快手、今日头条纷纷进入短视频行业，短视频行业竞争进入白热化阶段，内容制作者也偏向PGC（专业生产内容）专业化运作。根据业内人士分析，今日的新媒体流量，大多数都来源于视频消费。短视频和直播已经被新媒体行业视为自2016年内容创业以来的两大风口。

第一节　短视频广告

短视频，即短片视频，是一种互联网内容传播方式，一般是在互联网新媒体上传播的时长在5分钟以内的视频。短视频比起乱象不断的直播平台发展得更健康，特别是专注生活类内容的短视频媒体正大行其道。作为一种新颖、快捷的传播媒介，短视频在推广效果上更胜一筹。目前许多电商平台如淘宝、京东，社交平台如微博、微信，都涌现出大量的短视频营销推广内容。为此，新媒体运营者都特别注意研究短视频的制作，期望通过小创意引爆大流量。

一、短视频概述

短视频的出现丰富了新媒体原生广告的形式。短视频特别适合在移动状态和短时休闲状态下观看，可以实现高频推送，时长从几秒到几分钟不等，因此在广告媒体中是一种特别经济有效的选择。

现在的短视频内容无所不包，有技能分享、幽默搞怪、时尚潮流、社会热点、街头采访、公益教育、广告创意、商业定制等主题。由于内容较短，可以单独成片，也可以成为系列栏目。随着移动终端的普及和网络的提速，像短视频这种短平快、大流量的传播内容，会逐渐获得各大平台、粉丝和资本的青睐，其传

图8.1　网络短视频创作者李子柒及其创作团队拍摄的具有浓厚中国美学意味的美食系列短视频，获得了YouTube银牌奖，其本人也获得由《中国新闻周刊》主办的“年度影响力人物”荣誉盛典年度文化传播人物奖

播效果堪比100个销售员，发展前景也会越来越好。

短视频内容创作呈现出以下几种趋势：强调个人魅力、垂直品类更加细分、能够提供新鲜体验、替用户节省时间、内容更加本土化。

如图8.1所示的李子柒案例，就是一个明证。这个名不见经传的“90后”小姑娘，在四川农村用很简单的设备拍摄出一系列唯美的画面，在YouTube上推广后深受海外观众的喜爱，视频主人也成为网络知名人物。

二、短视频的制作与推广

不同于微电影和直播，短视频制作并没有像微电影一样具有特定的表达形式和团队配置要求，具有生产流程简单、制作门槛低、参与性强等特点，又比直播更具有传播价值，超短的制作周期和趣味化的内容对短视频制作团队的文案以及策划功底有着一定的挑战，优秀的短视频制作团队通常依托于成熟运营的自媒体或IP，除了高频稳定的内容输出外，也有强大的粉丝渠道。

短视频在推广过程中需要注意以下几个问题：

首先是视频效果要保证高清，这样才能达到最基本的观看效果，例如李子柒系列的短视频，据说就是拍摄的画面和角度都极其讲究，通常一个镜头都反复重拍很多次，所以最后成片制作出来的效果才能深深地折服人心。

其次是视频投放的平台，需要考虑到各个类别各个层级的不同的平台去投放，才有可能扩大影响面。还以李子柒的视频为例，她的很成功的一个运作是拿到海外平台上播放，最先是老外很喜欢这些介绍中国文化中国美食的视频，然后才在国内引起关注的。这是一个典型的出口转内销的例子。

最后顾名思义短视频就是要短小精悍，简单明了，画面和文案主题一致，才能形成良好的传播效果。

三、短视频广告

利用社交媒体传播的短视频能够快速爆火，短视频因此具有强烈的广告属性。企业可以通过微信、QQ、微博等社交媒体，将短视频分享给自己的粉丝和朋友，让更多的人了解企业的品牌、产品或服务。一般来说，短视频广告包括如下几类：

1. 信息流广告

在用户日常“刷”的最多的短视频页面，经常会插入一些带有广告性质的“短视频”，这种用户在短视频浏览页面内出现的广告，就是信息流广告。

短视频平台能够根据单个用户的浏览内容，有针对性地精选一些特定内容的短视频广告进行推送，这就是短视频信息流广告最大的优势。这种曝光方式更加原生态，用户在全屏浏览短视频信息时，间或出现的信息流广告，能够得到更加自然的展示和增加浏览度。

这类短视频信息流广告会有相应的广告标注，提示浏览者目前观看的内容是一则广告。如果觉得该广告推荐的内容自己有需要进一步了解或者即刻下单，就可以点击屏幕固定位置的按钮，方便快捷地跳转链接，完成交易闭环。短视频信息流广告的转化方式非常快捷，转换按键通常就设置在用户浏览的第一视觉通道。

这种短视频信息流广告，还具有高互动交流的特点，用户可以关注、点赞、分享、评价或者转发，当视频内容引发的评价足够多，就能够提高知名度和品牌的友好度。

2. 短视频app开屏广告

各种短视频app在启动时，通常会展现5秒左右的广告，在视频结束后再进入主页面。开屏广告的展现方式有很多种，大多数是照片或短视频形式，广告主可以根据自己公司的推广目标及推广要求找到适合自己的广告方式。

短视频app开屏广告因为是全屏幕播放，具有很强的展示效果。不管是动态的视频还是静态的图片，都能够做到全屏幕展现，给人以极强的视觉冲击力。从展示效果上看，是优于一般的小屏幕展示广告的。

短视频app开屏广告还具有曝光率大的特点，它的月活跃用户数和日活跃用户数都非常可观。短视频app开屏广告支持定向投放，能够按照目前顾客、市场定位等方面进行定制，广告曝出更加高效。短视频app广告的费用，一般来说高于信息流广告。

3. 短视频内容营销

短视频广告的根本，其实就是内容策划。

成功的内容营销，需要做到对用户的深入分析，充分了解受众心理，研究分析用户的心理特征。然后，根据这些用户画像的结果，匹配自己的短视频内容。即什么样的人会关注该内容；用户主要集中在哪些地区；他们为什么会使用这款产品，等等。内容营销是一种新型的营销手段，它通过制作和发布短视频来推广品牌、产品或服务，以达到提高品牌知名度、增加销售量等营销目的。短视频内容营销的核心在于吸引用户的注意力，让用户对企业的品牌、产品或服务产生兴趣，从而提高企业的曝光率和影响力。

短视频内容营销的要点如下：

短小精悍：将短视频的内容时长控制在1—3分钟，这就需要在短时间内传递出企业的核心信息，让用户快速了解企业的品牌、产品或服务。因此，如何在有限时间内准确传递出想要表达的信息内容，成为短视频创作者首先要面对的考验。

生动形象：短视频可以通过图像、声音、文字等多种形式来展现企业的特点和优势，让用户更直观地了解企业的特点和优势。这种综合信息传播的模式非常高效，而且逐渐成为主流的信息传播模式。企业需要根据自己的品牌特点和营销目的，制作出符合用户口味的短视频，让用户在短时间内了解企业的品牌、产品或服务。

互动性强：短视频可以通过互动的方式来吸引用户的注意力，例如在视频中加入问答环节、抽奖环节等，让用户参与其中，增加用户的参与度和黏性。事实上，除此以外，短视频还可以开发出更多的互动方式，牢牢增加用户和内容之间的关系深度。

利用短视频营销工具，可以帮助企业用一些短视频制作软件和短视频营销平台，来制作和发布短视频，提高短视频的质量和效果。

此外，短视频内容营销还包括创作有趣、有吸引力的视频，利用明星效应，制作教程和演示视频，利用UGC，进行合作和投放广告，以及利用社交媒体的力量等。将相同内容的短视频同步发布到抖音、快手、微博等热门平台，可以让更多的用户看到企业的品牌、产品或服务。

第二节　直播广告

截至2022年底，我国网络直播用户已达7.51亿，占网民整体的70.3%。2022年，中国网络直播领域市场规模为1249.6亿。截至2020年12月，我国网民规模达9.89亿，短视频用户规模为8.73亿，网络直播用户规模达6.17亿。如此耀眼的数据，背后是数十亿人的关注与热捧，各种直播现象层出不穷，已经到了非关注不可的地步。

一、直播的定义

直播最早是出现在广播电视领域内的一个专有名词。根据《广播电视辞典》，“直播”是指广播电视节目的后期合成、播出同时进行的播出方式。按播出场合，可以分为现场直播和播音室或演播室直播等。电视现场直播指随着现场事件的发生、发展进行同步制作和播出的一种电视节目的播出方式，是充分体现广播电视媒介传播优势的播出方式。

2000年后，随着网络时代到来，网络直播逐渐取代电视直播，成为“直播”的代名词。网络直播，是指在现场架设独立的信号采集设备（音频+视频）导入导播端（导播设备或平台），再通过网络上传至服务器，发布至网址供人观看的行为。

以小米无人机的线上发布会为例，3个小时的线上发布会，观看总人数达到

1092万，同时在线观看人数最高达到156万。小米公司创始人雷军，作为整场发布会的主播，被网友调侃道：“某 CEO 转型做网红，月入百万。”在3个小时直播过程中，雷军与大众分享了自己对直播的看法。他说，“直播是一种全新的方式，这里面存在巨大的机会，建议创业者关注直播，利用好直播向用户介绍自己的产品”。

二、直播平台的兴起

直播平台的兴起标志着新媒体从“读图时代”进入了“视听时代”，直播平台推广也是一种前卫和与众不同的营销方式。从2017年开始，多家直播平台开始融资大发展，比如花椒直播、熊猫直播、虎牙直播等。以花椒直播为例，其用户数量和知名度都位于全国前列，拥有庞大的网红资源和出色的活动组织能力，未来应该在大数据、云存储、智能化等领域都会有进一步的发展。

直播平台最大的优势在于无处不在的“现场直播”能够给观众带来身临其境的感觉，而且直播平台上的互动要比其他任何形式的互动都更具有真实性和热烈

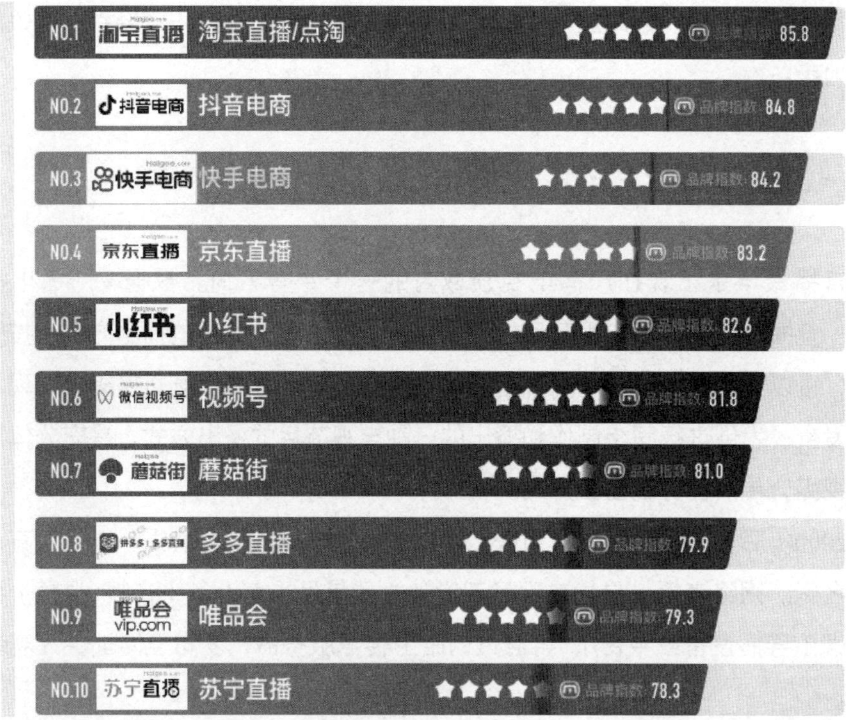

图8.2　全国十大直播平台

的现场气氛，直播和打赏互动经常使得群情激动，成交量暴涨。直观性、互动性、即时性是直播的最大特征，也帮助直播成为现阶段争夺粉丝和流量的一种有效方式。

目前的直播平台除了专门的视频直播平台外，一些传统的视频网站也开设了此项功能，还有一些电商网站更是专门开辟直播空间进行直播，其他的新闻行业、教育行业、金融行业等也开始使用直播拉近了受众与新闻现场、课堂和行业会议等现场的距离。可以说，直播的应用已经远远超过了商业范畴。

近年来，直播平台成就了许多网络红人，许多新媒体运营者借助直播平台与粉丝即时互动，也能够成为网络红人。这种网红和粉丝之间的直播互动效果最为直观和随意，通常很容易得到数量可观的粉丝打赏。这也逐渐成为一种流行现象。

尽管有人批评直播平台的主要受众层次都不太高，但是直播经济的火爆还是能够说明一些问题的。2023年天猫双十一成交额为1878亿元人民币，淘宝双十一成交额为2135亿元人民币，两者合计达到了惊人的4013亿元，同比增长近27%。其中网红带货直播部分的成果惊人。

成交额数据方面，主要销售都是集中在淘宝、天猫、京东等电商平台，以京东为例，双十一实现了1356亿元的交易额，同比增长28%，刷新历史上的最高单日销售纪录。三大电商平台的总销售额达到了5370亿元。在短短的24小时内，中国的网购者在淘宝、天猫和京东完成了价值5370亿元人民币的消费购买，较2022年同期增长37%。

由此可见，对于品牌来说，直播带货跟曾经的线下渠道、电商平台一样，现已成为商品销售的基础设施和标准配置，所以才会出现今天这种“人人都做短视频，个个都是销售员”的全民直播状态。但是，关于如何做好直播带货，则是一个系统性问题，需要掌握更多的知识和技能。

三、直播的特点

网络直播具有独特的特点，总结如下：

1. 低门槛：直播行业的进入门槛相对较低，这使得越来越多的人可以参与到直播行业中，也使得直播内容的多样性得到了极大的丰富。

2. 内容多样化：互联网直播的现状主要特点就是内容的多样化，包括游戏直播、秀场直播、社交直播、电商直播以及泛娱乐直播五大类型。

3. 主播媒体化、明星化：主播们不仅需要进行才艺展示或者聊天，还需要具备一定的媒体素养和明星特质，以吸引更多的观众。

4. 平台竞争加剧：随着直播行业的快速发展，各大平台之间的竞争也在加剧，这既给主播们提供了更多的机会，也给平台带来了更大的压力。

5. 半碎片化观看：直播内容的观看方式呈现出半碎片化的特点，观众可以在任何时间、任何地点观看自己感兴趣的内容。

6. 双向互动：直播的一大特点是双向互动，观众可以通过弹幕等方式与主播进行交流，这种互动性是其他媒体无法比拟的，这种交互性增强了观众的参与感和黏性。

7. 强社交属性：直播具有较强的社交属性，观众可以通过观看直播内容，结识新朋友，拓展人脉，甚至实现商业价值。

8. 网络要求高：直播需要高带宽、低时延的网络，5G网络的普及以及公有云的发展，快速推进了直播业务的普及，各网络平台为直播业务提供了低成本的选择。

直播带货除了明星、网红和总裁之外，几乎人人都可以考虑开通直播，对企业而言，要培养出自己的“直播促销员”才是最佳选择。因为总裁很忙，不可能长期去带货，头部网红垄断流量掌握定价权，明星高不可攀不能持续使用，企业在使用腰部网红/KOL和尾部KOC外，培养自有“直播促销员”或者让传统导购转型直播，将直播带货化作日常，持续直播带货就显得非常重要。

四、直播广告

直播广告又称直播营销，是指与现场事件的发生和发展同时制作和播出节目的营销方式。这类营销活动以互联网平台为载体，达到提升品牌或增加企业销量的目的。直播营销是营销形式的重要创新，也是能够体现互联网视频特点的标志。

直播广告与传统媒体广告不同。直播广告由直播平台与主播共同提供，平台与主播属于合作关系。而传统报纸和电视等媒体渠道拥有对广告发布的控制权，直播广告发布的控制权是分离的，直播平台需要激励主播在直播的过程中发布广告，进而才能够从广告渠道中获利。

观众可以在直播广告中与主播实时互动，提出问题、发表评论和参与投票。这种互动性有助于建立更紧密的品牌与客户关系。广告主可以即时了解观众的反馈和观看数据，从而可以根据实际表现调整广告策略。

直播广告的内容类型多种多样，可以包括产品演示、教程、问答环节、娱乐表演等。这种多样性使品牌可以选择适合目标受众的内容风格。观众通常认为直播广告更真实、更可信，因为他们可以看到产品或服务的实际应用和效果。

1. 品牌引导页广告

品牌引导页是用户在进入直播时弹出的全屏广告，一般用于对活动主题的宣传推广。观众在进入直播间时，都会先展示数秒的品牌引导页，从而提高品牌的曝光。

2. 片头广告

片头广告就是用户在进入直播后，在观看正式直播内容之前播放的广告，可以有效提高企业品牌形象的宣传效果。

3. 直播间贴片广告

一般设置在直播间上方或左右两侧。直播间贴片的作用主要有四种：展示基础信息，比如直播信息、预告；凸显特色卖点，比如上新产品、秒杀商品；提供优惠折扣，用户可以点击贴片领取优惠券和红包；烘托直播氛围，应用于大型节假日的促销活动中。

4. 滚动文字广告

一般设置在视频下方或者自定义菜单下方，是通过滚动文字的形式进行重要问题或事情的提醒。在直播中，可以以滚动文字广告的形式提醒用户关注直播间，从而达到引流的目的。

5. 弹幕广告

用户在观看直播时，在直播屏幕上方以弹幕形式出现的广告。弹幕广告见缝插针地植入弹幕之中，可以有效提高品牌与消费者之间的互动性，提高品牌的知名度。

6. 暂停广告

暂停广告比较小众，一般用于直播暂停推流时自动播放的广告，多用于产品发布会、大型峰会、论坛的直播中场休息时间播放。

五、打造直播间

在直播平台上，一个个直播间成为互联网上活跃的单元。例如“东方甄选”“与辉同行”等，一个直播间其实就是直播平台上的一个“品牌”或称“IP”。因此，创建自己的直播间，要根据活动主题对直播间进行相应“改造”，形成独特的直播间风格。直播营销对整体氛围和自身产品形态营造的要求更高，它不是简单的卖货，而是基于场景不露痕迹的“销售”。

直播更容易吸引用户的关注，聚集起用户的注意力，尤其在自身品牌有一定知名度，或者引入明星、网红等公众人物的情况下，一场直播聚集的人气更是成倍增长。

开展一场直播前，需要至少一周的时间预热，在各个平台发布宣传海报或者软文，全面扩散直播的消息，以争取在直播前充分制造舆论，通过各大社交及视频平台增加线上入口。当然，除非出现了一些特殊的时机，例如需要开直播解决公关危机，或者出现了某个热点事件，时间紧迫必须发出声音，不能再等，那就不需要非要在一周前部署该场直播。直播前，还需要确定用手机拍摄还是摄像机拍摄，确定设备后反复测试，保证网络流畅。

在直播前，可以播放相关宣传片，适量插播广告，活跃直播间氛围。

直播过程中，需要主播频繁回答观众问题，保证互动率。直播间的互动方式很多，有打赏、送花、抽奖、发红包、投票等。

直播结束后，将视频下载至本地或生成回放链接广泛传播，进行二次营销。直播结束后将累积用户量、在线人数、观看时长、互动消息数等生成可视化数据报告。

直播营销是线上与线下的结合，线上获取用户，线下还可以实现边看边买，或配合促销活动引导他们到相应的电商平台购买，从而直接从关注实现转化，即产品的销售。传统营销一直存在“我知道我的广告费有一半浪费了，但遗憾的是，不知道是哪一半被浪费了”的困扰，而直播营销则能够让广告商看到用户的覆盖面和粉丝的增长等数据。直播数据能够实现迅速跟踪的效果，将观看者由高到低做价值排序，有利于对高价值用户的跟踪转化。对于明星和网红而言，通过直播这种方式与品牌合作，不仅能获得代言费，同时还可以拉近与粉丝的距离，并在聚集新粉丝的同时，获得打赏等新的收入来源，达成双赢。

六、直播监管

2021年4月，国家互联网信息办公室、公安部、商务部、文化和旅游部、国家税务总局、国家市场监督管理总局、国家广播电视总局等七部门联合发布《网络直播营销管理办法（试行）》。这一法规的颁布，直击直播中最重要的直播乱象问题，为管理和治理提供了法律依据。

由于直播是一种新兴行业，门槛较低，各种人群蜂拥而至，而且由于直播涨粉和直播带货和博主的经济利益密切相关，为了图利就不可避免会出现一些鱼龙混杂、打擦边球的情形，在一些平台监管不到位的地方，甚至会出现违反社会道德乃至违法乱纪的事情。

直播乱象的首要问题，主要就是伴随着网络直播的兴起，一些主播为了吸引观众和追求利益最大化，不惜挑战法律和道德底线，通过虚假宣传来误导消费者，包括销售过分夸大事实、销售伪劣产品、打造虚假人设、违背社会公序良俗、偷税漏税、涉黄涉赌等。

直播行业的乱象，给直播的平台、开展直播的人、看直播的粉丝，以及整个直播业的发展，都带来严峻的挑战。

国家相关部门已经开始着手整治直播乱象。国家广播电视总局、文化和旅游部印发的《网络主播行为规范》明确表示，对出现违规行为的网络主播，要强化警示和约束。在法律和政策层面，国家目前还出台和完善了其他一系列相关法律法规，如《互联网直播服务管理规定》《关于进一步规范网络直播营利行为促进行业健康发展的意见》《网络主播行为规范》，以法律手段规范网络直播行为。

在执行层面，直播平台负有不可推卸的监管责任。网络直播平台需严格遵守法律法规，落实主体责任，包括加强内容审核、用户注册、跟帖评论等内部管理制度，并及时向主管部门报告重大情况和问题。在主播层面，主播应加强自律，遵守法律法规和平台规定，尽力提供优质内容。在用户层面，需要提高网民的媒介素养，使其能够识别和抵制不良直播内容。通过这些措施，就可以有效整治直播乱象，推动网络直播行业健康有序发展。

第三节　视频背后的底层逻辑

互联网上互联网视频大火的背后，其实是有深刻的原因的。正如开篇所说的，人类一向是“视觉动物”。从远古壁画到今天，人类媒介演进的历史也是不断可视化的历史，图像代替文字，视频代替图像，就是人类社会演化的规律。如今我们每个人都生活在一个被视觉充盈的时代，图像几乎占领和吞噬了人类。

一、人类进入图像域时代

图像比文字更形象、更直观、更容易形成冲击力，看似也更客观，所谓的“无图无真相”，说的就是这个道理。其实，人类天生就倾向于选择图像传播，图像存在的历史甚至超过了文字。图像传播的信息量更大，而且传播效率更高，相对于文字的线性传播模式，图像传播更具有整合性，具有“一瞥可达”的优势。

1900年，伴随着柯达相机1美元便携式袖珍相机上市，摄影成为大众最有效的视觉在线工具。随着今天的图像生产技术和艺术的提升，特别是图像制造机器和机制的发达，日常生活中的图像逐渐涌现，大众无须经过特意地专门学习和培训，就可以轻松掌握图像生产和制作的技术，至于消费图像那更是唾手可得的行为习惯。

智能手机的普及，给人们配备了随时可以记录影像的设备，人们可以随时随地很轻易地拍照和录像。拍照和录影从某种程度上替代了语言，今天的人类更习惯于使用图像来记录日常生活。而社交媒体的普及，让我们任何一个人都可以轻松变身为图像的制造者和接受者，同时也是图像的挪用者和解读者。

我们生活在一个图像饱和时代：“凡有屏幕必有图像，凡有界面必有图像，图像出现在一切地方，像一道信息的洪流。”这是短视频以及直播平台大火背后的底层逻辑。

二、图像传播时代的开端

在视频大火之前，图像传播的优势就早已经凸显出来。例如互联网初期流行至今的表情包，就是一个明显的案例。

表情包指的是一种利用图片来表示感情的方式，主要流行于互联网。现在上网的人基本上个个都会发表情包。表情包在社交软件上非常活跃，形成了一种流行文化。人们还喜欢自己制作表情包，以时下流行的明星、语录、动漫、影视截图为素材，或者就是直接使用自己或者熟人的照片，配上一系列相匹配的文字，用以表达特定的情感。这种图像传播的符号体系逐渐流行，独立成为一套互联网上的专用语言，具有独立的表意功能。充分体现图像传播的“离身性”特征，即图像语言媒介的发展，使人类的身体在传播交流中逐渐消失。

全球约有90%的在线用户频繁使用表情包，每天有60亿个表情符号被传送。表情包已成为日本最大的出口商品之一。人们甚至也将表情包当作一门艺术。2016年，纽约现代艺术博物馆将Emoji列为永久收藏，其中包括176个诞生于1999年的最初版本Emoji表情。2017年7月18日，教育部、国家语委在北京发布《中国语言生活状况报告（2017）》，“表情包”入选2016年度中国媒体十大新词。

三、图像域时代的特点

根据《普通媒介学教程》的作者雷吉斯·德布雷（Régis Debray）的研究，人类的文明史可以被划分为三个不同的媒介域：文字（逻各斯域）、印刷（书写域）、视听（图像域）。[1]

雷吉斯·德布雷认为，我们正在走向以数字网络为代表的超级域，即融合了文字、印刷和视听的时代。这也表现为信息的高度集成和信息量的激增。我们每个人只要睁开眼睛，打开手机，就可接触到扑面而来的海量信息推送，文字的、语音的、视频的，可以说远远超过了人类大脑可以处理的能力。

视频传播为主流的图像域时代，这种信息超载成为常态，就会对人类的大脑提出挑战。这时候，如何在信息洪流中保持清醒和独立，就显得非常重要。每个人都在发出声音，自己作为独立个体的声音往往很容易就被忽略了。也正因如此，在图像域里，个人主义比集体主义更有吸引力。这从某种程度上也体现出了，人们渴望听见与众不同的独立的个体发出的声音。

在图像域时代，时间的形态也发生了变化。人们不再感觉时间是一条线性流淌的物体，而是在感知中时间变成了点状。因为，在图像传播中，时间形态被切分成一个又一个点，每个时间点上都以新闻、事件等形态展示出来，而且这个时间点给人的感觉是转瞬即逝。人们会觉得某个时间点发生了什么事情，下一个时间点又发生了一个新的事件取代了上一个时间点。于是，时间就以一种颗粒的形态以事件背后留存的图像的形式，保存在我们的记忆当中。

在图像域里，最常用的手段是“露面”/“曝光”。这也解释了在视频传播中，为什么各大IP都极力追求“流量为王”的行为，各种热点层出不穷，为了增加流

1　德布雷.普通媒介学教程[M].陈卫星，王杨，译.北京：清华大学出版社，2014：39.

量也无所不用其极。图像域时期的话语权成为非常重要的一种权力。不同于现实生活中的实际权力，图像域中的话语权是一种象征性的权力，这种权力需要运用非常复杂的象征符码才能进行操控。于是，今天的各种短视频博主，手持短视频这一武器，通过不断输出带有自己价值观的内容产品，对大众的思想进行占领和改造。

图像域时期非常重要的一个工作是制造"图像奇观"。这一时期内，人类的主要活动就是生成和消费图像。我们每天习惯性的拍照打卡记录等活动，无一不是在生成各种各样的图像，我们翻阅朋友圈或者刷视频的时候，其实就是在消费别人生成的图像。图像本身，成为令人向往的直接经验的替代品。通过图像，我们得以了解别人的故事，神游别的地方，也因此获得极大的满足感，虽然这种满足感完全建立在虚拟经验的基础上。

这也是图像传播时期的特点。对直观性、新奇性和刺激性的需要，使我们生活在一个"奇观社会"：每种情况都必须变成奇观，否则就没有人有兴趣注视它。追求"奇观"的概念，能够帮助我们理解，为什么短视频网站上会有那么多"奇葩""网红"，有些甚至低俗、违规，这些都是为了博取眼球成为"奇观"的做法。"出位才能出众"，让很多博主为了获取流量不惜采用各种手段，因为他们符合了人们内心希望看到"奇观"的渴求。

从某种程度上讲，图像域时代过分追求"奇观"的心理，也是信息过载之后带来的一种副作用，即过度渴求刺激。一般正常的图像意境无法引起人们的兴趣，也不能产生信息刺激所带来的多巴胺，如此一来，人们便对图像有了一种类似于毒品上瘾一般的刺激，总是希望看到更新奇、更奇特，同时也能够带来更多刺激和兴奋感的图像。

"一个强烈意义上的图像文明会创造一个没有想象的世界……现在一切都是现在。"雷吉斯·德布雷说，"这种'当前'将我们捕获，把我们当人质对待"，人们也因为图像的过分充盈而被迫发生着改变，"我不再花时间，而是被时间占有。我是一个被信息消费的瞬时垃圾筛选、浸透、阻塞和窒息的人"。[1]

刷视频的确会给人带来快感，但是长时间沉浸在视频中，对沉迷于视频和直播的人所带来的伤害，也是被充分证明了的。

---

1 德布雷.普通媒介学教程[M].陈卫星，王杨，译.北京：清华大学出版社，2014：450-451.

广告探索

病毒视频在营销推广中的作用：

“病毒视频”主要指将制作出来的视频文件借助电子邮件、视频博客以及YouTube这样的视频托管网站在互联网上得到大面积的传播。从制作风格上看，“病毒视频”通常十分诙谐幽默，除了一些精彩的原创剧本，还包括为数众多的“改编”作品——从对知名视频片段的戏谑模仿到某部影视作品的巧妙改造。病毒视频有些是原生态的、草根的，偶然获得了大量的关注与转载形成了病毒传播；还有一些是商业短片通过创意的手段包装引起观众情感上的共鸣，从而获得了病毒式的传播。后者是广告主有意识地创造与策划出来的。

病毒视频的传播方式主要有以下几种：

社交网络传播。社交网络已经成为病毒视频传播的最有力渠道。病毒视频由于其强大的“病毒”式的感染力，一旦被分享到社交网络，往往获得几何数量级的传播。如2012年的《江南style》在YouTube分享后引起众多明星名人模仿，从而吸引众多媒体报道，最终成功席卷全球。

邮件传播。Hotmail利用“病毒营销”成功吸引到了1200万注册用户，成为市场的领导者。

广告片传播。有家广告公司为汉堡王快餐连锁店的鸡肉三明治制作了一个名叫“献媚小鸡”的页面，用户可以在文本框中输入各种各样的动作指令，屏幕上那个套着小鸡外衣的演员就会做出相应的表演——从号啕大哭到迈克·杰克逊的太空舞步应有尽有。这是“病毒视频”史上非常成功的案例之一，超过4亿人次访问了这个页面。

梳理一下过去的半年里互联网上广泛流行可以归类为病毒视频的都有哪些？分析它们所属的类型，以及传播渠道。

课后思考

1. 分析短视频广告的优劣势以及其内在价值。
2. 植入电影广告和电影植入广告有什么区别？
3. 与同学分享一个你认为比较成功的影视剧植入广告案例。

4. 和同学讨论策划病毒视频时需要注意哪些问题，才能做到不惹人反感。

5. 应如何利用直播开展营销传播？

6. 如何开展直播监管，防止直播乱象的发生。

第九章 手机广告和移动app广告

手机媒体是借助手机进行信息传播的工具。随着通信技术（3G）、计算机技术的发展与普及，手机就是具有通信功能的迷你型电脑，而且手机媒体是网络媒体的延伸。

——匡文波[1]

未来的营销，不需要太多的渠道，只要让你的产品进入消费者的手机，就是最好的营销。

——世界营销大师克里·曼特[2]

1　匡文波.手机媒体概论[M].北京：中国人民大学出版社，2006：19.

2　王易.微信营销与运营全能一本通[M].北京：人民邮电出版社，2018：1.

学习目标

通过本章学习，你将能够：

» 了解手机广告的基本类型

» 了解手机广告的主要特点

» 掌握手机广告的营销传播要点

» 了解移动app广告的基本类型

» 理解移动app广告的主要特点

» 掌握移动app广告策划的要点

本章任务

手机媒体因其个性化、及时互动、精确定位等传统媒体无法比拟的优势，正越来越受到广告主的青睐。而无线网络传输技术的不断升级，把传统媒体广告的优势也逐渐集结在小小的手机屏幕上，使手机广告成为最具融合性和整合性的广告形式。[1]随着智能手机逐渐深入人们的生活中，手机屏幕上数不胜数的app（应用程序）就是最好的明证。当app达到一定数量级的用户下载之后，这些app上也开始出现广告。那么，在移动app上设计和投放广告，需要注意些什么？移动app广告有哪些独特的传播特点？通过本章学习，将有助于你了解移动app广告的主要类型和特点。

任务提示：

1. 首先，浏览并了解个人和身边亲友手机上的app都有哪些，并尝试给它们分类。

2. 其次，找到最经常使用的数个app，观察上面的广告形式主要都有哪些。

3. 分析这些移动app广告的内容设计和特点。

4. 分析上述广告主要面对的受众群体并预期其可能达到的效果。

---

1 杜俊飞.中国网络广告考察报告[M].北京：社会科学文献出版社，2007.11.

学习内容

第一节　手机媒体概述

手机本来只是作为一种通信工具存在于人们的日常生活中，但随着信息化时代通信和网络融合形成了移动通信网络，作为移动网络终端的智能手机，逐渐具备了媒介属性。2003年后，陆续有学者提出了手机媒体、第五媒体（指继报纸、广播、电视、网络之后的第五媒体）、移动媒体等概念。正如加拿大学者凯尔奇曾提出的“信息媒介”概念，明确指出媒介的概念和内涵，会随着时代环境的变化而不断延伸。手机作为媒体，必须具备表9.1列出的基本条件。手机媒体的出现，带来消费和传播方式的变革，手机的传播模式也逐渐从人际传播转为大众传播。[1]

表9.1　手机成为媒体的基本条件

基本条件	详情描述
信息载体功能	媒介最本质的内涵是信息传播载体。手机作为信息传播载体，具备语音通话、文字短信、彩铃彩信、音乐视频收听和无线网络通信等功能
受众规模	受众人数超过总人口数量的1/4的媒体被称为大众媒体。庞大的用户规模使手机媒体成为真正意义上的大众传播媒体
信息生产与消费	手机的移动特性与互联网的互动性有效结合，使手机既能随时接收信息又能发送信息；用户既充当媒体内容的生产者，又充当媒体内容的消费者，实现了新媒体信息传者和受者角色的自由转换
传播特色	信息传输打破地域、时间和计算机终端设备的限制，真正实现用户与信息同步

以手机为终端的移动广告也是发展最快的一种新媒介广告形式。手机是一种跨平台的、以丰富内容为主的、融合各种体验的个人化终端，随着手机终端的网络化，中国已经全面进入网络时代，在无线移动互联的协议下进行信息资源的共享和互联互通，满足人们在任何时间、任何地点，实现信息的融合应用，成为不可逆转的趋势。以苹果的iPhone手机为代表，“软件+服务”的模式，拓宽了用户

1　高丽华，赵妍妍，王国胜.新媒体广告[M].北京：清华大学出版社，2011：181.

对手机的体验，各大手机制造商、系统制造商、运营商都开始以此为蓝本开发手机用户的市场。

第二节　手机广告的类型与特点

当手机变成了一种新型个人化多媒体终端之后，手机的广告传播价值也大大增强。以往的手机广告形式主要局限于短信群发、电话营销、彩铃广告等比较简单的传播形式。现在，利用手机浏览报纸、游戏消遣、在线收看电视、收发邮件、购物订货等都已经成为现实，传统媒介上的广告图文信息等内容也都被大批量复制到手机当中，手机演变为传统媒体的集大成者。而且，手机具有其他媒体所无法取代的伴随性，使得用户可以很方便地随时随地接触信息，尤其是针对一些随身性比较强的产品，如互联网信息传播、短新闻播报、新音乐推广等，手机媒体都是合适的不二之选。如何将手机媒体与其他广告形式有机结合，也是手机媒体广告发展的一个方向。因为手机具有无与伦比的强大的互动性功能，很多媒体都将手机作为广告效果延伸的一种媒体，比如在电视广告中公布一个二维码，让用户通过扫一扫的方式关注或者抽奖，或是参与问卷调查等，这些都是一些新增的广告互动方式。

和个人电脑一样，手机广告的开发依赖于手机软件的开发。如何让手中这个小型终端设备发挥出越来越大的作用，是各家公司竞争的重点。而手机功能越强大，它作为一种新型媒介的分量便越重，广告传播的价值就越大。

广告主向目标受众通过手机终端投放产品服务相关的品牌广告或者销售信息等，都属于手机广告。手机广告主要通过移动通信网络发布广告，它主要是基于

图9.1　各大手机生产商正在积极研发的折叠手机，不仅会改变手机的形态，同时也可能会改变人们对手机的使用方式，有可能使手机演化为一种可穿戴设备

手机的媒介特性，以文字、图片、特殊图片（优惠券、二维码）、视频、电话号码、手机外呼等作为传播形式，以各种业务为传播载体，包括短消息、WAP、语音等，向手机终端用户传递广告信息。虽然手机广告与互联网广告越来越有融合发展的趋势，但是由于两个完全不同的网络平台特点不同，具体的广告形式还是存在很大不同。有学者通过研究提炼出手机广告的五个特征——“可携带、相对小的界面、个性化识别、无处不在、敏感定位能力”，认为“手机广告与网络广告最大的不同在于其具有即刻、个性化、迅速反馈能力，因而传递数字文本与互动图像功能强大”[1]。

“手机广告主要包括短信广告、语音广告、内置广告和WAP广告四大类型。另外，Push类广告等手机广告形式不断涌现，手机视频广告、游戏广告等新的形势也应运而生”[2]。直观来看，手机广告包括如表9.2所示的几种类型。

表9.2 手机广告的分类

广告类型	具体形式	特点描述
短信广告	手机之间点对点发送	以短信或彩信的方式实时或定时向消费者发送有关产品、服务、概念等信息内容的广告形式。具有成本低廉、制作简单、发布精确、覆盖面广、广告效果好等特点
	网站发送	
	网络软件发送	
IVR广告	集团彩铃	通过互动式语音应答广告（Interactive Voice Response）用户可以进入服务中心，根据操作提示收听信息。彩铃是其中重要一种形式，是一种个性化回铃音定制服务。企业通常会利用彩铃进行营销推广
	产品彩铃	
	促销彩铃	
	品牌彩铃	
内置广告	捆绑模式	移动网络运营商通过其定制的手机业务置入广告
	终端嵌入模式	广告商与手机终端商直接合作，将广告以图片、屏保、铃声、游戏等形式置入手机里
	合作置入模式	手机广告提供商与非运营商手机定制商合作置入产品广告
WAP广告	旗帜广告	广告主以WAP网站为载体，根据传播需求选择特定频道等广告位向目标手机用户精准展示广告的一种手机广告。基本所有互联网适用的广告类型都可以为无线互联网所使用
	间隙广告	
	电子邮件广告	
	聊天工具广告	
	文本链接广告	
	搜索广告	

1 孟茹，查灿长.新媒体广告规制研究[M].南京：南京大学出版社，2018：33.
2 高丽华，赵妍妍，王国胜.新媒体广告[M].北京：清华大学出版社，2011：190.

续表

广告类型	具体形式	特点描述
Push类广告	推送式广告	手机广告的主流形式，是广告商主动把广告信息推送到用户手机上。具有一定强迫性，操作不当会被当作垃圾广告
手机游戏类广告	动态嵌入式	在手机游戏中出现、内嵌在游戏程序之中的商业广告。这种广告将广告内容与手机游戏有机结合，以手机游戏的用户为基础，在游戏适当的位置和时间出现的手机广告类型。目前在游戏中插播广告有两种模式：一是在下载每款游戏前需要欣赏相应广告；二是在游戏人物设计上凸显广告产品
	静态嵌入式	
	主题游戏式	
	游戏赞助	
	关卡过关式	
	场景型广告	
	情节型广告	

第三节　移动app概述

移动app（Application的缩写）是指通过预装、下载等方式获取并运行在智能手机、平板电脑这类移动智能终端上的、向用户提供信息服务的应用软件[1]。移动app通常由第三方开发者设计研发，在平台提供商拥有的自营开放式数字商业市场中销售，例如苹果的App Store，谷歌的Google Play Store，安卓市场、小米应用商店等。这类应用市场或者应用商店能够向平台提供商的客户销售app和增值服务，用户则通过其下载或者更新app。

移动app的出现和发展得益于智能终端和移动操作系统的发展。最早是2008年苹果公司为其智能手机iPhone匹配的App Store上市后获得巨大的成功，后来吸引了众多移动运营商、手机生产商、技术开发商等加入app开发和运营的队伍，中国移动、百度、腾讯、华为等公司都开设有自己的移动商店。目前app已经成为移动终端主流的信息入口和内容载体，移动app已经基本覆盖用户的日常生活，成为日常生活的重要组成部分。它最大的优点在于便捷性和专业化，由于获取信息的路径简洁，客户可以在移动状态下一键操作，而且由于每个app只提供一种专业内容或者服务，反而能带给用户更为优质的体验。

按照用户对app功能的需求可以将app分为不同的大类。根据我国工业和信息

1　国家互联网信息办公室.移动互联网应用程序信息服务管理规定［EB/OL］（2016-06-28）［2018-04-15］.http：//www.cac.gov.cn/2016-06/28/c_1119122192.htm.

化部的分类，可以将现有app细分成15个领域。[1]

表9.3　移动app的分类

类别	垂直细分
通信社交	即时通信、匿名社交、微博博客、社区社交、婚恋社交、情侣互动
应用分发	应用商店、厂商商店、游戏商店
移动工具	实用工具、办公工具、美化工具、生活工具
旅游服务	旅游资讯、综合预订、民航、铁路、酒店、公共交通、行程管理、民宿短租
出行服务	打车、租车、拼车、代驾、共享单车、地图导航
学习教育	早教辅导、高等教育、职业/技能培训、语言学习、教育工具
电子阅读	阅读平台、手机漫画、专业读物、搞笑段子、百科问答、有声听书
图片摄影	照相机、图片编辑美化、摄像、影像剪辑、相册图库、图片分享
餐饮服务	点评、订餐、菜谱、美食社交、优惠券
育儿母婴	母婴购物、母婴社区、母婴健康助手、母婴实用工具
移动医疗	预约挂号、问诊咨询、医药服务、医疗辅助工具、医疗资讯文献、养生保健
快递物流	快递、物流
生活服务	社区购物、家政服务、婚庆服务、综合分类信息、宠物服务、政务服务、法律咨询
汽车服务	驾考摇号、汽车资讯、汽车交易、汽车养护、违章车险、加油油耗、行车辅助、综合汽车服务
健康美容	美妆美业、运动健身、减肥瘦身、健康管理
新闻资讯	报纸新闻、综合新闻、趣味新闻、杂志资讯、体育资讯、科技资讯、军事资讯、时尚资讯、商业资讯、娱乐资讯
移动视频	综合在线视频、垂直在线视频、聚合视频、电视视频、垂直直播电视、真人视频、短视频、视频播放器、VR视频
音乐音频	综合音乐平台、电台、音乐工具、手机铃声、音乐娱乐、音乐播放器
网络购物	综合电商、垂直电商、海外购物、生鲜电商、团购、导购、娱乐票务、抽奖购物、购物助手
智能硬件	智能家居、智能穿戴、智能健康、智能安防
房产服务	买房/租房、房产运营、房产金融、房产开发商、房产装修
人力资源	招聘、兼职、实习、职业社交、人力资源新闻、社保公积金
手机游戏	动作、冒险、跑酷、赛车、飞行、射击、街机、桌面、卡牌、娱乐场、骰子、音乐、休闲、智力、文字、角色、模拟经营、体育、策略、棋牌、游戏助手

1　TalkingData移动观象台的应用排行（http：//mi.talkingdata/app-rank.html）。

需要注意的是，每个用户的时间都是有限的，即便在一部手机上安装了表9.3中的所有app，用户肯花时间打开的数量也不会很多。一般情况下都不会超过10个。因此，一款app的用户数量如果能够超过一亿，就是非常成功的了，其他更多不为人关注的小规模app，则很难为广告主带来营销价值。

第四节　移动app广告

移动app广告被称为移动互联网时代的营销引擎。所谓移动营销（Mobile Marketing），是指在手机或者iPad等互联网移动终端上投放商品信息，围绕用户特征对其进行细分，突出商品特点来满足用户的需求，在消费者与经营者之间搭建桥梁，增强用户体验来实现广告主目的的活动。[1]

随着移动互联网在人们生活中的深入渗透，各种基于智能手机端的app也呈现出井喷式增长，为人们的生活带来了极大的便利。当人们的生活及消费方式逐渐智能化，移动app广告开始受到越来越多广告主的关注和重视，成为重要的广告载体，移动app的发展正逐渐对品牌营销的未来形成引领之势。[2]

对于广告主而言，移动app广告策划可以委托专门的移动营销方案提供商来协助完成。由于移动端面向的用户数量极其庞大，如何从中锁定高价值和高精准匹配的人群并进行精准的广告投放和营销，成为广告主首先需要思考和解决的难题。在为企业制定移动广告解决方案时，主要从以下几个方面来提供相关服务：

一、移动app资源梳理

移动app种类繁多，包括聊天、阅读、游戏、新闻、网上购物，等等。如何对这些资源进行梳理，从数量和种类如此之多的app中找出最适合广告主产品和企业形象的app进行集中投放，如何抓住用户的目光并得到持续关注，并不是一件容易的事情。据统计，app精品资源库中拥有的高品质应用达4万种以上，每天广告展示的页面浏览量能够在2亿左右，亿万级的页面浏览量可以让产品得到更

1　李斌.广告精准投放：移动互联网时代的广告投放策略[M].北京：中国经济出版社,2017：211.
2　李斌.广告精准投放：移动互联网时代的广告投放策略[M].北京：中国经济出版社,2017：25.

高的关注，满足企业在营销方面的需求。[1]在为企业制定移动广告解决方案时，需要了解企业的背景和实际需求，利用科学的方法帮助企业锁定目标群体，并挖掘潜在客户。

随着移动互联网的发展，信息更加公开化透明化，app广告需要抓住用户心理，注入更多人性化内容才能够生存下去。app广告策划人员需要收集数据，采取更易于用户接受的方式，用积分墙、推荐墙、原生广告等方式进行广告投放，力求降低用户的防御心理。

二、移动app的创意展示

移动app为丰富消费者的视觉体验，在平台上提供了形式多样的广告展示形式，如全屏广告、视频广告、互动广告、炫动广告，以及基于位置定位基础上的信息推送广告，等等。广告形式的多样性能够有效吸引消费者的注意力，并刺激消费者做出最后的购买决策。

表9.4　移动app广告

类别		特点详情
Banner		最常见的手机广告，仅需一块横幅或者旗帜大小的空间来展示广告内容
积分墙广告		用户通过完成任务获得积分并换取广告产品的广告形式，转化率较高
插播广告		在网页空白处插入的主要针对需加载和等待的页面利用空白时段发布
插播广告细分	全屏广告	最常见的手机app广告中的一种，在等待加载的数秒时间内全屏展示
	视频广告	与全屏广告一样，只不过是以动态视频的形式在手机上全屏表现
	互动广告	用户通过设计与广告产生互动，类似于小游戏的设计

众所周知，app广告需要突出内容的独特性和高品质，这样才能逃过人们手指尖的“跳过”键。但是目前app广告的信息呈现形式比较单一，只是把商品信息呈现给用户，精准度低，不能突出特色，最后湮没在海量信息中。表现平平的app广告，一方面无法引起用户的注意，另一方面也不能将其转变成潜在用户。

如何提升app广告创意的独特性？从目前app广告比较单一的BTC（企业对消费者）模式来看，可以通过UGC（用户创建内容）来解决，即引入用户创作

1　李斌.广告精准投放：移动互联网时代的广告投放策略[M].北京：中国经济出版社,2017：26.

的内容，使用户能够在app广告中看见自己创造的信息，从而提高app广告的独特性。

如何提升app广告创意的表现性？可以通过富媒体等形式来提升用户体验。富媒体是指将文字、图片、音频、视频等集成为一体。与其他宣传广告相比，富媒体广告的影响力更大，也可以同时在很多媒体平台上播放。富媒体可以放置在app开启或者切换的缓冲时段，也可以放在游戏程序中，让用户通过观看富媒体广告来获得升级或者免费装备。

如何提升app广告创意与用户的关联性？网络与新媒体技术中，有许多小的技术应用都可以加深广告与用户的关系，例如二维码技术、LBS定位技术以及AR技术等，都可以使app广告更加丰富多样，有效增加用户的app广告体验。

三、移动app的广告精准投放

精准投放是app广告的重要准则。由于消费者的需求呈现差异化、个性化、多样化的特点，所以只有针对性地投放用户感兴趣或者有用的广告，才能提高app广告的投资回报率。

移动app能够为广告主提供精准投放，实现广告费的有效支出，主要原因是移动app运营商可以很方便地获取用户的消费习惯、兴趣状况、媒体属性、网络运营商、手机品牌、操作系统等信息，然后根据这些信息进行多维度的投放，有效避免广告资源的浪费，让广告投放变得更精准和更高效。当目标客户锁定之后，可以根据目标客户的特征筛选app资源，实现广告投放需求方与供给方等精准对接，在地域、风格、规模等各方面都匹配，从而实现广告的精准投放。而且，在投放过程中，大部分可以采用自动化系统处理交易、计算、统计等工作，极大地减少了对人力的依赖。移动广告平台需要协助app开发者一起解决移动设备广告投放中面临的屏幕小、网速慢、转化率低等问题。移动广告投放从PC端的网站链接转变为更加明细的传播形式，如电商、应用分发平台、本地化生活服务等。

另外，由于基于位置的服务（Location Based Services，LBS）在app中相当普及，这类功能被称为app广告效果的最后一公里助跑器，一些生活服务类和导航类app的定位技术，不仅能够进行准确定位，还能掌握更多的用户数据，与其他广告相比，app广告的“自营销”价值正被越来越多的广告主认可。未来，app

广告会进一步带动移动广告领域快速发展。

广告探索

进行app推广，借助亿级流量提升广告阅读量。在app平台上进行营销推广是很多商家、企业已经使用的一种手段。主要原因首先是app注册用户和使用用户数量多，流量基础大，其次是从用户的角度看，在app上收看广告，既方便快捷又简洁美观，阅读效果比门户网站广告等好很多。遵循以下步骤对app广告策划模拟实践：

1. 找准平台：选择流量大且目标用户与广告受众一致的app。

2. 了解app规则和动态：对app内容版式目标定位以及更新速度等信息的了解，对于广告策划也非常重要。

3. 学习app上现有广告表现以及广告软文等的技巧。

4. 发布广告内容。

5. 调查目标读者构成，尝试对其定向推送定制化内容。

课后思考

1. 假设广告主计划推广一款儿童电话手表，你认为应该推荐的合适的app有哪些？

2. 分析手机短信广告的优劣势和其内在价值。

3. 挑选一个你喜欢的app，收集上面出现的广告内容，并回答以下几个问题：广告主是谁？广告产品是什么？广告时长？广告连播数量？看看能够得出什么结论。

4. 手机作为一种媒介类型，还能开发出什么形式的广告？

5. 与同学分享一个你认为比较成功的app广告案例。

6. 和同学讨论手机广告和app广告需要注意哪些问题，才能做到不惹人反感。

第十章 户外新媒体广告

几年以后，我们和其他公司可以在冰箱、汽车仪表板、恒温器、眼镜、手表等电器上投放广告以及其他内容。

——谷歌公司2014年发布的未来计划[1]

只要有人从广告所设置处经过，户外广告便如一位忠实的服务者一样，时刻担任着为你传播广告讯息的任务。你不必担心它会偷懒，它也从不会感到厌倦。

——著名广告人大卫·勃恩斯坦

1 EPIC.Google Plans Advertising on Appliances, Including Nest Thermostat[EB/OL].2014-5-22.https：//epic.org/2014/05/googlr-plans-advertising-on-ap.html.

学习目标

通过本章学习，你将能够：

» 了解户外新媒体广告的基本类型

» 理解户外新媒体广告的主要特点

» 了解移动电视媒体广告的基本类型

» 理解移动电视媒体广告的主要特点

» 掌握户外新媒体广告的广告策划要点

本章任务

随着数字技术、通信技术、网络技术、信息技术的快速发展，户外广告逐渐由单一的平面表现形式转变为多维数字化，由静态展示实现了双向互动，由广告信息“孤岛”成为与互联网、大数据连接的融媒体。下面，我们就来着重了解新媒体户外广告都有哪些类型、特点和应注意的事项。

任务提示：

1. 观察经常路过的商城、小区、车站，特别是广告资源丰富的地铁站，看看都有哪些广告形式。

2. 研究这些广告中有没有科技成分的应用，有没有产生什么奇特的效果。

3. 分析这些带有新媒体技术的户外广告的内容、形式和设计特点。

4. 分析新媒体户外广告主要面对的受众群体并预测可能达到的效果。

学习内容

第一节　户外新媒体广告概述

在人口聚集的大城市，传统的户外灯箱路牌等广告形式，逐渐被各种户外视频、户外LED等新形式取代。有数据显示，近年来户外广告的增长主要是来自户外视频、户外LED、户外LCD、户外电子阅报栏、户外触摸查询机等新兴设备和新型广告形式。此外，公交移动电视也增速惊人。从各种形态的广告收入增长来看，户外视频广告的增长速度已经超过网络广告的增速。

这里的户外新媒体，指的是安放在人们一般能直接看到的公共场所的数字电视等新媒体，是有别于传统的户外媒体形式（广告牌、灯箱、车体等）的新型户外媒体，比如公交、航空、地铁、轻轨，同时也包括这些交通工具相应的辅助场所如航空港，地铁（轻轨）站，公交站内所衍生的渠道媒体——LED彩色显示屏，视频等。其内容主要是广告，移动电视也被看作户外新媒体中的一种。

根据现代都市人群的生活路线图，户外新媒体广告可以划分为社区户外广告、交通户外广告和商圈户外广告等类型。[1]表10.1对各种户外新媒体广告的主要类型进行了详细比较。

表10.1 户外新媒体广告类型比较

分类	具体形式	特点详情
社区户外新媒体广告	电梯视频广告	围绕着人们居住地而设计的户外广告类型，主要覆盖消费者居家生活的时间和空间，被称为连接消费的“最后一公里”。社区户外新媒体广告目前基本上都连接了互联网，演变成互联网媒体的一个终端
	智能快递柜广告	
	小区停车场广告	
	宣传栏阅报栏广告	
	社区闸道广告	
交通户外新媒体广告	交通工具车身广告	围绕交通工具和交通出行而设计的户外广告类型，主要覆盖消费者外出通行的时间和空间。具有受众覆盖面广、封闭空间内的强制性传播等特点
	交通场站户外广告	
商圈户外新媒体广告	室外LED大屏幕	围绕商业终端而设计的户外广告类型，主要覆盖消费者进行吃、喝、玩、乐、购等活动的时间和空间。具有人流密集、品牌能够与消费者进行多样化和场景化连接等特点
	商场路演	
	室内美陈	
	地下停车场	
	商场户外营销活动	

户外广告的发展，越来越多地和环境媒体（ambient media）相结合起来，当广告创意内容和周围环境有机结合后，就能够借助周围空间和环境带来独特的视

1 黄河，江凡，王芳菲.新媒体广告[M].北京：中国人民大学出版社，2019：299.

图10.1　户外新媒体广告示意图，用电子屏幕取代普通灯箱路牌是最常见的做法

觉效果和冲击力。这些环境要素，可以是路牌、电子显示屏，也可以是公交车上的把手和车窗，公园里的树木和道路，甚至是人和人身上的衣服等。而由于新媒体技术的发展，例如显示技术、自动控制技术、虚拟现实技术、人脸识别技术等的出现，让户外广告的发展如虎添翼，为人们的生活增添了丰富的内容和感受。

第二节　移动电视广告

户外新媒体广告中，移动电视是非常重要的一个类型。传统电视媒体主要出现在家庭场景中，是固定位置播出的。但是近年来，随着数字电视传播技术和网络与新媒体技术的发展，数字化电视开始出现在出租车、公交车、火车、轮船、飞机、地铁等各种交通工具上，成为人们出行路途中必不可少的伴随媒体之一。

这种伴随交通工具移动播出的电视媒体，统称为移动电视媒体，和传统电视媒体以示区分。

移动电视是指可以在移动状态中收看的数字电视，其最大的特点是在移动状态的交通工具上能够保持电视信号的稳定和清晰，使观众可以在移动状态中轻而易举地收看电视节目及广告信息。移动电视是全新概念的信息型户外数字电视媒体，以数字技术为支撑，通过无线数字信号发射、地面数字接收的方式播放和接收电视节目和广告，是传统电视媒体的延伸。[1]

移动电视的出现，迅速扩大了传统电视媒体的市场，它的覆盖面广泛，具有强制接收的特点，收入来源主要依靠广告收入，是一种更商业化的媒体类型。表10.2将移动电视和传统电视的特点进行了全面比较。

表10.2　移动电视与传统电视特点比较

比较层面	移动电视	传统电视
收视时间	主要是白天	主要是晚上
收视空间	主要在户外、车上等公共空间	主要在家里客厅、卧室等私人空间
受众参与度	大部分为被动收看，没有选择权	大部分是主动收看，有选择权
内容形式	主要是平面视频相结合，通过画面分割、滚动字幕等方式实现静态平面边栏广告和推送字幕信息	主要以视频播出为主
节目特征	节目短小、信息密集、服务性强、周期短	节目完整、周期较长、连续性较好

按照移动电视出现的空间载体，可以将移动电视分为如表10.3所示的几种类型。

表10.3　移动电视分类

载体形式	详情描述
公交移动电视	在城市公交系统上播放的移动电视。2003年，上海首次推出城市公交移动电视服务，目前国内大中小城市已经基本普及
列车移动电视	又称列车闭路电视，伴随我国铁路建设等快速发展而产生，主要出现在铁路客运车辆如高速列车、动车组列车、直达高速列车中

1　高丽华，赵妍妍，王国胜.新媒体广告[M].北京：北京交通大学出版社，2011：206.

续表

载体形式	详情描述
地铁移动电视	通过在地铁站台及车厢内安装的显示屏为乘客提供动态视频的列车运营信息、消费资讯及各种广告信息
出租车移动电视	安装在出租车副驾驶座头枕后方的一个触摸式彩色液晶屏，能在提供信息资讯的同时，与乘客开展独一无二的互动体验
其他移动电视	城际巴士移动电视、机场巴士移动电视、旅游巴士移动电视、水上巴士移动电视等

其中，公交移动电视是所有移动电视中最为成熟，特征也最为明显的。移动电视广告的主要特点表现在以下几个方面：在受众方面，具有受众覆盖面广、受众具有相对确定性；在内容方面，以快消品、信息告知、公益宣传为主，节目短小、投放精准；在信息传播方面，相对封闭环境内单一频道的强制传播、广告频次高、重复记忆、效果明显，具有伴随性。

图10.2　移动电视是户外新媒体中应用非常广泛的一种类型。图中是各种各样的电视屏幕出现在不同交通工具场景中，依次是出租车副驾驶后座、公交车内、地铁站台和地铁车厢内。可以看出，移动电视收视环境的丰富性和多样性

第三节 户外新媒体广告策划要点

户外空间是人们永远都无法避开的环境，只要是不在家中或工作场所人们每天都会有大量时间接触到各式各样的户外媒体。随着科技进步、城市发展等因素，户外新媒体的创新和创意也达到了前所未有的高度。在进行户外新媒体广告策划的过程中，需要注意以下几点。

一、与新媒体技术结合，朝向多元化发展

高新技术在户外广告中的广泛应用，改变了传统户外广告经常采用的二维平面信息为主的单一传播局面。虽然在新媒体时代，会出现很长一段时间内新旧媒体相互融合的状况，但不可否认的是，户外广告正是媒体融合最活跃的领域。新媒体技术极大地丰富了户外广告的表现手段，使得户外广告在形式上不断突破，几乎在所有户外广告媒体中，包括交通工具、楼宇、候车室、候机厅、加油站、海报、灯箱、电子广告牌、电视屏幕墙等，都可以见到新媒体技术应用的身影。

除了综合运用户外媒体广告的大小、形状、载具形式、色彩、三维等要素外，户外新媒体广告为了增强表现力、增加创意效果，还能经常将上述元素与最新的媒体技术结合起来，借助高科技材料和技术的综合效果，更加形象生动地表现广告主题，创造出卓越强劲的视觉冲击力。一些视频、数字和移动技术的应用，一改户外媒体以往单一平面信息传达的特点，让户外广告“动起来”。如图10.3所示，户外新媒体的屏幕化开始成为一种趋势，如各种动态大屏幕、数字视频网络播放系统，等等，户外媒体开始朝向多元化发展，越来越富有生命力。

技术，正是影响户外新媒体广告发展至关重要的因素。正是因为全息投影、触控技术、虚拟现实技术等的应用，传统的橱窗广告、灯箱广告、路牌广告等都“变成了一个引流甚至交易的平台，被纳入一个全新的O2O传播生态体系中”[1]，焕发出新的活力。因此，在利用户外新媒体广告进行策划时，及时快速地了解各种

1 电通安吉斯集团.智汇前瞻[M].上海：学林出版社，2017：57.

图10.3 户外新媒体广告发展中出现的屏幕化倾向。上图分别是出现在小区花园、店铺玻璃墙、共享单车和学校公告栏等场所等的各种屏幕。这些屏幕技术等应用，大大激活了传统户外广告的媒体能量，让户外媒体焕发出更新的广告价值

层面的新媒体技术，并且快速应用在策划创意和表现当中，是非常重要的一个意识。可以说，户外新媒体广告正面临着一个最大的机遇。户外新媒体广告正在形式上、渠道上、技术上变得愈加丰富多彩。同时，数字化革命、互动技术等技术潮流也为户外广告的发展带来无数的机遇。

二、与公益内容相结合，赢得更多关注

户外广告最主要的功能是树立品牌形象，其次才是发布产品信息。由于户外广告绝大部分都出现在某一个特定的公共空间内，受众就是各种公共空间里日常经过或者活动的流量巨大的人群，因此户外广告天然具有强大的社会属性，也是最适合体现社会公益和人文关怀等创意内容的广告载体。在广告策划时，需要特别注意这一点，让户外新媒体广告在传达商品信息之外，更多关注社会问题，在增加内容传播的社会性之外，也为社会积极贡献正能量，宣传健康的社会文化、引导社会意识，促进社会和谐发展。

如何让广告设施以一个良好的社区“公民”的形象出现在公众面前，让所宣

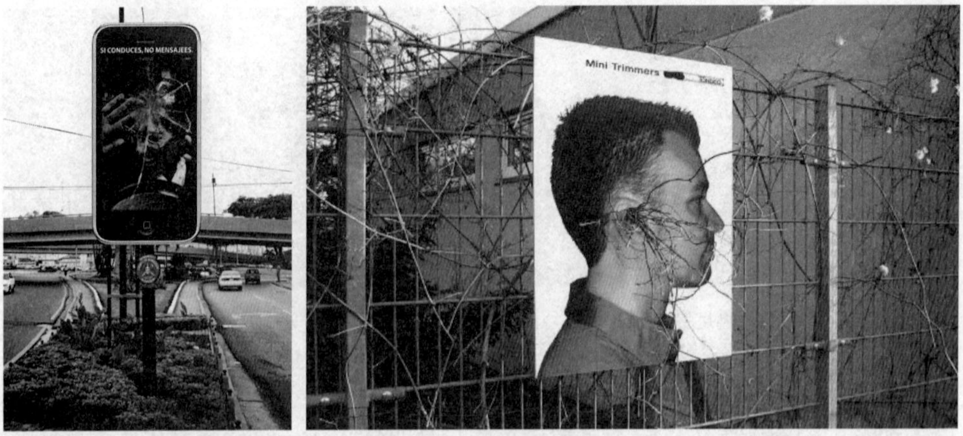

图10.4　两则非常具有视觉冲击力的户外广告，内容均与人们的健康安全教育有关。无论传统户外广告还是新媒体户外广告，都非常重视公益内容的选择

传的产品和信息与这些功能产生相关性，是广告策划时需要特别考虑的问题。创意时需要考虑将多种户外媒体组合运用，配合其他媒体整合传播，提升广告传播效果。各种在表现形式上的创新、表现内容上的创新、表现手法上的创新、媒体运用上的创新，都有助于户外新媒体广告策划达成预期的传播效果。

三、制造话题效应，创造全方位互动效果

现在的户外广告已经不再局限于“户外特定场所”，而是泛指室内室外无处不在的除了传统的常规媒体外，一些新型的非传统媒体类型。这里的新媒体指的是在新技术、新材料的支撑下发展形成的媒体形态。因为新媒体与人们的生活轨迹天然发生着紧密联系，手机、网络满足了一对一精细化的消费者需求。而户外新媒体与上述技术和设备的联动，使得广告主能够很轻松地实施各种有针对性的营销活动，例如楼宇电视、电梯平面广告、卖场终端电视等，现在都能够实现对某一群体消费者的精确定位，这就使得新媒体在覆盖程度、精准程度、灵活程度上，都比传统媒体表现得更为优秀。

正是基于这个前提，户外新媒体广告在策划时，就需要特别关注受众的反馈。而不是像过去一样，只要是曝光在户外广告之下就可以算作传播到位了。网络与新媒体的出现，能让这种互动变得简单而自然，如图10.5所示的POS机打印诗歌的案例，就是从户外新媒体的互动创意出发，引起线上线下共同话题同频传播的例子。

图10.5　上海陆家嘴地铁站2019年7月的一次独特的广告活动——地铁里的墙面上出现了15个会吐诗歌的POS机，乘客经过时只要扫码便可以得到POS机打印出来的一首大山里的孩子写的诗歌

现在的户外新媒体广告不再像传统的户外媒体广告一样以单纯的信息展示、单向传播推广为主，而是强调全面展示、增强互动体验，通过创意达到在社交媒体形成话题传播的效应，从而在很大程度上扩大了户外广告的影响力。与此同时，户外新媒体广告能够从技术上做到让广告与受众之间形成对等互动的交流机会，而且能使受众这个传播过程中的最后环节掌握选择信息的主动权，在传播中发挥更为积极的作用。这一点，从某种程度上讲，彻底颠覆了传统户外媒体广告的概念。

四、与周围时空完美融合，实现润物细无声

户外广告具有独特的天时和地利。所谓“天时”是指24小时的暴露度，“地利”指的是地理选择的灵活性特征。户外广告可以出现在公路、楼顶、墙面、车身、候车厅、加油站、机场、购物商场、地铁等场合，只要人们离开家或者办公室等室内空间，就一定会暴露在户外广告之下。所以户外广告具有无限的触达能力，能够产生比较复杂的接触频率。在策划创意新媒体户外广告时，需要结合周围的空间和时间等特点，让广告内容与周围时间和空间达到完美的融合，才能够达到更好的传播效果。

在策划创意户外新媒体广告时，不能仅仅只是满足于对资源的占用这一层面，还需要特别注意对科技的应用，以及如何让整体创意与周围环境和谐有趣，才能找到户外新媒体广告独特的表现形式和发展空间。一个好的户外广告，应该与周围环境相和谐，其面积、色彩、造型等要素都与周围景物和谐搭配，与周围环境共同作用，产生独特的美感与魅力，使人们的视觉感官体验从被动接受变成与环境相融合的印记。

图10.6　这两个楼体户外广告的创意都很好地结合了楼体转角和楼面有很多窗户的环境事实，让环境变成创意的一部分，制造出有趣的视觉效果。富有冲击力的画面效果和社交媒体传播相结合，就能够让户外广告的传播力迅速加倍

同理，户外新媒体广告在策划时在时间概念方面的考虑也很重要。在一个只有5秒停留时间和一个5分钟停留时间的环境中，在一个拥挤嘈杂的环境中和一个清静幽雅的环境中，在行进的车辆中和静止等候的场所前，人们的心境完全不同，对广告的关注程度也有巨大的差别。广告诉求应该简单明了还是图文并茂，广告信息是否需要详细呈现详加解释，都需要结合户外新媒体广告出现的时间空间，才能够找到最适合的答案。

广告探索

地铁户外新媒体广告研究。地铁建设是城市化表现的一个重要因素，因为载客数量大、输送效率高，能有效缓解地面交通压力，很多城市都在积极兴起地铁建设的热潮。同样，客流量大也是地铁广告的一大特点，因此，地铁往往是户外新媒体广告发展最为活跃的地方。针对地铁空间的户外新媒体广告研究，会直接感受到新媒体技术对户外广告的影响：

1. 站台空间：包括从地铁入口到站台一路上可能经过的台阶、通道、电梯、自动扶梯以及站台的柱子、地面等。

2. 车厢空间：包括车体外部画面、车厢内部的各种细节位置，如车门车窗、座位和扶手，甚至包括地板和天花板。

3. 隧道空间：包括站台内轨道内侧的墙面空间和行车时经过的隧道空间。

4. 观察并记录上述几个空间内出现的广告内容、广告形式、采用的新媒体技术等。

5. 总结规律和研究结果，并与同学交流讨论。

课后思考

1. 假设计划推广一款上门保洁的服务，你认为选择什么位置的哪种类型户外媒体比较合适，为什么？

2. 分析各类交通工具上的新媒体广告的优劣势和其内在价值。

3. 为什么说网络与新媒体技术改变了传统户外广告的基本形态？

4. 有哪些新技术可以增加户外广告与受众之间的互动性？

5. 与同学分享一个你认为比较成功的户外新媒体广告案例。

6. 户外新媒体广告需要克服哪些问题，才能成功引起人们的注意，并且持续观看？

第十一章 其他新媒体广告

一场数字营销传播技术的完美风暴正在拉开序幕：物联网、云计算、大数据、增强现实、体感互动、位置定位、社交网络、UGC、RTB、HTML5、3D打印、全息影像、眼球识别……这是一个由信息革命带来的，影响传播环境变迁、商业生态演化的大变革时代，也是品牌向生命形态进化的关键时刻。只有最敏锐的人才会觉察到：一个全新的品牌时代即将来临。

——暨南大学新闻与传播学院谷虹[1]

1 杨先顺，阳翼.岭南新媒体说：数字营销传播思想荟萃[M].广州：暨南大学出版社，2018：75.

学习目标

通过本章学习，你将能够：

» 了解游戏广告的基本类型

» 了解QQ广告的基本类型

» 理解上述网络与新媒体广告的主要特点

» 掌握上述网络与新媒体广告的策划要点

本章任务

如今的QQ智能终端拥有6.4亿活跃账户，整体最高同时在线账户数达2.4亿。基于腾讯海量用户行为数据和跨屏账户体系，QQ客户端广告可以支持人群属性标签、地理位置、场景定向等多种灵活、智能的人群触达方式。同时，还适用于移动应用下载、电商购买、品牌活动等多种广告目标的原生社交广告。

请打开QQ客户端，思考QQ的现有用户都是一群什么样的人，他们在QQ上主要干什么事情。通过用户的视角，查看QQ客户端都有哪些地方是用户的媒介接触点，什么地方是可以插入广告的。思考在QQ客户端里，什么样的广告互动形式，才能够受到用户的欢迎。

学习内容

第一节　游戏广告

电子游戏属于一种数字娱乐业，近几年来深受年轻人的喜欢。有越来越多的年轻人沉浸在虚拟世界和在线游戏里，不分年龄也不分男女。为什么人们那么热衷于玩游戏呢？游戏到底能够给人们带来什么样的满足？一旦人们玩起了游戏，徘徊在游戏外面的广告商品或者品牌和服务，又能怎样潜入这个虚拟世界里，去影响这些沉浸在游戏中的现实人呢？

电子游戏主要有以下类型：即时战略游戏（RTS）、第一人称射击（FPS）、角色扮演（RPG）、策略（SLG）、冒险（AVG）、模拟（SIM）、益智（PUZ）、运动（SPT）、动作（ACT）等。根据游戏硬件平台可以分为PC游戏、电视游戏、手机游戏和街机。大型多人在线游戏MMOG（Massive Multiplayer Online Game）是网络游戏汇总玩家群体最庞大的一个，也是游戏运营商的主要收入来源。支持多人同时出现在同一场景中，必须通过技能的投入在虚拟社会中生存和成长。

对数量庞大的网游和手游人群而言，游戏这一传播媒介的影响力已经超越了电视、报纸等传统的强势媒体。然而针对这一人群的广告支出仅占传统广告支出的0.07%，同时国内网络游戏广告收入占不到游戏整体业务收入的3%，而美国、韩国、日本网游广告收入占游戏整体收入三分之一左右，这在一个方面也反映了中国网游广告的巨大市场机会。

图11.1　无论热门的大型多人在线网络游戏，还是简单的手机消消乐游戏，都吸引着数量可观的人群

广告在网游中不仅为网游公司带来一个持续稳定的营收增长途径，同时因有广告与广告活动的活力而带来游戏在线人数的增长、知名度及美誉度的提升，可谓一举多得。游戏广告的形式有很多，除了大家耳熟能详的电子邮件广告、网幅广告（Banner）、文本链接、游戏直播、插播式广告之外，近期兴起一种以网络游戏为载体，在网游进行过程中添加广告内容，以游戏玩家为主要受众的网游和互联网广告模式，称为游戏植入广告，也叫游戏内嵌广告（IGA，In-Game advertising）。如图11.2所示，这种以游戏用户群为基础，通过特定的条件，在游戏中适当时间在适当位置出现的广告，与普通的商业广告不同，它所借助的载体是游戏这种新型媒体，在玩家玩游戏的同时起到广告传播的作用。[1]游戏植入式广告是依托于游戏本身的娱乐本性带来黏性和互动性，结合游戏产品文化背景和内容的独特性以及相应的游戏道具、场景或者任务而制定的广告形式。玩家在玩游戏的状态下切身体验产品的特性，把广告变成游戏环节的一部分，将广告变成游戏，游戏变成广告。把企业品牌传播和游戏文化深度结合，利用网络游戏把虚拟文化传播转化为真实的企业品牌传播，让游戏玩家成为忠诚的企业品牌消费者、追随者和传播者。

IGA的出现，为网络游戏的收费模式提供了新的方向，无论是过去主要以计时制和包月制为盈利手段的"收费网游"，还是以免费吸引大量用户，以出售装备等方式盈利的"免费网游"，都发现IGA能够给游戏公司带来新的增长点，也为广告客户提供了一个全新的、投放精准的受众群体。当然，玩家如果能够接受在不影响游戏的情况下场景中出现广告的做法，IGA就会带来全新的发展空间。如果把广告做成游戏环节中的一部分，广告与玩家体验不要什么来平衡。在渠道同质化、终端同质化的今天，植入式广告与网络游戏互动营销成为众多运营商差异化营销的重要组成部分，游戏内嵌广告成为游戏产业的一座金矿。

图11.2 出现在游戏中的广告经常和游戏场景融为一体。在游戏植入广告中，如何平衡玩家的体验感非常重要，比如一款叫《飚车》的游戏，游戏上有上海的实景地图，很难想象玩家在没有任何广告牌的上海南京路步行街上飚车，会是一种什么样奇怪的感受。所以场景植入有时候也是创造玩家体验感的重要道具

1 刘东明.网络整合营销兵器谱[M].沈阳：辽宁出版集团辽宁科学技术出版社，2009：11.

图11.3　IGA场景植入帮助游戏增加现实感和实现经济变现，对植入的企业和品牌来说，也能获得传播效应，达成多方共赢的效果。图中FarmVille是Zynga公司旗下一款热门社交游戏，拥有18万在线游戏玩家。麦当劳将品牌植入游戏，创建麦当劳农场，用户可以拜访麦当劳农场并帮助番茄等作物成长，获得的奖励可让玩家速度加倍。与麦当劳农场互动还可获得麦当劳热气球道具装点自己的农场。麦当劳则通过游戏植入获得了更多的曝光率

当IGA场景越来越多，游戏就逐渐演变成了一种媒介，网游的盈利模式也演变为——玩家“免费”玩游戏，游戏运营商出售IGA，从广告主手中获取盈利。当然，天下没有“真正免费”的午餐，游戏运营商只不过是利用游戏作为免费诱饵，交换购买了玩家的“眼睛”和“耳朵”，然后将它们打包卖给广告主，这其中，广告起到了“变现”的作用。

电子游戏，作为公认的第九艺术，给人们带来的情感可不是用钱来衡量的。游戏玩家通常几个小时甚至一天都投入游戏创造出来的时空里，从中获得放松、娱乐和掌控感。其实玩游戏并不是一件容易的事情，在一些大型多人在线游戏中，甚至十分消耗脑力。因为需要复杂的规划、繁琐的协调以应付各种各样的突袭和征战。

世界各地的儿童和青少年更是如此，他们宁肯花几个小时玩电脑和视频游戏也不愿意去做其他事情。游戏用户的主要年龄段集中在16—25岁，大多数玩家其实是具有独立思维能力和行为能力的。

这群人正是未来游戏市场的主力消费军，他们年轻、追求时尚、崇尚个性、乐于接受新事物、容易相互影响、尝试新事物、有成长性，是未来高端客户的生力军。如果能在游戏中长期潜移默化地培养他们对企业品牌的熟悉感和亲切感，从这个角度看，内嵌游戏广告未来有巨大的增长空间，广告价值无可估量。

IGA广告还可以演变成一些游戏玩家更喜欢的方式。例如，在游戏原有的元素中加上广告带来的一些实惠，让广告变成玩家主动参与的广告。比如在游戏规则的基础上发布一个活动，承诺第一名可以获得某个游戏顶级装备的奖励。因为这个广告活动，第一名的玩家既可以同样获得原有的顶级装备，同时还可以额外

得到一台笔记本电脑的奖励。这样的设计也是游戏玩家乐于见到的，相当于他在游戏世界中的成就在现实世界也获得了认可和奖励。

第二节　QQ广告

QQ，腾讯QQ的简称，是腾讯公司推出的一款基于互联网即时通信软件。腾讯QQ支持在线聊天、视频通话、点对点断点续传文件、共享文件、网络硬盘、自定义面板、QQ邮箱等多种功能，并可与多种通讯终端相连。

1999年2月腾讯公司即时通信服务开通，与无线寻呼、GSM短消息、IP电话网互联。此后一路到2023年的24年间，腾讯QQ在海内外先后发行了六十多个版本。

腾讯QQ支持在线聊天、视频聊天以及语音聊天、点对点断点续传文件、共享文件、网络硬盘、自定义面板、远程控制、QQ邮箱、传送离线文件等多种功能，并可与多种通讯方式相连。

澳大利亚学者马克·麦克莱伦（Mark McLellan）认为，1999年QQ的诞生标志着中国进入社交媒体时代，QQ是中国社交媒体的鼻祖，而2005年诞生的QQ空间（Qzone）则是当时最受欢迎的社交媒体网站。

2005年，社交媒体刚刚进入中国，天涯社区、贴吧爆火，这一年也被称为中国互联网的“博客年”，新浪、搜狐野心勃勃地举办博客大赛。此时的腾讯也依托其庞大的用户群体，开始进军博客领域。而这次大举进军社交媒体领域的产物，便是QQ空间。

图11.4　QQ标识的演变

QQ空间是“博客”与“个人空间”的一种结合体。在QQ空间里，人们把文字、图片、游戏成就、赛博形象整合在一起，形成自己独一无二的表达。人们通过QQ日志抒发心情，通过QQ相册记录生活。登录QQ空间玩游戏、玩装扮、上传照片、写说说、写日志，更高级别的黄钻贵族，还可以免费换装并拥有多种特权，比如个性化的空间装扮、空间进场特效、炫酷字体等，方便用户从更多维度展示自己。QQ空间爆火之后，成为互联网热潮的“酝酿地”和“台风眼”，QQ空间的发展也越发社群化。

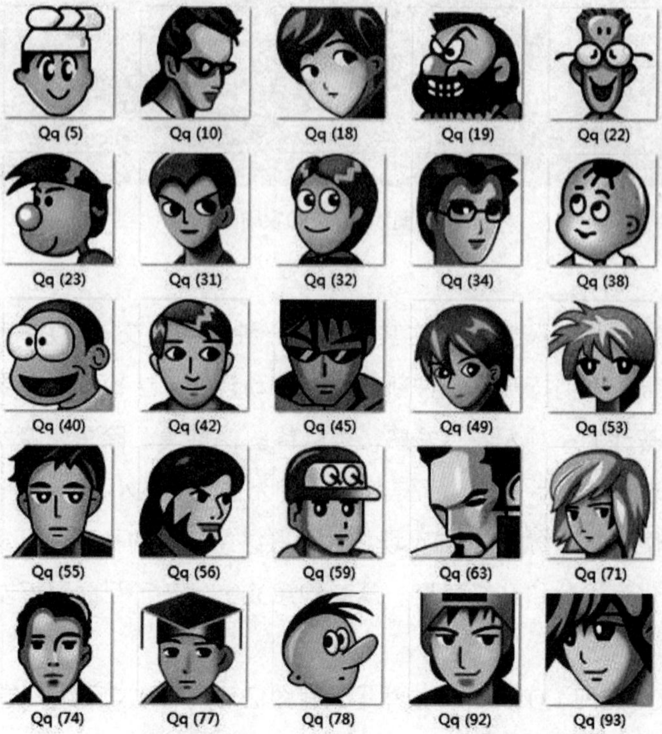

图11.5　早期QQ经典头像，也是中国网民最早拥有的数字虚拟身份

QQ空间的本质，其实就是社交网络（SNS），是依靠原来的QQ熟人网络搭建起来的社交平台。2008年上线的“好友动态”，让访客可以进入QQ所有者的个人空间里查看动态。“好友动态”也是登录空间后最先看到的信息，大家实时动态的集成平台促成用户形成了真正意义上的“刷空间”行为。这一行为模式，直接造就了后来的微信朋友圈，并从此开始渐渐渗透到人们的日常生活当中，成为人们互联网生活中的主导模式。

2009年上线的QQ农场、QQ牧场、QQ超市等挂靠在空间的小游戏，则掀起

图11.6 QQ农场

了席卷全网的“偷菜”热潮。这其实就是一种游戏社交。QQ空间的各种小游戏，实际上帮助人们打开了一种新的网络互动模式。这种互动主要建立在“熟人社交”的基础上：对人表示好感，可以帮助TA除草、除虫、浇水；偷菜、放虫、放杂草也并非表示恶感，而是作为一种无伤大雅的小打小闹而存在。“小偷怡情”，“大偷”亦不伤身，QQ农场将人们联络感情的种种手段具象化为土地和蔬菜，再量化为积分和升级速度。从某种意义上，开了互联网好友互动游戏之先河。

如今的QQ空间（Qzone），依然是拥有数亿用户的社交网络，是众多QQ用户的网上家园和腾讯集团的核心平台之一。

2007年手机QQ空间上线后，广大手机用户拥有了手机端的个性空间，在博客功能基础上，还可以在手机QQ空间里记录自己的心路历程、日志图片、保存相册等，通过多种方式展示自己。手机QQ空间可以分享好友的手机QQ空间内容更新、满足和好友之间的互动分享，因此深受广大用户喜爱。

有人形容QQ是“一场互联网的乔迁”。的确，在中国互联网信息中心（CNNIC）发布的第52次《中国互联网络发展状况统计报告》中，已经找不到“QQ”的身影。在“即时通信产品”这个小标题下列出的最具代表性的软件是“微信”。2019年之后，QQ连同QQ空间一同在主流视野里逐渐淡去。可以说，微信脱胎于QQ，到最后微信基本上完全取代了QQ。

但是QQ并没有完全消失，现在有一部分年轻人又开始重聚QQ，主要就是因为微信无所不在的普及性，让他们找不到一块专属于自己的空间，而被上一代人冷落的QQ反倒成为一片净土，让他们找到了自在的家园。所以，今天的QQ用户更多聚集在"00后"群体身上，形成了一种鲜明的反差。这一现象也值得我们关注。

电脑版客户端广告模式以聊天框旁广告为主，在老版本中，登录页面同样含有广告。手机版客户端广告模式相对来说更为多样，存在聊天框推送、QQ频道、QQ小世界、QQ空间等多种广告插入形式。

可以说，QQ作为中国资历最老的社交媒体，现在依然是一个活跃的广告载体。

广告探索

QQ如何满足年轻用户的需求?

在QQ客户端提供有许多游戏，主要是面向年轻群体的游戏。这些小游戏造价不高、花费时长也不多，属于休闲类的消遣，很受青少年用户群体的欢迎。这里的青少年用户群体大多数集中于"00后"群体。

其实腾讯公司开发的游戏，用户群广泛。QQ游戏大厅是腾讯自主研发的全球最大的休闲游戏平台。自2003年面市以来，腾讯QQ游戏大厅下载可提供的游戏类型已逾70款，注册用户3.5亿，最高同时在线人数超过600万。腾讯QQ游戏大厅秉承"绿色、健康、精品"的理念，不断创新，力求为用户带来无处不在的快乐。

QQ游戏不追求宏大的场面和复杂的升级体系，男女老少都适宜。QQ游戏主要特点就是"小轻快"，因此 QQ游戏的女性和小朋友玩家占比比较多。

另外，QQ游戏主打"轻松休闲"，充满趣味，又不会十分上瘾，可以让玩家充分享受到劳逸结合的放松。例如QQ游戏开了很多小图标，有些玩法就是去游戏里升级点亮图标。这种行为非常简单，其实并不需要太多挑战，主要起到一个放松的作用。

可以说，在迎合年轻人喜好方面，QQ十分擅长，小孩们喜欢的各种各样功能应有尽有。2020年，QQ上线"一起听""一起看""一起派对"，提供手机端的屏幕共享，2020年全年QQ保持每月更新一次的频率，多的时候一个月能更新4次。正是这些努力，赢得了年轻人的心。

最近几年热门的年轻人产品，有知乎、小红书、微博，都不是为十五岁以下年轻人设计的，他们在上述社交媒体平台中都不占主流。但QQ仍保持着让成年人看不懂的属性。2020年上线了青少年模式，有效做到防沉迷防犯罪，同时也提供了更多益智的游戏类产品。

如果你是QQ客户端的产品经理，你觉得可以从哪些方面继续完善，需要改善哪些具体的细节，让这些QQ小用户们在使用QQ的时候感觉更加满意呢？

课后思考

1. 假设有广告主计划推广一款运动跑鞋，你会向他推荐哪些合适的游戏？

2. 分析短视频广告的优劣势以及其内在价值。

3. 挑选一个你喜欢的游戏，收集上面出现的广告内容，回答以下几个问题：广告主是谁？广告产品是什么？与游戏关联度评价？能得出的其他结论？

4. 分析QQ空间具体的广告点位都有哪些，以及各自所具有的广告价值。

附 《游戏改变世界》内容介绍

《游戏改变世界》是著名未来学家、TED大会新锐演讲者简·麦戈尼格尔探索互联时代重要趋势的最新力作。在书中，作者指出，游戏可以弥补现实世界的不足和缺陷，游戏化可以让现实变得更美好。作者在书中用大量事例告诉我们，游戏击中了人类幸福的核心，提供了令人愉悦的奖励、刺激性的挑战和宏大的胜利，而这些都是现实世界十分匮乏的。她的研究表明，我们可以借助游戏的力量，让生活变得像游戏一样精彩。

作者指出了游戏化将要实现的四大目标：更满意的工作、更有把握的成功、更强的社会联系及更宏大的意义，并用大量实践告诉我们该如何驾驭游戏的力量，解决现实问题，并提升幸福感。她告诫我们：如果人们继续忽视游戏，在不远的未来，就会处在极端不利的地位。以下是本书各章节内容概要：

游戏是我们集中精力的大好机会，我们乐观向上地做着一件自己擅长并享受的事情。所有优秀的游戏都是艰苦工作。它是我们主动选择且享受其中的艰苦工作。而当我们从事自己喜欢的艰苦工作时，就点燃了头脑里的那根快乐雷管。游戏是最显而易见的心流来源，玩耍是出类拔萃的心流体验。自我激励、自我奖励的活动能让我们更幸福。更重要的是，它还证明，玩家玩游戏，并不是为了逃避现实生活。他们是在主动让现实生活变得更有价值。

精心设计的游戏工作让人觉得更有生产力，因为它感觉起来更真实：反馈来得又强又快，影响明显而生动。对很多不喜欢自己的日常工作、觉得它没有什么直接影响的人而言，游戏里的工作提供了真正的奖励和满足感。

胜利往往终结乐趣，而失败维持乐趣。只要我们的失败有趣，我们就会继续尝试并保持最终成功的希望。如果我们能为失败所激发，说不定能坚持更长时间，做更艰巨的工作，处理更复杂的挑战。成功的希望比成功本身更刺激。

我们越是更多地一起玩游戏，越是会产生有意识地创造全球社群的感觉。玩家并不只是想在游戏里赢，他们还肩负着更大的使命。他们的使命，就是成为宏伟事业的一部分。

要体验真正的意义，不必贡献出真正有价值的东西，必须得到做出贡献的机会。为生活增加意义的最佳途径，就是把自己的日常行动与一个宏伟的目标联系起来，我们需要机会来反映这一共同事业的宏伟规模。

平行实境游戏不是为了逃避现实，而是为了从现实中得到更多。它让我们在不能或不愿进入虚拟环境时，也能轻松地产生我们渴望的内在奖励。它让我们不仅全情投入游戏生活，更全情投入现实生活。

玩家之所以几乎能把每一款游戏都越玩越好，是因为他们能够得到持续的反馈。这种瞬时的积极反馈让玩家更加努力，更成功地完成艰巨的挑战。把我们本来就喜欢的事情变得更像游戏值得一试，它能让我们做得更好，让我们把目光放得更为高远。

游戏把一群人的注意力集中在共同的目标上，它提醒我们：我们其实真心愿意与最陌生的陌生人分享。只要我们愿意，只要我们需要，就能够和别人建立关系。人再也没有理由在这个世上感到孤独，不管是在虚拟世界，还是在现实世界。

不能让幸福知道我们来了，只能偷偷摸摸地从侧面包抄。少数强烈而令人难忘的幸福黑客活动体验，能扭转我们对事情的想法和做法。好的游戏具有强大的力量，能永远地改变你看待自己和自身能力的方式。

在参与式经济中，我们竞争的不是“眼球”或“头脑份额”，而是脑力循环和心情份额。成功只能依靠进行更好、更具竞争力的动员，激励我们朝着集体目标做得更多、做得更久。而游戏能激发极端的努力，创建坚持到底、一起完成奇迹事业的社群。积极的情绪是参与带来的终极奖励。

有人以为普通人在业余时间办不成什么大事，而游戏则帮助我们颠覆了他们的认识。我们是能够接触他人的人类，我们能够出现在他人的生活中，并为其带去不同。我们拥有社会力量，我们可以驾驭它们。社会参与游戏把我们变成了现实生活里的超级英雄。

每一个玩了10000 个小时游戏的年轻人，日后都能在游戏环境下实现非凡的成功。多人和在线游戏加强了我们建立、锻炼共享意向的能力。每当我们答应一起玩游戏，就是在实践人之为人的一项基本天赋。

游戏最有把握成为地球生命的下一种突破性结构。成为人类以来，我们几乎一直在玩各种精彩的游戏。团结一心，我们可以攻克一个兴许是最值得尝试、规模也最为庞大的障碍：利用游戏提高全球生活质量，为未来做好准备，让地球顺利进入下一个千年的全球性使命。

后记 网络与新媒体时代的媒介素养问题

新媒体环境下，由于信息传播技术更新迭代速度加快，个体信息的需求也与日俱增，整个社会的信息资源呈指数级增长。在这个信息爆炸时代，每个人既是信息的接收者也是信息的传播者，但并不是每个人都具备专业的信息传播能力，也不是每个人都懂得遵守传播的规则，这就导致网络空间成为许多社会问题滋生的场所：虚假信息、网络谣言层出不穷，网络暴力、网络诈骗屡禁不止。特别是进入互联网世界后，面对铺天盖地而来的各种可识别和不可识别的广告，如果不具备相应的网络与新媒体广告素养，就无异于在荒野丛林中“裸奔”，最后的结果可想而知。正因如此，社会各界对如何全面有效地提升新媒体环境下公众的媒介素养问题日益关注，该问题也成为新媒体环境下尤为重要的一个课题。

美国媒介素养研究中心在1992年给“媒介素养”做出了如下定义：媒介素养是指人们面对媒介各种信息时的选择能力、理解能力、质疑能力、评估能力、创造和生产能力以及思辨的反应能力。[1]也有国外学者认为，媒介素养是“在印刷媒体或非印刷媒体等各种形式媒体中获得信息、分析信息、评估信息、传播

1　张玲.媒介素养教育——一个亟待研究与发展的领域.现代传播[J].2004年第1期.

信息的能力"[1]。简言之，各种媒介信息的解读批判能力以及使用媒介信息为个人生活、社会发展所应用的能力。

"高接触"并不意味着"高素养"，以互联网、移动通信、云计算和人工智能为代表的数字化技术正在全面渗透和改变人类的生活环境，极大地改变了人的行为方式。人们对互联网的熟悉程度、思维方式和行为方式都深受网络影响。大众媒介通常被称为"没有围墙的学校"，是人们了解世界、认识事物、获取知识的"第二空间"，而基于互联网的自媒体平台的出现，为人们提供了更为广阔的自我表达空间。

伴随着互联网和移动终端的发展，人们已经离不开互联网工具提供的各种便利：网上阅读电子书、淘宝网购、电子支付、共享单车、网上点外卖，足不出户就能满足生活的各种需求。然而，新媒体在带给人们极大便利的同时，也出现了过度娱乐化、浅阅读、影响现实生活交往等问题。[2]

网络时代庞大的信息量和高速的信息流逐渐使人们对媒介信息形成扫描式的浏览，特别是以微博、微信为代表的媒介平台发布的信息日趋简短和"碎片化"，容易导致人们习惯于一扫而过的"浅阅读"，从而缺乏对信息全方位认识和深度思考的能力，长此以往，很容易丧失思辨能力和批判精神。

社交媒体的实时互动性也容易使人产生依赖和沉迷，更容易接触到不良信息，影响身心健康。一些虚假信息、犯罪骗局甚至危及生命安全。必须承认，很多人对互联网的媒介本质依然认识不充分。大部分人都认为网络等新媒体是有用且有趣的，但是却意识不到自己很可能会被媒体牵着鼻子走这一事实。

"媒介权力是把双刃剑。"一方面，大众传媒以前所未有的速度和能量全面覆盖人们的生活，改变着人们的学习方式，另一方面，这也使得人们的思想、情感、习惯、审美在不知不觉中成为媒介的俘虏：新媒体的发展使得人们收集、保留信息的方式发生根本变化的同时，"信息上瘾症""信息茧房""网络孤独症"等媒介传播的伴生品，也扰乱了人们正常有序的生活。[3]新媒体环境下，社交媒体呈现出点对面甚至圈层间的发散式传播，这种充满未知可能性的交流方式，给人们简单的日常生活增加了丰富的新鲜感和诱惑力，因此特别容易忽视现实生活而沉溺于网络世界，即使是在与家人朋友面对面交流的时刻也无法身心合一回到现

1 胡莹，项国雄.传者素养：媒介素养教育的根本.传媒观察[J].2005年第8期.
2 林才仟.新媒体环境下青少年媒介素养的提升研究.品牌研究[J].2021年第11期.
3 苗苏萍.新媒介教育与青少年信息素质培养.当代青年研究[J].2000年第02期.

实世界。

媒介素养教育的核心与宗旨在于培养成熟理性的媒介公民，要实现这一目标，政府扮演着重要角色。政府在对媒介素养教育的推动过程中，除了做好“把关人”的角色，严格监管媒介环境，限制好意见领袖的社会舆论导向作用之外，还有一个非常重要的任务——那就是把媒介素养教育以政策性的规定纳入教育体系之中。

政府有必要为媒介素养教育开展创造有利的环境。在信息化的时代，政府应该联合社会各部门，共同支持媒介素养教育工作的开展，使全社会意识到媒介素养教育的重要性，为开展媒介素养教育营造良好的社会环境。

然而，单靠政府或专家学者的努力去推行媒介素养教育，在全社会范围内能够造成的影响力还远远不够，社会力量的参与也非常重要：民间推动、政府支持、专家学者发声，媒体机构配合等，都非常重要。

加拿大媒介素养教育先驱约翰·庞金特曾经说过：“媒介素养教育是一种草根运动。”就我国的国情来看，由于农村与城市的差异、中部与西部的差异、沿海与内陆的差异，完全依靠政府大规模推行媒介素养教育的可行性不高，独立开设媒介素养课程的条件也不成熟，因此如何建立一套科学、系统的媒介素养教育体系，显得至关重要，而在此过程中如何协调政府的支持、社会力量的参与、学校、家庭的配合，是一个庞大的工程。

开展媒介素养教育不应该局限于单纯保护人们抵御大众文化负面信息影响的层面，而是要让广大网民实实在在成为大众媒介的参与者。媒介素养教育涉及社会生活的方方面面，内容丰富，形式多样，包括电视节目、广告、电影、报纸、杂志等都是可资利用的媒介形式。

可以有意识地培养人们对媒体基本内容的认知，了解官方媒体、社交媒体和自媒体的区别，懂得各类信息真伪的辨别，掌握不同类型媒体的传播规律。培养正确的媒介观念，让人们学会在接触媒介的时候，学会分析、利用所接收的媒介信息，养成对媒介信息的批判能力。让媒介成为人们获取信息、发表言论、正常社交的工具，而不是谩骂、攻讦和网爆别人的凶器。

互联网的出现，特别是社交媒体和自媒体的蓬勃发展，不仅为人们带来了全新的获取信息和社会交往的平台，也赋予了人们更为充分和自由的媒介话语权。传统媒体时代，普通人的媒介参与和自由表达非常受限，只有少数机会才能够在媒体平台发声，而社交媒体的出现，大大激发了普通人的媒介参与热情。数量巨大类型繁多的社交媒体，为人们提供了一个相对自由的“发声”渠道和传播平台。互联网已经成为当代人重要的学习、社交、娱乐工具。

网络与新媒体时代，媒介素养的提升任重而道远。人们不能阻止新媒体的发展，也不能阻止人们去接触层出不穷的新媒体，更不能完全不使用新媒体，当然也不能被各式各样的新媒体奴役。因此，对新媒体的态度必须由“抗拒和批判”转变为“因势利导”，重在培养人们辨别和运用信息的能力。[1]通过适当的新媒体媒介素养教育，可以帮助广大网民在汲取鲜活信息营养的同时，建立起相应的信息批判反应模式，提高其对负面信息的醒觉能力，实现信息时代的和谐发展共同进步。

---

1 苗苏萍.新媒介教育与青少年信息素质培养.当代青年研究[J].2000年第02期.

参考文献

李开复.AI·未来[M].杭州：浙江人民出版社，2019.

李斌.广告精准投放：移动互联网时代的广告投放策略[M].北京：中国经济出版社，2017.

麦戈尼格尔. 游戏改变世界[M].闾佳，译.北京：北京联合出版公司，2016.

吴军.智能时代：大数据与智能革命重新定义未来[M].北京：中信出版社，2016.

艾瑞斯.大数据思维与决策[M].北京：人民邮电出版社，2014.

宋金波，韩福东.阿里铁军：阿里巴巴销售铁军的进化、裂变与复制[M].北京：中信出版社，2017.

卫军英.现代广告策划：新媒体导向策略模式[M].北京：首都经贸大学出版社，2017.

郑龙伟，刘境奇.数字广告：新媒体广告创意、策划、执行与数字整合营销[M].北京：人民邮电出版社，2019.

王易.微信营销与运营全能一本通[M].北京：人民邮电出版社，2018.

李东临.新媒体运营[M].天津：天津科学技术出版社，2018.

勾俊伟.新媒体运营：产品运营＋内容运营＋用户运营＋活动运营[M].北京：人民邮电出版社，2018.

刘仕杰.人气头条：自媒体的精准定位与内容运

营[M].武汉：华中科技大学出版社，2019.

高丽华，赵妍妍，王国胜.新媒体广告（新闻传播系列）[M].北京：北京交通大学出版社，2011.

孟茹，查灿长.新媒体广告规制研究[M].南京：南京大学出版社，2018.

华哥.新媒体视觉全攻略[M].北京：人民邮电出版社，2019.

仲小建.淘宝文案写作技巧与营销实例[M].北京：人民邮电出版社，2018.

舒咏平.新媒体广告传播[M].上海：上海交通大学出版社，2019.

张玲.新媒体广告[M].重庆：西南师范大学出版社，2016.

杨先顺，阳翼.岭南新媒体说：数字营销传播思想荟萃[M].广州：暨南大学出版社，2018.

文能载商.10W+新媒体文案炼成记：爆款标题+内容创作+广告营销+排名优化[M].北京：清华大学出版社，2018.

黄河，江凡，王芳菲.新媒体广告（新编21世纪新闻传播学系列教材）[M].北京：中国人民大学出版社，2019.